教育部语用司2017年度调研项目

京津冀语言文字工作调研

运河文化带调研报告

河北省语言文字工作委员会办公室 编

河北大学出版社
·保定·

JINGJINJI YUYAN WENZI
GONGZUO DIAOYAN
YUNHE WENHUADAI DIAOYAN BAOGAO

出 版 人：耿金龙
责任编辑：韩立霞
装帧设计：赵　谦
责任校对：杜启昌
责任印制：靳云飞

图书在版编目（CIP）数据

京津冀语言文字工作调研.运河文化带调研报告/河北省语言文字工作委员会办公室编.--保定：河北大学出版社，2019.6
ISBN 978-7-5666-1489-6

Ⅰ.①京… Ⅱ.①河… Ⅲ.①汉语—语言学—调查报告—华北地区 Ⅳ.①H1

中国版本图书馆CIP数据核字（2019）第108431号

出版发行：河北大学出版社
地址：河北省保定市七一东路2666号　邮编：071000
电话：0312-5073003　0312-5073029
网址：www.hbdxcbs.com
邮箱：hbdxcbs818@163.com
印　　刷：保定市北方胶印有限公司
幅面尺寸：185 mm×260 mm
字　　数：300千字
印　　张：16
版　　次：2019年6月第1版
印　　次：2019年6月第1次印刷
书　　号：ISBN 978-7-5666-1489-6
定　　价：58.00元

前　言

京杭运河是中国古代水利工程。北起北京，南至杭州，经北京、天津两市及河北、山东、江苏、浙江四省。全长1 747千米。始凿于公元前5世纪（春秋末期吴王夫差开挖的邗沟），后经7世纪（隋）和13世纪（元）两次大规模扩展，利用天然河道加以疏浚修凿连接而成。京杭运河从开凿到现在已有2 500多年的历史，它对中国南北地区之间的经济、文化发展与交流，特别是对沿线地区工农业经济的发展和城镇的兴起均起了巨大作用。京杭运河在河北省主要分布在廊坊市、沧州市、衡水市。

《京津冀语言文字事业协同发展战略协议书》于2015年6月由北京市、天津市、河北省语言文字工作委员会的负责同志在张家口签订。该协议书的签订，标志着河北省牵头搭建起了京津冀语言文字事业协同发展的框架。它对促进京津冀三地文化交流、人文交流和经验交流，进一步提升京津冀语言文字区域竞争力、创新力，助力区域协同发展都具有积极的推动作用。

习近平总书记曾多次强调，要在全党大兴调查研究之风。调查研究是谋事之基、成事之道。战略协议书签订后，河北省积极规划京津冀语言文字事业协同发展调研项目。该项目共分三期，为长城文化带调研、运河文化带调研、太行山文化带调研等河北三大文化带调研。

京津冀语言文字工作第二期运河文化带调研，通过文字学、方言学、历史学、艺术学、经济学等视角，以廊坊市、沧州市、衡水市等运河周边各县（市）为调研区域，对河北省境内运河两岸的语言文字历史、表现形式及其对社会发展的作用进行调研。调研团队由河北省语委办公室、河北大学、河北师范大学、张家口学院、沧州师范学院、衡水学院及相关市语委办公室人员组成。

本书为京津冀语言文字工作第二期调研成果。其创见在于：第一，选择五个角度深入缜密地研究了运河文化带的语言文字历史、表现形式及其经济价值，尤其是通过对河北境内运河发展历史进行梳理，做出了独到的分析论证；第二，通过分析现存的文字遗迹，对运河的部分历史进行正本清源，对运河在历史上的产生、功能、社会发展贡献等进行新解读、新思考；第三，全书围绕“语言服务社会发展”而展开，为运河周边县、乡镇、村的文化旅游发展提供了切入点，为乡村振兴提供了新思路，尤其在运河文化之理解、运河精神之定位、运河风情之追寻的思考或感悟方面均有独到见解。相关建议的落实，有望带动京津冀地区生态、经济、文化、旅游、社会等诸多层面的共同发展。

本书为教育部语言文字应用管理司 2017 年度调研项目。在整个调研过程中，河北省语委、河北省教育厅领导给予了大力支持，相关设区市积极配合，各调研团队努力进取、勇于探索，为形成调研报告提供了翔实的材料，在此一并表示感谢！

书中疏漏之处，敬请专家学者和读者指正。

编　者

2018 年 8 月

目　录

大运河京津冀段历史变迁

衡水学院调研组　王文书　执笔

一、曹魏河北诸渠：大运河的奠基工程

古代河北的概念与今天河北的概念不同。古代的河北是一个地理概念，而不是一个行政区划概念，它是指黄河以北、燕山以南、太行山以东、渤海和泰山山地以西的区域，这一区域大致相当于古代九州之一的冀州。隋唐大运河河南段基本沿着沟通淮河黄河的泗水、睢水、汴水，一直延伸到洛阳；大运河河北段沿着漳卫南运河一直运行到天津，呈现一个躺倒的“人”字形。“人”字形的上半段在河北区域，西南、东北方向从泰山山地的西边纵贯华北大平原，长期以来是沟通黄河以北水路交通的大动脉。但是隋唐大运河不是无中生有，而是充分利用了先人开凿的运河体系加以疏浚而成。曹魏时代开凿的河北五渠为隋唐大运河的开凿奠定了基础。

（一）东汉三国时期北方的政治地理形势

中国大陆南北方以淮河—秦岭一线为界。按照山川地理走势，北方地区可以划分为关中、陇西、山西、河北、山东、中原、淮北等地理单元。西汉的统治中心在关中，东汉时东移到河洛河谷一带。东汉末年黄巾起义被镇压之后在北方主要形成了河北的袁绍、河内的张杨、兖豫的曹操、徐州的吕布、幽州的公孙瓒、南阳的张绣等割据势力。

建安元年（196），曹操把汉献帝挟持到许昌，形成了“挟天子以令诸侯”的局面，取得了政治上的优势。建安二年（197）春，袁术在寿春（今安徽寿县）称帝，曹操即以“奉天子以令不臣”的名义，进讨袁术并将其消灭。接着，曹操又消灭了吕布集团，利用张杨部内讧取得河内郡。从此，曹操势力西达关中，东到兖州、豫州、徐州，控制了黄河以南，淮、汉以北大部地区。建安三年（198），袁绍击败公孙瓒，占有青、幽、冀、并四州之地。曹操与袁绍形成了沿黄河下游南北对峙的局面。官渡之战后两

年，袁绍病死，其子袁尚继位。建安九年（204），曹操再次出兵，占领了冀、青、幽、并四州。袁绍之子袁谭被斩，其余二子袁尚、袁熙逃往辽西柳城（今朝阳市南袁台子古城），投奔与袁绍甚有交情的“三郡乌桓”。

乌桓是东北古代少数民族东胡的一个分支。在东汉末年的军阀割据中，乌桓因为活动在长城沿线，靠近中原而经常参与各路军阀的争战。在中原群雄割据天下大乱之际，“三郡乌桓”在辽西地区也逐渐发展成为一支不可忽视的地方势力。袁绍为拉拢乌桓，除立乌桓酋豪为单于外，还将家人之女嫁给乌桓王，通过和亲来巩固与乌桓的关系。因此，袁绍死后，其子袁尚、袁熙被曹操打败后才会逃去“三郡乌桓”处避难。

（二）东汉三国时期流经华北地区的黄河等河流情况

除了地质变动之外，黄河是塑造华北平原地貌特征的主要推手之一。华北平原是一个典型的冲积平原，塑造华北平原的主要河流是黄河、淮河和海河。黄河的频繁改道一方面成就了华北平原，另一方面也造就了华北平原的水系面貌。黄河与辅助水系的冲刷和径流变化使得华北平原形成了独具特色的河流系统。

据河北省科学院吴忱先生的考证，古黄河在华北平原有三条主要的河道，其径流方向是：古黄河在武陟折向东北，经新乡原阳间、卫辉延津间，到滑县（宿胥口）分为东西两流，西流称为禹贡大河、山经大河，东流称为汉志大河（河水）。因其分别记载于《禹贡》《山海经·北山经》《汉书·地理志》，分别简称为禹贡大河、山经大河和汉志大河。

禹贡大河、山经大河位于河北平原偏西，大致沿太行山东麓北流，过今邯郸南和东，邢台东以及衡水西诸县，然后顺势进入保定南，沿永定河冲积扇南缘的大清河南系在天津入海；或是进入衡水西后东折，沿滹沱河、子牙河方向东流，在沧州入海。具体路线是：禹贡大河、山经大河过滑县东北行，经浚县、内黄进入河北，经行邯郸临漳、魏县间，广平、肥乡间，曲周、邱县间，在邢台平乡、巨鹿一带进入大陆泽，然后出大陆泽，向东北上宁晋的百尺口、深州的土路口，到深州位家桥一带，在位家桥分为禹贡大河和山经大河。（1）从位家桥北行的河道为山经大河：经行深州附近，然后过安平、饶阳间，蠡县、肃宁间，清苑、高阳间，在保定以东东行，走今天大清河方向，过安新、雄县、霸州一带，穿白洋淀，向东在天津入海；（2）从位家桥东北行的河道为禹贡大河：从位家桥出发，经武强，向东经献县、青县，然后东北向入海。

汉志大河则是黄河离开了太行山东麓，大致经豫东北、鲁西北、冀东南，东北至黄骅境内入海。傅泽洪《行水金鉴》提出，周定王五年（前602）河徙，自宿胥口东行漯川，右经滑台城，又东北经黎阳县南，又东北经凉城县，又东北为长寿津，河至此与深川别行而东北入海，水经谓之大河故渎。[①] 据吴忱先生考证，其具体线路为：濮阳、清丰、南乐、大名东、冠县、馆陶东、临清南、高唐东，经平原，到德州行现在南运河线路往北，经吴桥、东光、南皮，在沧州离开南运河，往东北经李天木、官庄，在南北大港间黄骅附近入海。[②] 据《汉书·沟洫志》和《水经注》记载，河北平原上被称为"河"的水道达十余条，其都可能是黄河某次决堤改徙后的故道。

上述三条黄河河道在战国中期以前，或互为主次，或同时存在，但以流经汉志大河最为常见。到秦汉时期，由于河道的淤积，禹贡大河、山经大河已经消退或遗留、迁徙为次一级的河流。

汉志大河在河北与运河有关的支脉不胜枚举，主要有屯氏河、屯氏别河和张甲河。《汉书·沟洫志》记载："自塞宣房后，河复北决于馆陶，分为屯氏河，东北经魏郡、清河、信都、勃海入海，广深与大河等，故因其自然，不堤塞也。"[③]《水流经》又载："屯氏故渎水之又东北，屯氏别河出焉。屯氏别河故渎的记载，又东北经信都县（今南宫董家庙）张甲河出焉。"[④]

具体而言如下：西汉元封二年（前109），黄河北决于馆陶，在馆陶南红庙一带分出屯氏河。"河之故渎，自沙丘堰南分，屯氏河出焉。"[⑤] 屯氏河于临西南尖冢一带又分出屯氏别河，它是屯氏河的支流。屯氏河的主流向东北由临清入今运河，由今清河县境东，沿今卫运河一线，在县东北渡口驿北入武城县，东北流至章武（今河北沧县东北）入海。它以"广深与大河（黄河）等""两川分流"的形式，流经清河县境东70余年。

屯氏河约在馆陶至临清间又分出屯氏别河。屯氏别河流经范围大致在临清、平原、吴桥一线以西，威县、南宫、枣强、景县一线以东这一区域，具体的径流各家分说不一，有待进一步考证。在威县境内，有所谓鲧堤遗址长约20千米，自邵固村南经全礼村西，过孙庄至南仓庄，再向北折至团堤村，而后入南宫境内。邵固至孙庄一带，鲧堤遗址保存较为完好，大致规模十存五六，高7米，宽15米。据民国《威县志》载："鲧堤自堂阳（今河北新河县城关）延入甘陵（今清河县），经威县邵固集北，其村有名圈里者，三面濒堤。上宽二丈有奇，高二丈有奇……今邵固集北东堤址仍存，自东

① ［清］傅泽洪：《行水金鉴》卷八《河水》，文渊阁四库全书本。

② 吴忱等：《华北平原古河道研究》，中国科学技术出版社1991年版，第77页。

③ ［东汉］班固撰：《汉书》卷二十九《沟洫志第九》，中华书局1962年版，第1686—1687页。

④ ［北魏］郦道元著，杨守敬、熊会贞疏，杨甦宏等补：《水经注疏补》卷五《河水》，中华书局2014年版，第421页。

⑤ 《水经注疏补》卷五《河水》，第421页。

南而西北，经圈里村延入清河县大堤村。”① 鲧堤其实是屯氏别河的大堤。

张甲河是屯氏别河的一个支流。屯氏别河在馆陶北与屯氏河分流后，到清河西马屯分出张甲河，循着索庐河河道，至冀州李瓦窑一带离开索庐河，往东北行，沿着秦朝时的漳河河道大约经过今天的恩察、吉利、王常、广川，行走今日之西沙河，北行至景县绛河流一带入绛河，东北行到东光入河水。

至永光五年（前39）黄河又在下游鸣犊口（今山东高唐南）决口，屯氏河遂淤绝。《水经注》中仍有屯氏河故渎的记载，下游又支分为屯氏别河故渎，别河又支分为南北二故渎。这些故渎的经行路线与元封永光间的故道不尽相同，当系永光后决徙所形成，其遗迹至今犹散见于山东、河北两省接壤处各县境内。后隋炀帝时开永济渠，其在今山东境内一段（即今卫河）的一部分即利用屯氏河故道修浚而成。

东汉三国时期，黄河处于比较稳定的时期。东汉明帝永平十三年（70），也就是河决魏郡元城以南60年之后，东汉政府堵住了决口。主持治河者王景在西汉大河以南、以东的地方根据地势高低，开辟了一条新的黄河水道。这条河道从今河南濮阳南开始与西汉大河别流，东流经今河南范县南，山东阳谷、莘县东、茌平南、东阿北，又东北流经今黄河与马颊河之间，至今利津入海。由于有两条河道，从此至9世纪末的唐朝晚期，黄河出现了大约800年相对稳定的时期。

（三）河北五渠

河北平原河流纵横，水道众多。南部多黄河水道，中部之水源出太行山，北部的水源大部分发源于燕山。这些水源都流入渤海，流短水少，不便航运。东汉末年，曹操从政治军事的需要出发，为改进这里的交通条件，先后凿成白沟渠（简称白沟）、平虏渠、泉州渠、新河渠、利漕渠等五条水道，即河北五渠。由于这五条水道，河北平原各河流之间得到了贯通，水源得到调剂和集中，航运效益大大提高。

1. 白沟渠

（1）开凿白沟渠的背景。官渡之战瓦解了袁绍集团，但是袁氏的三股势力仍旧存在——袁谭据守青州，袁熙占据幽州，袁尚继承了袁绍的地位，占据邺城。邺城成为曹操下一个攻击占领的目标，如何打败袁尚成为官渡之战后曹操集团的头号任务。兵马未动粮草先行，后勤补给的重要性是作为军事家的曹操再清楚不过的。官渡之战中，曹操成功偷袭袁绍的粮饷基地乌巢从而取得胜利，因此曹操为保证邺城之战的胜利，充足的粮饷供应十分必要。建安七年（202）“春，正月，曹操军谯，遂至浚仪，治睢阳渠，遣使以太牢祀桥玄，进军官渡”②。睢阳渠的治理，最便捷地沟通了泗水下游一

① 崔正春修，尚希宝撰：《威县志》卷二《古迹》，成文出版社影印本。
② ［宋］司马光：《资治通鉴》卷第六十四《孝献皇帝己建安七年》，古籍出版社1956年版，第2044页。

带产粮区经睢阳（今河南商丘南）西北行达河内入黄河的运路，再转而顺黄河而下，就可以达黎阳（今河南浚县）前线了。因为睢阳非本文的重点所以略述。

建安九年（204）春正月，“曹操济河，遏淇水入白沟以通粮道”①。在攻邺之役就要打响之际，为了确保淮南的粮食运到邺城前线，曹操率军渡过黄河，修筑了枋堰枢纽工程，保证了白沟运河的水源充沛。《魏志·武帝纪》载，建安九年（204）“春正月，济河，遏淇水入白沟以通粮道”②，与《资治通鉴》一样简略。《水经注·淇水》载：“建安九年，魏武王于水口下大枋木以成堰，遏淇水东入白沟以通运。”③

（2）对白沟渠利用“宿胥故渎”的考证。至于白沟和清水形成于何时、是如何形成的，存在两种说法：一种说法是黄河南徙留下的黄河故渎；另一种说法是黄河北侵淇河遗留的淇河故渎。

第一种说法如下：周定王五年（前602），黄河发生了有文字记载以来的第一次大改道，洪水从宿胥口（在今河南浚县西，淇河、卫河合流处）夺河而走，东行漯川，至长寿津（今河南滑县东北）又与漯川分流，北合漳河，至章武（今河北沧县东北）入海。这条新河在禹河之南。原来的黄河故道称为宿胥故渎，又称白沟。《书·禹贡》载，导河至于大伾，北过绛水，当即经由此处北流，其后决而东行，而北流故渎犹存，故称其地为宿胥口，附近故渎为宿胥故渎。

同时，在这条黄河上游还有一条支流名曰清水。清水的形成与黄河右岸古阳堤有关。早在战国之前，丹水和淇水之间，发源于太行山区的诸水，都是直接注入黄河的。战国时期，随着黄河河床的抬升，古阳堤逐渐形成，其在防御黄河北泛的同时，也阻挡了以上诸水顺利注入黄河，迫使它们在堤外洼地汇集，流向东北，至今卫辉小河口与淇河汇流。后因黄河倒岸，断其河道，遂成黄河支流。这股新河由山泉组成，平时河水清澈透明，与混浊的黄河水对比明显，所以汉代时被称作清水。

第二种说法如下：春秋战国时期的淇水，与今天的淇河在淇门以上没有太大差别，淇门之下大不相同。那时没有卫河，不存在入卫河之说。根据史念海《河南浚县大伾山西部古河道考》考证，春秋战国时的淇水经过淇门北面的小河口（今属卫辉）汇合清水南流，至申店折而东北，经长屯、李海屯、董庄、新镇、兰庄，以下与今卫河河道仿佛。其在屯子镇一带比今卫河偏西，经今蒋村一带。淇河在申店折弯处的南面是古黄河北岸，河水冲刷，黄河不断向北倒岸。晋定公十八年（前494），黄河向北倒岸时冲断淇河折弯，淇河向南注入黄河，成为黄河支流。淇河折弯以下，自然断流，形

---

① 《资治通鉴》卷六十四《孝献皇帝己建安九年》，第2052页。

② ［西晋］陈寿：《三国志》卷一《武帝纪》，中华书局1982年版，第25页。

③ 《水经注疏补》卷九《淇水》，第866页。

成故渎和淇河故道。这故渎就是宿胥故渎，亦即清渎。断流的淇河故道就是汉代所谓的白沟。这就解释了《竹书纪年》记载的“晋定公十八年，淇绝于旧卫”和《水经注·清水》记载的“河徙南注，清水渎移”。白沟渠并非完全无水，而是成为一条源头接近淇河东岸的季节性河流。①

（3）白沟渠的枢纽工程。不管宿胥故渎是黄河故渎还是淇河故渎，由于黄河改道的缘故造成径流减少，不能担负繁重的军粮运输任务。《三国志·曹植传》记载，建安九年（214）七月，曹操六十岁时，带兵南征孙权，派儿子曹植留守邺城，行前勉励曹植说：“吾昔为顿丘令，年二十三。思此时所行，无悔于今。今汝年亦二十三矣，可不勉欤。”这年曹植也是二十三岁。这说明曹操对自己在顿丘令任上的表现，是非常满意并引以为豪的。曹操二十多岁时曾任顿丘县令（治所在今浚县屯子镇蒋村附近），对附近的历史地理、风物人情比较熟悉。淇河水丰，白沟水枯，引淇水入白沟，便能解除北征军队粮秣供应的后顾之忧。

所以，曹操命令修筑枋头水利枢纽工程。北魏郦道元《水经注·淇水》：“淇水右合宿胥故渎，渎受河于顿丘县遮害亭东、黎山西，北会淇水处立石堰，遏水令更东北注。魏武开白沟，因宿胥故渎而加其功也。”“淇水又南历枋堰旧淇水口，东流径黎阳县界，南入河……《沟洫志》曰：‘遮害亭西十八里至淇水口是也。’汉建安九年，魏武王于水口下大枋木以成堰，遏淇水东入白沟，以通漕运，故时人号其处为枋头。”②

黄盛璋先生认为，曹操所采取的工程措施主要有三。其一，在淇水入黄河口的北面选择一个位置适当并有利于做堰的地形，下大枋木，“其堰，悉铁柱木石参用”，筑成一条高大的拦河坝，截住淇水，阻止它南流入河；卢谌在《艰征赋》里形容它为“洪枋巨坝，深渠高堤”。③ 其二，在堰北开凿一条人工渠道，导引淇水改流入白沟，开渠引淇水东北流，与宛水汇合而入白沟。所开之渠过枋城北向东至遮害亭（淇水口东十五里）东入白沟（或谓宿胥故渎、清水渎），这一段为曹操新开之渠。其三，黄河虽南徙，但和宿胥故渎仍有旧道可以相通，所以又在宿胥口的北面故渎会淇水之处筑了一个石堰，使淇水流到这里，不致向南流入黄河。枋头是一处连通黄河、淇水、白沟和清河，保证河北漕运的交通枢纽。枋头一带，也是黄河渡口最为密集的地区。隔河相对的是濮阳，而濮阳境内的重要渡口就有灵昌津（又名延津）、棘津、文石津和硗津等。

白沟渠由于有淇水加入，水量大增，同时河道沿着黄河故道向北延伸，至少可以

---

① 史念海：《河南浚县大伾山西部古河道考》，《历史研究》1984年第2期，第50—71页。

② 《水经注疏补》卷九《淇水》，第865页。

③ 《水经注疏补》卷九《淇水》，第865页。

和洹水（安阳河）相接，如此军粮就可运到邺城以东一带。自此以后，白沟就成为河北地区的重要运道。引淇水入白沟的运河工程竣工后，曹操便在建安九年（214）七月，以水路发兵大举进军邺城。由于兵马粮草供应充足，曹操无丝毫后顾之忧，以逸待劳，将袁尚死死围困在邺城之内。袁谭从外地率军增援救袁尚，半路上被曹军击败。不久，曹操轻取邺城，得幽、青、冀、并四州，从此北方大定。

曹操当年下枋木拦截淇水入白沟的基础石堰还在。浚县水利局总工程师赵太明先生说，每逢干旱年份，石堰基础就露出了水面。最早发现石堰是在1987年春天，当时淇水枯竭，附近村民在河里挖沙时挖出了一溜石坝。石坝跨越淇河河床，为东西走向。建筑材料是50厘米宽、200厘米长、50厘米厚的石板，石板与石板之间均用蝴蝶结状的大铁扣相连，坚固无比。后经文物和水利专家鉴定，石料和铁扣的加工工艺特征均属汉代。在堰基东边淇河堤内，有一个高五六米、直径20多米的土丘，这个土堆的土层里夹有不少汉代砖瓦。专家推断，这些砖瓦是当年曹操修堰拦水施工时搭建施工房舍留下的遗迹。

（4）白沟渠的流向及其作用。《水经注》云：白沟自县北径戏阳城东，世谓之羛阳聚。《春秋·昭公十年》，晋荀盈如齐逆女，还，卒戏阳是也。白沟又北径高城亭东，洹水从西南来注之。又北径问亭东，即魏界也，魏县故城。应劭曰：魏武侯之别都也。城内有武侯台，王莽之魏城亭也。左与新河合，洹水枝流也。白沟又东北径铜马城西，盖光武征铜马所筑也，故城得其名矣。白沟又东北径罗勒城东，又东北，漳水注之，谓之利漕口。自下清漳、白沟、淇河，咸得通称也。①

晚唐著名诗人薛能有诗《送冯温往河外》云：琴剑事行装，河关出北方。秦音尽河内，魏画自黎阳。野日村苗熟，秋霜馆叶黄。风沙问船处，应得立清漳。曹操引淇水入白沟，画下了“魏画自黎阳”最辉煌的一笔，不仅奠定了曹魏立国的基础，而且这一壮举丰富了中国河渠史。当年，曹操引淇水入白沟是为了打胜仗，可是不久，它的作用就超出了军事意义。据《浚县志》记载，利用白沟水灌溉山坡田地达7 000亩。据此推算，白沟润泽两岸的土地面积会是一个不小的数字。

曹魏以后为了保证这条河流的水量，保持航运畅通，历代不断开辟水源，致使此河本身随之不断延伸和发展变化。如建安十八年（213）曹操开利漕渠，引漳水入白沟，目的是增加白沟的水源以利漕运。至于淇水以西的卫河河道，原名清水，建安年间，仍为黄河支流，但《水经注》记载，不仅清水与淇水汇合，丹水也向东分出一些支沟注入清水。这是建安以后，为了增加白沟与清水运道的水源而逐渐向西延伸的。

---

① 《水经注疏补》卷九《淇水》，第875—877页。

《水经注》所记载的清水和白沟基本类同今天的卫河，只是白沟下的清河个别河段与今南运河不同。隋大业四年（608），开永济渠，引沁水入清河，北通涿郡（今北京），又向南北两端进一步延伸扩展。其南端引沁河入清河，目的是增加水源。但为时不久，沁河淤废，不通卫河。唐代的济渠，宋金元的御河，明以后的卫河，仍以清水、淇水为主流。

当时白沟经馆陶入临清境，流经临清的贺伍庄、摇鞍镇、张三寨、西王庄入威县境。如今这一古河已由临西县“卫西干渠”所替代，今河上仍有当年的印痕。贺伍庄人、原临清县公安局副局长赵伍贵先生儿时曾见过“歇马碑”，碑上残留有“立马白沟上，遥看粮草堆”等字样。

东汉明帝时王景修治了从荥阳至彭城入泗水的汴渠。从此，汴渠逐渐替代了鸿沟成为中原地区南北水运的干线。建安年间曹操主持兴修了白沟渠、利漕渠、平虏渠、泉州渠、新河渠以后，河北平原上又增添了一条贯通南北、直达今天津并东抵滦河的水运路线。引漳水入白沟以通漕的利漕渠的开凿，使从白沟上游来的漕运，可由此渠折入漳水，西溯邺城，使原来已处在南北陆路交通要道上的邺城，更增添了水运的方便，遂使其地位日显重要，终于替代了邯郸，成为河北平原上的第一都会。曹操称魏公都此，以后的后赵、前燕、东魏、北齐均在此建都。

2. 平虏渠

（1）开凿平虏渠的背景。乌桓，亦作乌丸，原与鲜卑同为东胡部落之一。东汉初，乌桓常与匈奴联兵扰乱代郡以东各地，后南匈奴降汉，乌桓乃遣使称臣纳贡。汉廷内迁乌桓于塞内缘边十郡，复置护乌桓校尉于上谷宁城（今河北万全）。汉末大乱，朝廷屡次征乌桓部落镇压起义。后来，张举、张纯等造反，利用幽州乌桓，寇掠青、徐、幽、冀四州，屠戮百姓。《三国志·乌丸鲜卑东夷传》记载：“因汉末之乱，中国多事，不遑外讨，故得擅（汉）［漠］南之地，寇暴城邑，杀略人民，北边仍受其困。”①

汉献帝初平元年（190），辽西乌桓大人丘力居死，其侄蹋顿即位，有武略，统一辽东、辽西、右北平三郡乌桓。“蹋顿又骁武，边长老皆比之冒顿”。当时他们活跃在今天的大小凌河以及科尔沁草原一带。袁绍灭公孙瓒占河北，占有三郡乌丸，“宠其名王而收其精骑”②。乌桓与袁绍关系密切。

官渡之战后，袁绍忧愤成疾而死，其子袁谭、袁尚为争位火并。建安九年，曹操占领邺城，降并州刺史高干，赶跑了袁尚。建安十年（205），曹操攻袁谭于南皮，并杀死袁谭；袁尚、袁熙投奔辽西乌桓王蹋顿，图谋再起。在曹操攻南皮时，乌桓就蠢

① ［西晋］陈寿：《三国志》卷三十《魏书·乌丸鲜卑东夷传》，中华书局1978年版，第831页。
② 《三国志》卷三十《魏书·乌丸鲜卑东夷传》，第831页。

蠢欲动，袁尚、袁熙引乌桓来攻，曹操赶到，才将乌桓逐至塞外。二袁投奔乌桓更是直接导火索，曹操北征乌桓是势在必行。

建安十一年（206），曹操开始着手准备北征辽西乌桓，消灭袁尚残余力量。建安十一年四月，破壶关，斩杀逃奔的高干。秋八月东征海贼管承，彻底解除关内忧患，扫除了远征乌桓的后顾之忧；又命董昭开凿两条漕运——平虏渠、泉州渠通海，以便于运粮北上，为大军北征做准备。

（2）滹沱河、漳河与泒水

滹沱河曾称呼沱河，它由山西高原东下突入平原，纵坡陡峻，水流湍急，经常泛滥成灾。因此，其名称都是取水流湍急凶猛之意。滹沱河与其他河北平原的诸水一样都是黄河的支流，黄河在西汉南迁，滹沱河逐步脱离了黄河，成为独立的水系。滹沱河的基本流向是：自出山口至晋县（今晋州市）段基本同现河道，自晋县往东流，经深泽南、安平南，自饶阳往东南，至武强合漳水，又往东北，循禹河故道东北流，过弓高（今阜城县西南）、乐成（今献县东南）、成平（今交河东北）、三户（今青县西南），沿今天马厂减河入海。

漳水自临漳、肥乡、邱县、广宗至新河西南，向北经宁晋、冀州边界，过深州至武强，合滹沱河后又与滹沱河分道北上，再经成平南北上，在三户亭又合滹沱河，沿今天马厂减河入海。

泒水，又名大沙河，禹贡时代为黄河的支流，黄河南徙后脱离黄河，单独入海。其得名于发源地阜平的泒山。《水经》本有泒水篇，现已亡佚。《读史方舆纪要》载：定州安喜县“泒水”下，引《水经注》云：“泒水，历天井泽南流，所播为泽，俗名为大井淀。”[①]《初学记》引《水经注》云：“定州泒水，北流经大核山。”[②] 大核山疑是大泒山之讹。大泒山在今阜平县西北五里。其东又有小泒山，以泒河所经得名。东汉的泒水，自阜平县南，经南行唐县东（今县北），到新乐县（今新乐市）汇合沙水，又东经过安喜县南（今安国市西），饶阳北，北折，经今河间市、任丘市西，下入文安洼，基本沿着今大清河道入海。

开凿平虏渠的目的在于沟通从邺城出发的漳水，由漳水到滹沱河，通过平虏渠联系泒水。

（3）平虏渠的位置

平虏渠是临时开挖的一条运河，比较粗糙。《水经注》因滹沱河和泒水两篇亡佚，平虏渠具体方位亦失载，其他文献记载很是简略。关于平虏渠具体的位置、流向或起

---

① ［清］顾祖禹：《读史方舆纪要》卷十四《北直五》，光绪二十七年图书集成局排印本。

② ［唐］徐坚：《初学记》卷八《州郡部》，中华书局 1962 年版，第 177 页。

讫点主要有三种不同的说法：饶阳说；青县—独流镇说；山西说。最可以肯定为错误的说法是山西说。《后汉书》之《郡国志》雁门郡“卤城”条下，梁刘昭注：“《魏志》曰：‘建安十年凿渠，自呼（滹沱河）入汾，名平虏渠。’”① 此注解有两处错误非常明显：一是建安十一年误写作建安十年；二是入泒误写作入汾，导致顾祖禹《读史方舆纪要》和《古今图书集成》均错。

饶阳说辨析。饶阳说的理由主要来自《后汉书》的一段注文。《后汉书·光武纪》载，刘秀“至呼沱河，无船，适遇冰合，得过，未毕数车而陷”。李贤注：“呼沱河旧在饶阳南，至魏太祖曹操，因饶河故渎决，令北注新沟水，所以今在饶阳县北。”②

李贤是唐代章怀太子，唐高宗李治之子，其注文说明了滹沱河在唐代早期的情况。古饶河在饶阳县南，所以县城才命名曰“饶阳”。饶河是滹沱河的支脉，二者都在饶阳县南。饶河决堤，致使饶河与滹沱河北注新沟水。新沟可能是一条新的沟渠，沟通了呼沱水与泒水，并非曹操凿渠造成的。以新沟为平虏渠是由宋代宋白提出的，《读史方舆纪要》晋州饶阳滹沱河条下引《通典》此条后，又引宋白曰：“决处即平虏渠也。”又在饶河条下云：“本滹沱之支流，昔时引而北注，合乎易水，魏武开平虏渠，饶河为滹沱所夺。”③ 此种判断有两点错误：一是新沟并非曹操的平虏渠；二是沟通的并非易水，而是泒水，当时易水和泒水并未合流为大清河。

那么，既然不是曹操的平虏渠，此处还有什么古代人工运河呢？三国魏时饶阳县境内开凿有两条运河：白马渠和鲁口渠。

白马渠是一条连接漳水与滹沱河的运道，相传为曹魏白马王曹彪所开，因名“白马渠”，又叫“白马河”。《水经注》浊漳水条：漳水“又东径武强县北，又东北径武隧县故城南……白马河注之。[白马河] 水上承滹沱，东径乐乡县北、饶阳县南，又东南径武邑郡北而东入衡水，谓之交津口”④。按照谭其骧《中国历史地图集》，饶阳县则在滹沱河南今饶阳县，白马河北口即在其西；武邑郡郡治在衡漳北岸，与武强县隔河对峙，白马河南口即位于其间。

魏明帝景初二年（238），司马懿为了北伐公孙渊，在白马渠北饶阳县境，又修建了一条引滹沱河北入泒水的渠道。其因起于滹沱河边的鲁口城，故名鲁口渠。此渠在《水经注》中同样因缺滹沱河和泒水篇而不见记载。《元和郡县图志》饶阳下：“州理城，晋鲁口城也。公孙泉（本作渊，唐避讳改为泉）叛，司马宣王征之，凿滹沱入泒

① [宋] 范晔：《后汉书》卷一百一十三《郡国五》，中华书局1965年版，第3525页。

② 《后汉书》卷一上《光武帝纪第一》，第12—13页。

③ 《读史方舆纪要》卷十四《北直五》。

④ 《水经注疏补》卷十《浊漳水》，第998—999页。

水以运粮，因筑此城。盖滹沱有鲁沱之名，因号鲁口。”① 按：唐时饶阳县已移治于三国时鲁口城。《太平寰宇记》饶阳县下有具体说明：“古城在今县东北二十里，饶阳故城是也。齐文宣天保五年移于今理。按饶阳县即后魏虏渠口，置虏口镇于此，后为县，隶深州。”② 可见，鲁口渠南口在滹沱河畔鲁口城，经三国时饶阳城北入泒水。建安年间利漕渠的开凿，使白沟得以与漳水相接，今新辟白马、鲁口二渠，又使漳水北与滹沱河和泒水相连，从而在清河以西形成了一条连缀白沟、漳水、滹沱河和泒水等的天然河道，纵贯河北平原中部的南北交通线。其与由白沟溯清河北上的运道东、西并列，大大便利了河北平原的水运交通。

青县—独流镇说辨析。就地形、地势而言，如果从邺城出发不管走白沟还是走漳河，都不会绕道饶阳：如果走白沟，沿今卫河直接到南皮；如走漳河，在下博南即行东走，归白沟，复到南皮。那么，平虏渠的位置在哪里？

据唐李吉甫《元和郡县图志》沧州鲁城县：“平鲁渠，在郭内。魏武北伐匈奴开之。”③ 宋乐史《太平寰宇记》沧州乾符县：“平虏渠在县南二百步，魏建安中于此穿平虏渠，以通军漕，北伐匈奴；又筑城在渠之左。”④

《旧唐书·地理志》记载：“隋鲁城县，武德四年属景州，贞观元年改属沧州，乾符年改为乾符。”⑤ 隋开皇十六年（596）在西章武县故城（今河北黄骅市齐家务乡乾符村）置鲁城县。唐僖宗乾符元年（874），县生野稻水谷两千余顷，燕、魏饥民就食之，因改名乾符县。又《沧县志》云：“今沧县旧治北四十余里有乾符村，其地在今青县之东，大海在县东一十四里。”1978 年 3 月 4 日文物普查人员发现，该城遗址东西长约 500 米，南北宽约 420 米，城内有古井两眼，东西南北均有城门，四周有护城河。城西古河道中还曾挖出木船一艘，城内也曾出土过石雕狮一对和古代铜币等。因此可知，平虏渠南口在青县东乾符村。平虏渠会合泒水的北口，不见文献记载。从今南运河与大清河会流的情况看，其北口约在今天津市静海区的独流镇。平虏渠的故道，也大体上介于青县到静海区独流镇之间，相当于京杭大运河南运河的北段。

史书记载，唐代姜师度开平虏渠。《旧唐书》称赞姜师度“勤于为政，又有巧思，颇知沟洫之利”。该书又云，姜师度“约魏武旧渠，傍海穿漕，号为平虏渠，以避海艰，漕运者至今利焉”⑥。《新唐书·地理志》载：“蓟州渔阳郡有平虏渠，傍海穿漕，

---

① ［唐］李吉甫：《元和郡县图志》卷十七《河北道二》，中华书局 2005 年版，第 488 页。
② ［宋］乐史：《太平寰宇记》卷六十四《河北道十二》第一册，第 1039 页，文渊阁四库全书本。
③ 《元和郡县图志》卷十八《河北道三》，第 518—519 页。
④ 《太平寰宇记》卷六十五《河北道十三》，第 1061 页。
⑤ ［后晋］刘昫：《旧唐书》卷三十九《志第十九·地理二》，中华书局 1975 年版，第 1507 页。
⑥ 《旧唐书》卷一百八十五下《姜师度传》，第 4816 页。

以避海难。又其北涨水为沟，以杜契丹。皆神龙中沧州刺史姜师度开。”① 《唐会要》载：“神龙三年，沧州刺史姜师度，于蓟州之北，涨水为沟，以备契丹、奚之入侵。又约旧渠，傍海穿漕，号为平虏渠。”② 此时永济渠已经开通，那为什么姜师度还要开凿一条不同于永济渠的渠道呢？唯一的解释是此时永济渠已经不能行船了。永济渠比白沟稍向东移，在今卫运河之西，因为海岸线已经东移。姜师度所开平虏渠应是永济渠的一段，并非曹操之平虏渠，说是“魏武旧渠”，其实非也。

3. 泉州渠

曹操在开挖平虏渠的同时，又开凿了一条自幽州通往今天津的运河，名曰泉州渠。《三国志·魏书·太祖纪》：“从泃河口凿入潞河，名泉州渠。”③《水经注》载“泉州渠口故渎上承滹沱水于泉州”④，所以命名为泉州渠。

（1）为什么曹操要在开凿平虏渠后继续开凿泉州渠呢？平虏渠沟通了滹沱河与泒水，但要沟通泒水与辽西的交通，就要继续沿着自然河道北上东进开凿一条通往辽西的水路。泒水在平虏渠口以东入海，是为清河。开凿清河北上的渠道成为当务之急。泉州渠就是在这样的背景下开凿的。

京津一带的水势基本都是西北、东南方向注入渤海的，古代这一带主要有泃水、鲍丘水、潞水和灅水。《读史方舆纪要》引《水经注》云：“泃水，出右北平无终县西山，西北流，过平谷县而东南流，又南流入于潞河，又东合泉州渠口，曹操所凿也。渠东至海阳县乐安亭南与濡水合，而入于海。”⑤ 泃水发源于右北平的无终县西山，今天津蓟州一带山区，过北京平谷后，向东南流去，汇入潞河，继续东流汇合泉州渠口，继续东流为曹操所开新河。新河在河阳县安亭南与濡水汇合，然后入海。新河为后文所述，此处不详细分析。

沽河上游即今河北白河，故道自北京顺义东南李遂镇西南流至通州东北，会温榆河，此下即今北运河。据《水经注》载：“沽河从塞外来，南过渔阳狐奴县北，西南与温余水合，为潞河。又东南至雍奴县西，为笥沟。又东南至泉州县与清河合，东入于海。清河者，泒河尾也。”⑥ 古鲍丘水上游即今潮河，下游略与今白河平行南流，折东南循今蓟运河下游入海。鲍丘水至古潞县西入沽河。当沽河与鲍丘二水在潞县汇合后，下游可互为通称，故鲍丘水入潞后又有潞河之称。

---

① ［宋］欧阳修：《新唐书》卷三十九《地理三》，中华书局 2003 年版，第 1321 页。

② ［宋］王溥：《唐会要》卷八十七《转运盐铁》，中华书局 1955 年版，第 1596 页。

③ ［晋］陈寿：《三国志》卷一《魏书·武帝纪》，中华书局 1964 年版，第 57 页。

④ 《水经注疏补》卷十四《鲍丘水》，第 227 页。

⑤ 《读史方舆纪要》卷十一《北直二》。

⑥ 《水经注疏补》卷十四《沽河》，第 213 页。

因此，潞河上游和下游区别很大。泃水在上游沟通了潞河，但是如果从平虏渠北上到达清河后，沿潞河逆水而上，不仅水势不利，方向也不合乎要求，而且构成潞河上游的笥沟只是一个季节性河流，漕船无法通行。因此，只有重新在几条河的下游开凿一条新的运河才能解决问题。

（2）关于泉州渠的位置，《水经注》有明确的记载。《水经注》记载，泉州渠“北径泉州县东，又北径雍奴县东，西去雍奴故城百二十里，自滹沱北入，历其下历水泽百八十里入鲍丘河，谓之泉州口。陈寿《志》曰：曹太祖以蹋顿扰边，将征之，从口凿渠，径雍奴泉州以通河海也，今无水”①。泉州渠南、北两口的距离直线不过百里左右，《水经注》说它长达“百八十里”，是由于水道迂回曲折所致。《水经注》还为我们判断泉州渠的渠道路线，提供了两条极为重要的线索：一是渠口西去雍奴故城百二十里（北魏一百二十里约为今九十里）；二是泉州渠历经了水乡泽国。

《读史方舆纪要》引《水经注》云：“雍奴亦薮泽之名。四面有水曰雍，澄而不流曰奴。”②《水经注》：“水之南，南极滹沱，西至泉州、雍奴，东极于海，谓之雍奴薮。其泽野有九十九淀，枝流条分，往往径通。”③ 明代称三角淀。《明一统志》卷一顺天府：三角淀“在武清县南，周回二百余里，或云即古之雍奴……其源自范甃口、王家陀河、掘河、越深河、刘道口河、鱼儿里河诸水所聚，东会叉沽港入于海”④。《大清一统志·顺天府二》：三角淀“《新志》合相近诸淀泊，总谓之东淀云”⑤。在今河北霸州、永清、大城、文安等市县和天津、静海间。清时渐淤废，后遂堙为平陆。泉州渠大约从泽国西部穿泽而过。

雍奴故城的具体位置众说纷纭，据考证当在今天津武清区高村乡兰城村一带。雍奴故城东百二十里，在今宝坻区东南。所以，泉州渠北口在今天津宝坻区东南一带。

《水经注·淇水》记载：“笥沟东南至泉州县与清河合，自下为派河尾也，又东泉州渠”，“东北过漂榆邑入于海”。郦道元注：“清河又东径漂榆邑故城南，俗谓之角飞城。《赵纪》云，石勒使王述煮盐于角飞，即城异名矣。《魏土地记》曰，高城县东北百里，北尽漂榆，东临巨海，民咸煮海水，借盐为业，即此城也。清河自是入于海。”⑥ 漂榆邑后成为著名的港口，其地理位置符合运河汇入的情形。因此泉州渠南口必在泉州县东南、笥沟与清河汇口之东漂榆邑附近。漂榆邑为军粮城的前身，大致在今军粮

---

① 《水经注疏补》卷十四《鲍丘水》，第 227—228 页。
② 《读史方舆纪要》卷十一《北直二》。
③ 《水经注疏补》卷十四《鲍丘水》，第 235 页。
④ ［明］李贤等：《明一统志》卷一《顺天府》，文渊阁四库全书本。
⑤ ［清］和坤：《大清一统志》卷五《顺天府二》，文渊阁四库全书本。
⑥ 《水经注疏补》卷九《淇水》，第 895—896 页。

城镇西南埕和小东庄镇务本二、三村之间。

4. 新河

乌桓的基地在柳城，即今辽宁朝阳一带。运河开到泉州渠口，还要向东沟通沿海南北流向渤海的数条自然河，最终到达滦河，将军饷运至最前线。曹操为解决泉州渠以东至滦河间的水运联系，利用自然河道沟通再开新河。

新河是曹魏修建沟通黄河到滦河的人工运河，是古白沟、平虏渠经滹沱河沟通泉州渠，又沿天津东北渤海沿岸向今昌黎方向延伸的运河。它可通俗认为是古鲍丘水冀东支流今泃河和州河的东支流在唐山乐亭县延伸南流入海一段之合称，时称新河。

《水经注·濡水》："濡水东南流，径乐安亭南，东与新河故渎合。渎自雍奴县承鲍丘水东出，谓之盐关口。魏太祖征蹋顿，与泃口俱导也，世谓之新河矣。陈寿《魏志》云：以通海也。"① 泃口即泃河口，与泉州渠北口泉州口相距不远。新河的起点在泉州渠北口附近，名为盐关口。新河的终点在濡水上，具体位置在乐安亭东南方与濡水汇合，然后入海。历史上乐安亭有三地：一为丹徒县义礼乡乐安亭；一为北魏厌次县，即今山东平原县，"王莽曰乐安亭，应劭曰明帝更名阚骃，曰厌次县"②；一为今乐亭县，"乐安亭者，盖即今乐亭县东北之乐安故城也，东晋于此置乐安县"③。按照濡水的位置应是今乐亭县。说乐安亭为天津宝坻之林亭口附近，没有依据，只是没有读懂《水经注》，把新河的起点误当作终点耳！

"新河又东北绝庚水，又东北出，径右北平，绝泃渠之水，又东北径昌城县故城北，王莽之淑武也。新河又东分为二水，枝渎东南入海。新河自枝渠东出合封大水，谓之交流口。水出新安平县，西南流径新安平县故城西，《地理志》：辽西之属县也。又东南流，龙鲜水注之，水出县西北，世谓之马头水，二源俱导，南合一川，东流注封大水。《地理志》曰：龙鲜水，东入封大水者也。乱流南会新河，南注于海。《地理志》曰：封大水于海阳县南入海。新河又东出海阳县与缓虚水会，水出新安平县东北，世谓之大笼川，东南流径令支城西，西南流与新河合，南流注于海。《地理志》曰：缓虚水与封大水，皆南入海。新河又东与素河会，谓之白水口。水出令支县之蓝山，南合新河，又东南入海。新河又东至九濄口，枝分南注海。新河又东径海阳县故城南，汉高祖六年，封摇毋余为侯国。《魏土地记》曰：令支城南六十里有海阳城者也。新河又东与清水会，水出海阳县，东南流径海阳城东，又南合新河，又南流十许里，西人九濄注海。新河东绝清水，又东，木究水出焉，南入海。新河又东，左迤为北阳孤淀，

---

① 《水经注疏补》卷十四《濡水》，第256页。
② 《水经注疏补》卷五《河水》，第486页。
③ 《水经注疏补》卷十四《濡水》，第256页。

淀水右绝新河，南注海。新河又东会于濡。”①

新河流经区域是渤海湾北部河流纵流的平原地区。新河在滨海地区横穿这些河流。谭其骧《中国历史地图册》并未标识这些河流，只是简单地标出了新河的大致位置而已。郦道元以新河为经，以其他诸河为纬，详细描述了新河的情况。

新河自泉州渠北会鲍丘水东侧的盐关口引水东绝庚水（今州河）、巨梁水（今还乡河）、封大水（今陡河）、缓虚水（今沙河）、素河（今溯河）、清水（今清河），会于濡水（今滦河），大致经今天津市宝坻区和河北玉田、唐山、滦南、滦州等地。此运河横截数条自然河流，必筑堰闸方得通过，开凿工程比较复杂。

5. 利漕渠

曹操建都于邺城，比邻漳水。建安九年（204），曹操乘袁谭和袁尚相互攻伐，于八月攻克邺城，袁尚败走中山，曹操占据了邺城。建安十三年（208）六月，曹操罢三公，置丞相、御史大夫，汉献帝拜曹操为丞相。从政治角度考虑，丞相有大事须向皇帝请示。为避免皇帝对政务的干涉，曹操将丞相府设在邺城，而没有设在许昌。建安十八年（213）五月，曹操为加强对地方的控制，仿照古制，将全国的十四州合并为九州。曹操将原来的幽（今北京西南）、并（今山西太原西南）二州并入冀州，辖魏郡、钜鹿、勃海、常山、安平、河间、清河、赵国、中山、乐陵三郡七国，幅员涵盖河北的中南部、山西东部部分地区、河南北部、山东西北部部分地区，曹操自任冀州牧。七月，曹操修建魏国的社稷宗庙。后在魏国设置尚书、侍中、六卿等官职，魏国成为国中之国，邺城成为实际上的权力中心。邺北城东西长 3.5 公里，南北长 2.5 公里，北临漳水，外城有 7 个门，内城有 4 个门。邺城范围大致包括今天的河北省临漳县邺镇和三台村一带。曹操以城墙为基础，在城西北隅建筑了三台，自北而南有冰井、铜雀、金虎三台。“铜台高揭，漳水东流”，可见铜雀台是依漳河而建的。

漳水得名于清浊合流。宋沈括在《梦溪笔谈》中说：“清漳、浊漳，合于上党。当阳即沮、漳合流，赣上即漳、灨合流，漳州予未曾目见，鄣郡即西江合流，亳漳即漳、涡合流，云梦即漳、郧合流。此数处皆清浊合流，色理如蝃蝀，数十里方混……予考察其义，乃清浊相揉者为漳。”《通雅》亦云：“漳十有一，皆以清浊合流而名。狄子奇曰……以清浊相蹂者为章。由是观之，漳河之名明矣。”② 浊漳河与清漳河在河北省涉县合漳村汇合。

漳河原亦为黄河一大支流，《河北省水利志》考证道：“漳河古称漳水。水势湍悍，迁徙无常，从周秦至明清流经冀州。周至北魏时期，漳水自临漳、肥乡、邱县、广宗

① 《水经注疏补》卷十四《濡水》，第 256—257 页。

② ［宋］沈括：《梦溪笔谈》卷三《辨证一》，上海书店出版社 2003 年版，第 17 页。

至新河西南分为二流。其一向北经新河、宁晋、冀州边界，过深州至武强，有时合滹沱河北上，经献县、青县流向东北入渤海；有时独流向东，经交河、沧州东北入渤海。其二东折，经新河、南宫、冀州南部、枣强南至景县西南，合于黄河，向东北入渤海。"① 其间河道变化无常，难以确考。

为了加强邺城与其他州郡的联系，特别是与河北诸郡国的沟通，建安十八年（213）九月，曹操凿引漳水入清、洹，以通河漕，开凿从馆陶到曲周连接漳水与白沟的利漕渠。《魏志·武帝纪》：建安十八年"九月，作金虎台，凿渠引潭水入白沟以通河"②。利漕渠北起于斥漳以南，《十道志》曰：洛水县，本汉斥漳县也。《汉志》曰：以其国斥卤，故云斥漳。多数学者以为其在今河北曲周县南，不在今曲周县北。广宗县有斥漳村，亦可能是此地，有待进一步考察论证。

利漕口在今大名县西北、馆陶县西南，利漕渠在利漕口注入白沟。《水经注·淇水》记载："白沟又东北径罗勒城东，又东北，漳水注之，谓之利漕口。自下清、漳、白沟、淇河，咸得通称也。"③ 据杨守敬《水经注图》，罗勒城在河北广平县东南、大名县西北，即在今河北馆陶县城之西南。就是说，利漕渠通向白沟的东口是在今馆陶县境内。由此可知，利漕渠的地理位置是在邺城的东北方向。

《水经注·浊漳水》记："汉献帝建安十八年，魏太祖凿渠，引漳水东入清、洹，以通河漕，名曰利漕渠。"④ 利漕渠以利于沟通邺城和四方漕运为目的，因此命名为利漕渠。从此以后，古邺城"漕运四海"。利漕渠的开凿，使白沟与漳水直接沟通以后，船只即可由白沟通过利漕渠进入漳水，直抵邺城。白沟在得到漳水的补给后，水量丰盈，其连接清河的运道，亦得以畅通无阻。此后邺城可由运河直通河北平原北端，此水北魏《水经注》时尚存。《三国食货志》引《三国志质疑》卷二："水经浊漳水篇，浊漳水又东北过斥漳县南。郦注，汉献帝建安十八年，魏太祖凿渠引漳水东入清洹以通河漕，名曰利漕渠。漳津故渎水断，旧溪东北出，涓流濡注而已。此利漕渠即引漳水入白沟之渠，其曰清洹而不曰白沟者，淇水篇云，淇水又东过内黄县南为白沟，屈从县东北，与洹水合。郦注，白沟又东北径罗勒城东，又东北漳水注之，谓之利漕口。自下清漳白沟淇河咸得通称是也。"⑤

后人在前人的基础上，进一步疏通利漕渠，以沟通邺城和外地之间的交流。北魏前期，魏将阿难自曲周县西三十里处，引漳河水经曲周至馆陶县西南，通白沟，开挖

---

① 河北水利厅：《河北省水利志》，河北人民出版社 1996 年版，第 22 页。
② 《三国志》卷一《魏志·武帝纪》，第 42 页。
③ 《水经注疏补》卷九《淇水》，第 877 页。
④ 《水经注疏补》卷十《浊漳水、清漳水》，第 961 页。
⑤ 陶元珍：《三国食货志》卷六《交通与都市》，商务印书馆 1935 年版，第 77 页。

阿难渠（又名阿难河）。这样由邺可经过利漕渠、白沟，通黄河，转江淮。北又可由白沟北通平虏诸渠。北魏太和十八年（494），崔光曾说："邺城平原千里，漕运四通。"①大概魏时还维持这一情况。东魏天平元年（534），自迁都邺城，就曾利用黄河、白沟通运，运送拆毁洛阳宫殿的木材到邺。这时枋堰已毁，但仍可通运。隋炀帝时期，为便利河北地区军事运输，在古白沟基础上开凿了永济渠。馆陶境内的古永济渠大致就是古白沟的走向。

曹操还修筑了陆路交通线路，以配合水路交通。曹操于建安十八年（213）下令修"驰道"和车马大道。其中一条车马大道自邺城始，向东北经斥丘，达馆陶，直至清河。曹操在邺城期间，非常重视发展农业生产，曾开挖引漳十二渠，用于灌溉农田。在这些河渠中，应该有一条名"紫陌渠"或"紫陌河"的。紫陌，位于邺城西北五里。北齐夭亡的高氏皇族高僧护葬在"邺城西紫陌河之北七里"②。该墓志出土于河北磁县讲武城乡白道与西陈村一带。唐《历代法宝记》中曾记载：佛教禅宗第二祖慧可大师的墓葬在"子（紫）陌河北五里"③。这个墓葬地点在今成安县二祖村。据此，这条河渠应自邺城紫陌向北偏东流至今成安地域。《太平御览》引《邺水图经》"河伯娶妇"处曰："浊水在县西，水东北有永乐浦，浦西五里俗谓为紫陌（又作祭陌），河北处（即故大河）即俗巫为河伯娶妇处也。"④

二、隋唐永济渠的开凿与流向

曹魏政权在河北地区开凿了五渠，奠定了以后大运河工程的基础，但是并没有形成一个完整的运河系统。大运河的系统化是在隋炀帝时期完成的。传统意义上的隋朝大运河包括永济渠、通济渠、邗沟和江南河四段，京津冀地区的大运河主要是永济渠。隋唐时期永济渠的兴废与政局以及地理因素密切相关，本部分主要探讨永济渠的开凿背景、原因及其兴废。

（一）永济渠的开凿背景和原因

辽东，古指辽河以东地区，今指辽宁省的东部和南部及吉林省的东南部地区。战国、秦、汉至南北朝设辽东郡。辽东郡东界达朝鲜半岛大同江以北地区，由郡名演化的地域名辽东，最初即包括大同江以北。魏晋至唐，辽东作为地域名的内涵在逐渐扩

---

① ［宋］李昉：《太平御览》卷一百六十一《州郡部七》，中华书局1960年版，第782页。

② 国家图书馆藏《太常卿高僧护墓志》拓片。

③ 佚名：《历代法宝记》之《北齐朝第二祖惠可禅师》，大正藏第五十一卷。

④ 《太平御览》卷六十四《河北诸水》，第305页。可参《水经注疏》卷十《浊漳水》引《太平寰宇记》相州条："浊漳水在县东北，有永乐浦，浦西五里俗谓紫陌河，此即俗巫为河伯娶妇处。"

大，包括整个大同江流域和汉江流域，甚至高句丽政权的所有辖区。高句丽人也称自己的国家所在地为辽东。

高句丽是古代东北地区夫余人所建立的，其领土主要部分处于汉朝的辽东、玄菟、乐浪、带方四郡。前37年，夫余人朱蒙在玄菟郡高句丽县辖区内建立政权，国都为纥升骨。高句丽在历史上，对中国时叛时附。高句丽帝国的扩张大致上始于大武神王高无恤时代，也就是王莽篡汉时代。王莽贬高句丽为下句丽，从此引发了战火。高句丽连战得手，击败新莽政权，占有乐浪，并吞并了周围的小国，势力进入朝鲜半岛。后汉光武帝刘秀击败高句丽，收复乐浪，以朝鲜半岛上清川江为界，以北归东汉，以南归高句丽。后来，高句丽大举入侵，名义上尊奉北方政权，但暗中掠夺土地，到南北朝末，不仅占有了辽东四郡，而且征服了朝鲜半岛上的新罗、百济政权，迫使其臣服。这一时期，“其国东西二千里，南北千余里。都于平壤城，亦曰长安城，东西六里，随山屈曲，南临浿水。复有国内城、汉城，并其都会之所，其国中呼为‘三京’。与新罗每相侵夺，战争不息”①。

高句丽自古以来与中原王朝就有比较紧密的联系，但是由于历史和地理的原因，高句丽与隋唐中原王朝始终存在芥蒂，这些芥蒂在一定时期会演化成不可调和的矛盾。

1. 北方领土问题始终是隋和高句丽双方斗争的焦点。有学者把高句丽国划分为四大部分：丸都地区、东海岸区、平壤地区和辽东地区。丸都地区，是高句丽人居住的最早的地区，大概在今天辽宁省东北部和吉林省东南部，属于长白山山系，内部有鸭绿江和浑江；东海岸区，大约相当于今朝鲜东北部的海岸地带，东邻日本海，西靠盖马高原；平壤地区，是高句丽的京畿重地；辽东地区，辽河以东地区相当于今天辽宁省中部和吉林省中部部分地区。从历史的角度而言，这几个地区都是传统中原王朝统治的区域。裴矩曾对隋炀帝说：“高丽（注：指高句丽，下同）之地，本孤竹国也。周代以之封于箕子，汉世分为三郡，晋氏亦统辽东。今乃不臣，别为外域，故先帝疾焉，欲征之久矣。但以杨谅不肖，师出无功。当陛下之时，安得不事，使此冠带之境，仍为蛮貊之。”②裴矩的观点颇代表了中原王朝的观点。这一地区土地肥美、资源丰富，富有盐铁之饶，是战略物资的重要出产地，特别是辽东地区对于中原王朝的意义非常重大。

2. 对北方民族的控制权也是隋和高句丽争夺的焦点问题之一。隋代在中国东北地区生活着契丹、靺鞨、奚等民族，这些民族唯强者是从，他们仆从于谁，也在一定程度上影响到隋和高句丽的关系。例如，开皇初年靺鞨各部落相继纳贡，并表示愿意“常为奴仆”，但是在开皇十八年（598），高句丽王高元“率靺鞨之众万余骑寇辽西”，

① ［唐］魏征：《隋书》卷八十一《高丽传》，中华书局1997年版，第1814页。
② 《隋书》卷六十七《虞世基》，第1581页。

说明靺鞨族已经改投高句丽了。

3. 高句丽与突厥可能勾结在一起形成对隋的威胁。隋与突厥之战是一场旷日持久的战争。这场战争自 581 年突厥侵隋开始，到 607 年东突厥臣服为止，共经历 26 年的时间。突厥经此战争分裂成的东突厥与西突厥，分别在 607 年与 611 年臣服隋朝。在东突厥臣服之初，隋炀帝大业三年（607），高句丽婴阳王背着隋，派使臣暗中勾结突厥。当时正值隋炀帝北巡至榆林（今内蒙古准格尔旗东北十二连城），停留在突厥启民可汗处，“高丽私通使启民所，启民推诚奉国，不敢隐境外之交”①。高句丽与突厥的交往必然引起了隋朝统治者的警觉。“是日，将高丽使人见。敕令牛弘宣旨谓之曰：‘朕以其启民诚心奉国，故亲至其所。明年当往涿郡。尔还日，语高丽王知，宜早来朝，勿自疑惧。存育之礼，当同于启民。如或不朝，必将启民巡行彼土。’”

用金宝祥先生的一句话可以概括当时隋朝北部边疆的局势：“高丽、契丹、突厥、吐谷浑等北方草原各族从东到西已构成了一个具有严重威胁的弧形包围。”② 为了打破北方威胁，隋炀帝下令开凿沟通洛阳到北部边境基地涿郡的水路交通大动脉永济渠。大业四年（608），“诏发河北诸郡男女百余万，开永济渠，引沁水，南达于河，北通涿郡”③。

（二）永济渠最初的南端起点

《隋书》记载：“开永济渠，引沁水，南达于河。”④ 这是永济渠的开端工程。黄河由西向东自武陟南部掠过，沁河先是由西向东进入武陟，在大樊村、小原村南折向南，襟带武陟县城和木栾店一路向南奔流入河。《大业杂记》中记载：“敕开永济渠，引沁水入河，于沁水东北开渠，合渠水至于涿郡，两千余里，通龙舟。”⑤ 永济渠分沁水东北流的渠口大约在这一带，但是具体位置是有分歧的。⑥

---

① 《隋书》卷八十四《突厥》，第 1875 页。

② 金宝祥：《隋史新探》，兰州大学出版社 1989 年版，第 2—3 页。

③ 《隋书》卷三《炀帝纪》上，第 70 页。

④ 《隋书·炀帝纪》上此段有学者在句读上有误：“诏发河北诸郡男女百余万，开永济渠，引沁水南达于河，北通涿郡。”沁水本大河支流，自有入河去处，并不是开辟永济渠，使之入于大河，所以该段断句应为：“开永济渠，引沁水，南达于河。”意思是开凿永济渠，引沁水部分北流，使得永济渠可以沿沁水到达黄河。

⑤ ［唐］杜宝：《大业杂记》，三秦出版社 2006 年版，第 26 页。

⑥ 永济渠首段走势有两种不同说法：（1）孟姜女河故道说。其依据为清康熙年间的《看河纪程》和乾隆《新乡县志》。《看河纪程》载：“沁水故道俗名孟姜女河，自武陟县流经胙境，北行与汲县相接，在汉堤西，久塞。”乾隆《新乡县志》载：“孟姜女河不通泉涌，自县西南任汪村白水坡折而东北，由延津西马村达汲邑小白古桥入卫河。”而实际上孟姜女河是元明时期沁水东泛形成的古河，并非隋代古河，并无隋唐史料证明之，故不确切。（2）红荆咀故道说。该说认为，武陟县沁水北岸小原村附近的红荆咀故道是永济渠渠首。依据为明朝周梦旸编撰的《水部备考》，原文为：“沁水一支，自武陟小原村（有作小岩村）东北，由红荆口（今获嘉县红荆嘴）经卫辉府，凡六十里，入卫河。昔隋炀帝引沁水北通涿郡，盖即此地也。”但有学者以为，红荆咀在阳武县（今原阳县境内），并非在小原村一带，且红荆咀故道是明代才出现的沁河的支流。

《隋书·阎毗传》载："将兴辽东之役，自洛口开渠达于涿郡，以通运漕。毗督其役。"① 隋大业二年（606）筑洛口仓，故址在今河南省巩义市东南，因地处旧洛水入黄河处而得名，周围二十余里，穿窖三千，每窖可容粮食八千石。洛口是通济渠入黄河的入口，可见永济渠入黄河的入口也距离洛口仓不远，开凿永济渠的目的就是把洛口仓的粮食漕运至涿郡，并将其作为攻打高句丽的后方军粮基地。但是永济渠的渠首并不在洛口的对面，而是更靠西的位置。

下面分析一下这一地区的水流形势。沁水下游一带的河流流势是丹水南流汇入沁河，同时丹水分汊向东向南漫流形成数条支流。北魏郦道元《水经注》（卷九）载："丹水又东南出山，径郯城西……丹水又南屈而西转，光沟水出焉。丹水又西径苑乡城北，南屈东转，径其城南，东南流注于沁，谓之丹口……沁水又东，光沟水注之，水首受丹水，东南流，界沟水出焉，又南入沁水。"熊会贞为此在《水经注疏》中作注道："今水曰小丹河，于河内县东北，自大丹河分出。"② 丹水南流，在未进入沁水之前东流分出光沟水，光沟水南流入沁水，同时关沟水也东流分出界沟水。界沟水同样的流势，又分出白马沟水，中间积水还形成白马湖，此湖直到清代才彻底消失，但遗留了白马沟村的村名。《水经注·沁水》：白马沟水"首受白马湖，湖一名朱管陂。陂上承长明沟，湖水东南流，径金亭西，分为二水，一水东出为蔡沟，一水南注于沁也"。白马沟水在今河南省沁阳市东北，为丹河支流之一。《水经注·清水》：蔡沟水"上承州县北，白马沟东分，谓之蔡沟，东会长明沟水，又东径修武县之吴亭北，东入吴陂"；吴泽陂与清水相连，"清水又东南，吴泽陂水注之。水上承吴陂于修武县之故城西北"。清水经汲县，流到宿胥故渎（今卫辉市小河口），又"立淇门以通河东北行"③。在淇门开口开挖新渠引水，向东北流去，往下又与曹魏时期开凿的白沟相接。从水道的流势我们可以比较清晰地看出，永济渠渠首段可资利用的天然河道的情况。永济渠必须利用这些天然的河道来开凿，以减少人工的使用量。

这样在太行山和沁水之间存在的一个复杂水系为永济渠的开凿提供了便利的自然条件，但是这些被命名为"沟"的水道显然是不能容纳大型漕船的，只有对其加以疏浚才可以使其航行承载量较大的漕船，这就是所谓的"引沁水，南达于河"。

永济渠的南端渠口应该是白马沟入沁河的端口。杨守敬所绘制的《历代舆地沿革险要图》中的端口位置要比谭其骧的《中国历史地图集》详细准确，在南石涧村南的沁水北岸附近的白马沟村。白马沟入沁河处开端即在白马沟村一带，沿白马沟北入蔡

① 《隋书》卷六十八《阎毗传》，第1595页。

② 《水经注疏补》卷九《沁水》，第846页。

③ 《初学记》卷六《地部中》，第120页。

沟水，进入长明沟水，由长明沟入吴泽陂与清水相连，进入当年曹操所开白沟。这当是隋代永济渠初开时的渠首段河道。《嘉庆重修一统志》记载：“长明沟水，在河内县城东北，与河（丹河）分流，经清化镇南，又东经武陟县北，又东经修武县南，流入卫辉府获嘉县界，一名预河，今曰小丹河。”① 长明沟水在清代被称为小丹河，又名“预河”，即“御河”。“御河”是永济渠在隋代的另一称呼。明代《肇域志》载：“预河，在县（修武县）南五里。东流至获嘉县，入卫河。”② 清道光《修武县志》载：“今县南五里有预河故道，西自北霍村西，迳纪孟、范桥、后董村、刁村、纸坊，东至巩村铺东，皆有河形。”③

但是永济渠这一段渠道很快就被废弃了。《初学记》记载：“隋炀帝于卫县，因淇水之入河，立淇门以通河，东北行，得禹九河之故道，隋人谓之御河。”④《元和郡县图志》亦载：“永济渠南自汲郡引清、淇二水，东北入白沟。”⑤ 二者均认为淇水入河处是永济渠的端口，说明至少在唐代初年沁水端口已经被废弃了。可能的原因是：在永济渠、通济渠沿岸附近修筑了大量的仓储，解决了黄河航运的风险问题，河北各州漕粮经永济渠南运后，暂储于黎阳各仓，待黄河得行之日，再借行黄河河道，西入渭河，没有必要西运至沁河河口了。

（三）永济渠沧州以南段落的走向及沿线城镇

隋唐永济渠自河南沁水口至河北沧州的河道，根据唐人李吉甫的《元和郡县图志》“河北道一”至“河北道三”的记载可得复原，这一段的记载比较确切。

永济渠是在白沟的基础上引清水和淇水为水源而成，穿越永济县（今属临清市）进入当时的临清（今属临西县部分）的。白沟的基础是屯氏河，因此说永济渠的走向大致是沿着屯氏河的走向入海的。《汉书》之《沟洫志》载：“自塞宣房后，河复北决于馆陶，分为屯氏河，东北经魏郡、清河、信都、勃海入海，广深与大河等，故因其自然，不堤塞也。此开通后，馆陶东北四五郡虽时小被水害，而兖州以南六郡无水忧。宣帝地节中，光禄大夫郭昌使行河，北曲三所水流之势皆邪直贝丘县，恐水盛，堤防不能禁，乃各更穿渠，直东，经东郡界中，不令北曲。渠通利，百姓安之。元帝永光五年，河决清河灵鸣犊口，而屯氏河绝。”⑥ 西汉武帝时期在濮阳地区阻塞了瓠子口后，元封年间大河在馆陶决口，分出屯氏河。屯氏河是自然河道，水流比较顺畅，所以水

---

① 《大清一统志》卷一百九十一《怀庆府·山川》。
② ［明］顾炎武：《肇域志》卷十七《河南》，上海古籍出版社 2004 年版。
③ ［清］冯继照：《道光修武县志》卷二《舆地志》，清道光十九年刻本。
④ 《初学记》卷六《地部中》，第 120 页。
⑤ 《元和郡县图志》卷十六《河北道一·贝州》，第 466 页。
⑥ 《汉书》卷二十九《沟洫志第九》，第 1686—1687 页。

害较小，兖州刺史部南部的郡县因此没有了水害。汉宣帝地节年间，光禄大夫郭昌巡查大河水路，看到北流的大河三条河道（屯氏河、张甲河、大河）都经过贝丘县（今清河县一带），认为一旦大河水盛在贝丘可能决溢，因此在瓠子口堵塞后留下的瓠子河方向开凿东去的水渠，以备后患。西汉元帝永光五年（前39），大河在灵县决溢，向北开出鸣犊河。鸣犊河比屯氏河更顺直，因此屯氏河慢慢湮灭。东汉末年，曹操在屯氏河故道上开凿出白沟。隋代，隋炀帝又在白沟的基础上开凿出永济渠。

废弃沁水口后的永济渠首站是卫县枋头。《元和郡县图志》此段也大概叙述了永济渠的走向。汲郡，西晋泰始二年（266）置，治所在汲县（今河南卫辉市西南），北魏道武帝登国元年（386），迁郡治于枋头（今河南浚县枋城）。枋头是白沟的起始点。白沟是曹操为北征乌桓开凿的河北五渠之一。“卫县，紧。十九。西南至州六十八里。本汉朝歌县，属河内郡。魏黄初中，朝歌县又属朝歌郡，晋武帝改为汲郡。隋开皇三年罢郡，县属卫州。大业三年，改朝歌为卫县，属汲郡。皇朝因之。……枋头故城，在县东一里。建安九年，魏武帝在淇水口下大枋木为堰，遏淇水令入白渠，以开运漕，故号其处为枋头。”① 著名的枋头之战就发生在这里。晋太和四年（369），桓温第三次北伐，时天气亢旱，水道不通，乃凿钜野三百余里运河，将汶水（今大汶水）与清水（古济水自钜野泽以下别名清水）连接，引黄河水入清、汶，以通舟运。前燕慕容垂率众八万来拒，桓温大破之，遂至枋头，双方在枋头对峙。军粮竭尽，桓温焚舟撤退，慕容垂以八千骑追温，桓温战败于襄邑。历史习惯称此战为“枋头之战”，但实际上在枋头发生的只是对峙，真正大战发生的地点是在襄邑（今河南省睢县），之所以称为“枋头之战”，是因为枋头的名气大于襄邑。

黎阳是永济渠的重要节点。黎阳仓的位置已经考古发掘所证实，位于卫州黎阳县西南大伾山麓（今河南浚县东二里大坯山北）。《隋书·食货志》记载：“开皇三年，朝廷以京师仓廪尚虚，议为水旱之备，于是诏于蒲、陕、虢、伊、洛、郑、怀、邵、卫、汴、许、汝等水次十三州，置募运米丁。又于卫州置黎阳仓，洛州置河阳仓，陕州置广通仓，转相灌注。漕关东及汾、晋之粟，以给京师。”② 其中黎阳仓是最为著名的国家大型粮食仓储之一。黎阳的位置决定了事关国家命脉的粮食储备基地的设置。黎阳仓西濒永济渠，东临黄河，水运极为便利，从河北地区征收的租米，都先集中于此，然后再由永济渠或黄河运往洛阳、长安。隋炀帝远征高句丽，由江淮地区运来的军粮，也必须先储藏在黎阳，然后由此运往东北。杨玄感据黎阳反隋，经济上即凭借了仓内的储粮。徐世勣曾对李密说：“天下大乱，本为饥馑。今更得黎阳仓，大事济矣。”后

① 《元和郡县图志》卷十六《河北道一·贝州》，第460—461页。
② 《隋书》卷二十四《食货志》，第683页。

李密据有黎阳仓，“开仓恣民就食。浃旬间，得胜兵二十余万”。其后，窦建德“陷黎阳，尽有山东之地”①。可见黎阳仓在河北地区中有着举足轻重的地位。

内黄县是永济渠的第三站。“内黄县，紧。三。西北至州八十里。本汉旧县，属魏郡。河以北为内，南为外，故此有内黄，陈留有外黄。后魏省，隋开皇六年重置内黄县，属相州。武德二年，于黎阳县置黎州，县属焉。贞观十七年废州，县属相州。……永济渠，本名白渠，隋炀帝导为永济渠，一名御河，北去县二百步。”② 现在内黄县旧县村一带即是唐宋时期的内黄故城，现在内黄县裴村存有大兴寺塔，位于内黄县城西南三十五里处，东南倚大沙岗，相傍老塔坡。该塔建于唐武德三年（620），北宋政和二年（1112）进行了重修，至今仍巍然屹立，不过塔身一层已经深埋地下，原来一层的塔檐部分当作了塔基。宝塔应建筑在永济渠的河岸附近，内黄韩鹅村出土墓志云：“东望遇（御）河。”今韩鹅村东至旧县村约四里，两村之间的老塔坡沟，可能为御河故道。

洹水县是永济渠的第四站。《元和郡县图志》载：“洹水县……周武帝分临漳置洹水县，因洹水流入，即以为名，属魏郡。隋开皇三年割属相州，皇朝因之。洹水，西自尧城县界流入。鸬鹚陂，在县西南五里，周回八十里，蒲鱼之利，州境所资。永济渠，西去县二里。”③ 郦道元《水经注》云：“（洹水）南水东北径女亭城北，又东北径高陵城南，东合坰沟，又东径鸬鹚陂，北与台陂水合，陂东西三十里，南北注白沟河，沟上承洹水，北绝新河，北径高陵城东，又北径斥丘县故城西，县南角有斥丘，盖因丘以氏县，故乾侯矣。”④ 永济渠出内黄北上，截断洹水，补充水量，与鸬鹚陂钩联，水量相互交换，在县城西绕城而过，转而在城北东走。

现存《元和郡县图志》中没有记载魏州之贵乡县、魏县永济渠的情况。按照常理，永济渠必过隋唐时期的魏县和贵乡县。我们只好退而求其次，使用《太平寰宇记》中的记载了。《太平寰宇记》卷五十四记载：“魏县。西四十里。旧十六乡，今四乡。本汉旧县，属魏郡。后魏孝文帝分魏县，置昌乐县。高齐省魏县入昌乐县。隋开皇六年，又分昌乐县置魏县，依旧属魏州……白沟水，北接馆陶界。隋炀帝导为永济渠，亦名御河，南自相州洹水县界流入，又北，阿难河出焉，盖魏将阿难所导以利漕，故此渎

---

① 《旧唐书》卷一《高祖本纪》，第10页。

② 《元和郡县图志》卷十六《河北道一》，第453—454页。有说法如下：“永济渠在内黄境内的河道，在今汤阴故城村移至内黄旧县村南老塔坡一带。到了924年，由于漕运繁忙，当地又将主河道从内黄西南二安乡沙河村附近，经亳城乡高固西，至亳城乡老塔坡，又经豆公村北流，再经田氏流入河北魏县。”不知有何依据。

③ 《元和郡县图志》卷十六《河北道一》，第454页。

④ 《水经注疏补》卷九《洹水》，第909页。

有阿难之称矣。”①《元史·河渠志》亦载：“御河，自大名路魏县界经元城县泉源乡于村渡，南北约十里，东北流至包家渡，下接馆陶县界三口。”②

我们可以根据该记载钩沉一下当时的情形。永济渠出洹水县后，进入魏县界内，在隋唐时期的魏县元城县界内大约南北十里。永济渠过魏县界后，经过元城县泉源乡于村渡，然后向东北方向流去，过包家渡，进入馆陶县境内。明代学者认为魏县旧治在于村渡西五里，今大名县城北祝村一带，附近有南北西马头村（码头）。明正德《大名府志》记载：“故魏县城有两处，一在于村渡西，今俗呼旧县店，一曰洹水镇。”③《读史方舆纪要》载：“废魏县城县南三十里。《志》云：‘汉县旧治，在今府西三十里于村渡西，俗呼旧县店。唐时移县于洹水镇。’④ 刘昫曰：‘天宝三载，移魏县，以县居漳水、洹水之下流冲溢为患也。’《邑志》：‘县旧治在于村渡西五里，唐以河患迁洹水镇，后皆因之。明初复为漳河所冲啮，始迁今治。废城旧址犹存。’”⑤ 该记载虽有错误，但看来元城县的泉源乡于村渡距离魏县旧治的魏县城不远，永济渠在魏县和元城县交界的区域穿过。

所以，明代的《读史方舆纪要》考证永济渠的流向：“御河在府城南，亦曰通济渠，一名永济渠。即隋大业中所开，淇、卫诸水之下流也。自河南卫辉府境，流经汲县、滑县、内黄、魏县之境，又东北流，经此过小滩镇。又北入馆陶县界，合于新漳水，亦名白沟水。对北白沟而言，谓之南白沟。”⑥ 乔登云、薛玉川撰《古运河邯郸段考察报告》：“白沟在邯郸境内的流经路线大致可以划定为：南自河南内黄县流入魏县西南县境，约自回隆镇一带东北流，进入大名县西北部，经铺上村（唐代魏县城南）、包头东北流，进入馆陶县境内。”⑦ 有学者认为，永济渠在魏县的沙口集乡进入大名县，又经大名县的铺上乡、兆固乡、黄金堤乡包头村后流入馆陶县王桥乡留庄村，经馆陶

① 《太平寰宇记》卷五十四《河北道三》第一册，第896—897页。

② ［明］宋濂：《元史》卷六十四《河渠一》，中华书局1976年版，第1599页。

③ 隋开皇六年（586）析昌乐县置魏县。有学者认为唐代魏县治于村渡西五里（今大名县杨桥镇西马头村东），但是魏县县治如何会在同时代的元城县境内，不可理解。民国版《大名县志》卷六《魏县故城》：“县居漳、洹二水下流，冲溢为患，迁徙靡恒。其故城一在今城（大名县城）西北二十里，居大、元、魏三县界上，地曰旧县庙，为汉以来魏县治。邑志所谓县旧治在于村渡西五里者是也。隋末宇文化及自黎阳北趋魏县称许帝于此，唐开元间益徙而西，此城遂废。今名旧县店，亦曰魏店。……一在今城西南七十里旧魏县，旧志所谓宋熙宁六年徙治洹水镇者是也，明初复为漳水所冲啮，迁于五姓店，为今之废魏县城云。”

④ 此记载为错误。本书记载就有矛盾。《读史方舆纪要》卷十五载：“洹水城县西南三十里。本临漳内黄县地。后周建德六年，分置洹水县，属相州。隋因之。唐仍为洹水县。”另据《宋史·志第三十九·地理二》载：“成安，畿。熙宁六年，省洹水县为镇入焉。”隋唐时期洹水县存在，县治在洹水，不可能唐代移魏县县治到洹水镇。可见，“唐时移县于洹水镇”是错误的。

⑤ 《读史方舆纪要》卷十六《北直七》。

⑥ 《读史方舆纪要》卷十六《北直七》。

⑦ 转引自任乃宏《〈唐故孙府君（贵礼）夫人田氏合祔墓志〉考释》一文之附录。

县路桥乡陈路桥村进入邱县，而后东流复入馆陶县，再北流入临西县、清河县。

隋代的永济渠后来在魏州渠道有所变化。《新唐书》载，唐宗室李灵龟，“永徽中，历魏州刺史，政尚清严，奸盗屏迹。又开永济渠入于新市，以控引商旅，百姓利之”①。《旧唐书》载，开元二十八年（740）“九月，魏州刺史卢晖开通济渠，自石灰窠引流至州城而西，却注魏桥”。《通典》载：“开元二十八年九月，刺史卢晖移通济渠，自石灰窠引流至州城西，都注魏桥，夹州制楼百余间，以贮江淮之货。或为魏郡。”② 此处的通济渠是永济渠的支脉，应与隋唐大运河的另一段“通济渠”不是一回事。开元二十八年（740），刺史卢晖将魏州州治移于贵乡罗城西百步，所以才开永济渠新的河道，开辟新的城市。魏州在唐朝后期为魏博节度使治所，其前身——隋武阳郡，原仅辖两个小县：贵乡、昌乐。永济渠修成后，因控据魏桥水路枢纽，地位重要，才发展成统辖 14 个县、拥众数十万户的大郡。唐朝中后期屡为藩镇、官军所争。唐德宗建中三年（782），马燧、李怀光与朱滔等战于魏州城下，朱滔堵截永济渠水入王莽河故道，绝官军粮道及归路，马燧退保魏县（今大名西北，原治永济渠南），双方隔渠水列营相拒，互争魏桥之战最为惨烈。原从大名铺上乡、兆固乡、黄金堤乡包头村流入馆陶县王桥乡留庄村的御河主航线已开始衰败，自石灰窠（今铺上村一带）引流至城西的“西渠”，穿大名府古城而过，又东北流至营镇（原善乐营村）一带北入馆陶县徐万仓村后复汇入御河的支流，成为主航线。

永济渠出魏县和元城县后的下一站是馆陶县。《元和郡县图志》载：“馆陶县……汉属魏郡，魏文帝改属阳平郡。石赵移阳平郡理此。周大象二年置屯州，以近屯河为名。隋大业二年废屯州，以县属魏州。大河故渎，俗名王莽河，在县东四里。屯氏河，俗名屯河，在县西二里。白沟水，本名白渠，隋炀帝导为永济渠，亦名御河，西去县十里。”③ 可见，以馆陶县城为坐标原点，唐代的永济渠并非完全与屯氏河、大河故渎合一，而是另有河道。馆陶永济渠也成为战略要地。武德五年（622），刘黑闼久攻魏州不克，唐军主力北至昌乐，与刘黑闼对峙。刘黑闼粮草已尽，部属多逃亡，或缚其将官降唐。刘黑闼见众心涣散，又恐唐军内外夹击，遂夜逃馆陶，因永济渠桥未架好，难以渡过，唐军追至，刘黑闼命部将背水列阵，自己过河西逃。刘部将士见主帅先逃，军心涣散，被唐军击败，赴水死者数千人，余者皆弃甲投降。

---

① 《旧唐书》卷六十四《高祖二十二子》，第 2433 页。《读史方舆纪要》记为“咸亨中”错误。

② 唐僖宗光启四年（888）时任魏博节度使的乐彦祯，将这座城扩大到城周八十里。共分三层，从外到内分别是大城、罗城和牙城。大城周长八十里，罗城周长四十里，牙城规模较小，整座城的总面积约为一百平方公里。这么大规模的都城在我国历史上是不多见的。大城和罗城均为土城。唐朝时大城有 8 个门。大城之内是罗城，大致呈圆形，有 5 个门。罗城之内是牙城，牙城共有东西南北 4 个门。

③ 《元和郡县图志》卷十六《河北道一》，第 449—450 页。

永济渠出馆陶后的下一站是永济县。《元和郡县图志》卷十六《河北道一·贝州》："永济县，本汉贝丘县地，临清县之南偏，大历七年，田承嗣奏于张桥行市置，西并永济渠，故以为名。永济渠在县西郭内，阔一百七十尺，深二丈四尺。南自汲郡引清、淇二水东北入白沟，穿此县入临清。按汉武时，河决馆陶，分为屯氏河，东北经贝州、冀州而入渤海，此渠盖屯氏古渎，隋氏修之，因名永济。"①《元和郡县图志》写于唐宪宗元和年间（806—820），距离永济渠开凿的时间并不久远，唐代永济渠穿永济县西郭。永济县是魏博节度使田承嗣在大历七年（772）设置，因以永济渠上张桥为中心所形成的商业市镇为基础，因此名之永济县。可见永济渠的开通对唐代商业的繁盛所起的作用。

永济县治所在的张桥店位于今馆陶县路桥村西南一带，可以邯郸市邱县靳兴平村出土的两方墓志《汉大郕都永济县太平乡洪道里潘公墓志铭并序》《唐故荥阳潘府君墓记并序》为证。《唐故荥阳潘府君墓记》载："大中三年二月十七日，定茔永济县西北界八里太平乡孟祖村，寄西南三百余步。"此墓志在靳兴平村正南出土，距离今路桥村约八（唐）里。五代时期的《汉大郕都永济县太平乡洪道里潘公墓志铭》载："前枕金河似月钩，后看两界曲堤头，东至张桥五六里，西边官路达扬州。"② 该墓志出土于靳兴平村正南，此墓葬于五代汉乾祐元年（948）。诗中直接点明了墓葬与永济渠的相对位置，墓葬前方是永济渠的拐弯处，后方是弯曲的河堤，东到张桥镇有五六里的路程，西边是沿永济渠直通扬州的沿河官道。其位置与今路桥村西南三里古城聚落遗址吻合。且今路桥村西北七里今有一村名太平庄，与墓志铭所列太平乡相合，故此庄名称应为唐代乡治所沿用至今。王安石有诗《永济道寄诸舅弟》云："灯火匆匆出馆陶，回看永济日出高。已闻空舍鸟乌乐，更觉荒坡人马劳。客路光阴真弃置，春风边塞只萧骚。辛夷花下乌塘尾，握手何时叙汝曹。"③

如果按照现在的行政区划，永济渠在今馆陶县的线路大致如下：从古贵乡早期治所赵城（今大名县包头村）西进入今馆陶县，在今馆陶县北盘堤村一带向东北经古空陵城西、乔亭城西（今寿山寺村一带）、赵固村（今樊堡村一带）东、平恩城（今馆陶县平堡、邱县靳兴平村一带）东南、永济城（今路桥村一带）西，向北一直进入临清县（今河北省临西县）境。

永济渠边临清县是今天的临西县。《元和郡县图志》载："临清县，紧，五，东北

---

① 《元和郡县图志》卷十六《河北道一》，第 466 页。《旧唐书·代宗纪》载："大历七年春正月癸未朔戊子……以贝州临清县之张桥店置永济县。"

② 以上两篇墓志铭转引自平恩愚夫博客《永济县寻踪》一文。

③ ［宋］王安石：《临川文集》卷十九《永济道中寄诸舅弟》，文渊阁四库全书本。

至州六十里。本汉清泉县地，后魏孝文帝于此置临清县，属魏郡。高齐省。隋开皇六年复置临清县，属贝州。皇朝因之。贝丘城，在县东南五十里。汉贝丘县城也，城内有丘，高五丈，周回六十八步，城因此为名。《春秋》‘公田于贝丘’，是齐州地，与此异也。永济渠，在县城西门外。”① 唐宋时期，古临清城治今临西县仓上村旧址处，永济渠擦西门外而过，汉屯氏别河故道作为护城河擦东门外而过。唐宋临清城经济繁荣，为魏博节度使储粟之地，官仓始建于唐，盛于五代、北宋时期。最近在临西县仓上村南发现了一处大型粮仓遗址，出土了柏木立柱、陶瓮、执壶、碗盏、粮食碳化物、古钱币等。这一唐代粮仓遗址，长约280米，宽约185米，面积近5.2万平方米。从目前发现的均匀分布的19个单元仓囤底部轮廓来看，仓囤系圆柱形，直径6米到10米不等，四周仓壁为夯土，中间由柏木立柱支撑仓顶，这样的粮仓构造既防潮、防鼠，又坚固、耐用，整个粮仓容积约在150万石。永济渠比曹操所开凿的白沟的位置略向东移，由今临西县的尖冢入境，经张堤、仓上、龙旺、堤口西、吕寨东北行至威县、清河。临清永济渠边也爆发过不少战役。隋末大业十二年（616），杨义臣镇压张金称于平恩，引兵直抵临清之西，据永济渠为营，寻自馆陶潜济，袭击金称，破斩之。唐光化二年（899），幽州刘仁恭攻魏州，败还汴，魏兵追至临清，拥其众入永济渠，杀溺不可胜计。

清河县是永济渠的重要节点。《元和郡县图志》载：“清河县，紧。四。郭下。本汉信成县地，属清河郡。后汉省信成县置清河县，至隋不改。皇朝因之。故末柸城，在县东北五十里。《十六国春秋》曰：‘鲜卑段末柸自称辽西公，于此筑城，与石勒相持，因为名。’永济渠东南去县十里。”② 清河城是贝州的州治所在，武则天永昌元年（689）原在永济渠东南三十余里的清阳县缘地久积碱卤，遂西移于永济渠东孔桥置城；玄宗开元二十二年（734）又移于永济渠西岸。③ 懿宗咸通中贝州亦东徙，南临永济渠为城，以清河、清阳二县附郭，直至北宋，即今清河县西城关镇。④ 永济渠有“孔桥”，孔桥北接冀、深、瀛、莫等州，南连博、济、郓州及黄河重要津渡口——济州津、杨刘渡，恰与永济渠形成十字形水陆交通骨架，故军事地位尤为重要。唐朝贮江淮租布甲仗于此，以备河北军用，号称“天下北库”。据学者考证，永济渠在清河段的线路大致如下：从今临西县仓上村附近沿袭清河故道，由威县刘洼村进入今清河县境内的孙洼一带，大概略循丰收三支渠入丰收渠，大约略循丰收渠至东关村北的皇姑坟（孤女

① 《元和郡县图志》卷十六《河北道一》，第465页。

② 《元和郡县图志》卷十六《河北道一》，第463—464页。

③ 《太平寰宇记》卷五十八《河北道七》第一册，第962页。

④ ［宋］王瓘：《北道刊误志》，《守山阁丛书》本。参见司马光《涑水记闻》卷九明镐讨贝州条云“贝州城南临御河”。

冢）附近斜向东北，在张二庄附近进入屯氏别河故道，由张宽村南流出清河县境。①

《元和郡县图志》没有述及永济渠经过东武城和历亭县的情况，原因不详。《元和郡县图志》载："东武城县，上，二，西南至州四十二里。本七国时赵邑也，《史记》曰赵平原君胜封东武城，即此地也。盖以定襄有武城，同属赵，故此加'东'字以辨之，属清河郡。隋开皇三年改属贝州，皇朝因之。"②《太平寰宇记》对永济渠与武城县的方位叙述较为详尽。"武城县。东北四十里，旧三十乡，今七乡。七国时赵邑也。《史记》：'赵平原君胜封东武城。'即此城。盖以定襄有武城，同属赵，故此加东也。《汉书·地理志》：'东武城县，属清河郡。'晋太康年去东字。高齐天保七年移理汉信成。隋开皇六年复旧理。唐调露元年移于今理。弦歌台，在御河北岸。故武城县，在北十里……唐调露元年移于永济渠北义王桥西二里置，今县外城基是也。"③ 可知，隋代开皇六年（586），武城县治所由信成（今清河县尹才庄附近）重新迁回故地（今故城县西半屯乡盐厂村西）。开永济渠时，其在渠西北十里之外，唐高宗调露元年（679）将武城县城治所南移十里，迁至永济渠北义王桥西二里（今故城县军屯乡王行杖村），扼义王桥东通德棣二州的官道。④ 北宋熙宁九年（1076）因遭龙卷风摧毁而迁移复徙渠东东流村（今武城县老城镇西运河内焕光桥北）。北宋大观末年间，迫于河患，迁至今旧城关镇，距离永济渠已经较远了。

《元和郡县图志》没有记载历亭县永济渠的情况，原因不详。《元和郡县图志》："历亭县，上。三。西南至州一百里。本汉东阳县地，属清河郡。后汉省东阳县，其地属鄃县。隋开皇十六年于此置历亭县，遥取汉历县为名。皇朝因之。"⑤《太平寰宇记》载："历亭县，东北一百里，旧十七乡，今三乡。本汉属东阳县地，属清河郡。后汉省东阳县，其地属鄃。自魏及高齐，其地属鄃县不改。按《地理志》：'历县属信都国，在蓨县界。王莽改为历宁。'隋开皇十六年，于今县东永济渠南置历亭县，属贝州，遥取汉历县为名。后以其地下湿咸卤，移就盘河置，在古历城西七十里，今理是也。"⑥《读史方舆纪要》载："历亭城县西四十里。隋置县于此。宋白曰：历亭县之地，自后魏至高齐，皆为鄃县地。隋始置县于永济渠南，遥取汉信都废历县城为名。唐武德四

---

① 郝金龙：《古武城考》，《衡水晚报》2011 年 11 月 1 日人文衡水版。

② 《元和郡县图志》卷十六《河北道一》，第 466 页。

③ 《太平寰宇记》卷五十八《河北道七》第一册，第 968 页。

④ 《太平寰宇记》卷五十八《河北道七》第一册，第 968 页，《资治通鉴》229 德宗兴元元年（784）正月丙戌条。

⑤ 《元和郡县图志》卷十六《河北道一》，第 464 页。

⑥ 《太平寰宇记》卷五十八《河北道七》第一册，第 969 页。"在古历城西七十里"此句明显错误，应为"在古历城东七十里"。

年，刘黑闼举兵漳南，陷鄃县，及历亭，是也。六年，移贝州治此。八年，州复还旧治。万岁登封初，移县治盘河，去信都废历县城七十里，寻复旧。……宋仍为历亭县治。金为恩州治。明初，为恩县治。洪武七年，徙县治许官镇，即今治也。《通志》：县南二十里有金完颜右丞故城，今废为兴福寺。”①

综合以上史料可知，隋开皇十六年（596）在西汉东阳县地，东汉鄃县地域设置历亭县，最初的县治西南距离贝州城一百里，在今天武城县武城镇东永济渠南，万岁登封初（696）因其地下湿咸卤，移县治于盘河，但很快又回到原县治。北宋太祖开宝六年（973）“七月，历亭县御河决”②。到太宗太平兴国年间县治仍在此地。北宋仁宗“至和元年，省漳南县入历亭县”③。《元丰九域志》载：“历亭。州东九十里。四乡。安乐、杨村、礼固、漳南四镇。有永济渠。”④ 距离当时的恩州治所清河东向九十里。宋神宗元丰五年正月二十一日，诏：“河北路保甲司团结不及两大保，即分附邻近团教。其山河隔绝，去教处远，或每及两大保以上，许别置一团教场。如隔河历亭县人户，即附武城县团教。陕西、河东准此。”⑤ 可知，黄河穿历亭县而过，河西历亭县人户参与军队校阅过河不易，可参加武城的校阅。金朝恩州州治明初恩县县治一直在历亭城，到洪武七年（1374），徙恩县治到许官镇（今恩城镇），东距历亭城四十里。总之，历亭城位置在今天山东武城县旧县村一带。

漳南县的地理坐标比较明显，是今天的故城县漳南镇，永济渠在县城东五十里。《元和郡县图志》载：“漳南县，上。二。西南至州一百一十里。本汉东阳县之地，隋开皇六年置东阳县，属德州，取汉东阳之名。十六年改属贝州，十八年改为漳南县，以漳水在县北，故名也。皇朝因之。永济渠，在县东五十里。漳水，在县北四十六里。”⑥《太平寰宇记》记载更为详细：“漳南县。东北一百一十里，旧十八乡，今三乡。汉东阳县之地。后汉省东阳，其地属广川。后魏太和十八年分广川置索卢县，其地又属焉。高齐天保七年省索卢县，其地又属枣强。隋开皇六年分枣强县于今县东北二十二里置东阳县，十八年改东阳为漳南县，取地居漳水之南为名。唐武德七年移于今理。

---

① 《读史方舆纪要》卷三十四《山东五》。

② ［元］脱脱：《宋史》卷六十一《五行志》，中华书局1977年版，第1320页。

③ ［宋］李攸：《宋朝事实》卷十八《升降州县一》，文渊阁四库全书本。

④ ［宋］王存：《元丰九域志》卷二《河北路》，中华书局1984年版，第73页。

⑤ ［清］徐松：《宋会要辑稿》之《兵二·元丰五年正月二十一日诏》，中华书局1957年版，第6782页。

⑥ 《元和郡县图志》卷十六《河北道一》，第465页。《太平寰宇记》卷五十八贝州条载：“漳南县。东北一百一十里，旧十八乡，今三乡。汉东阳县之地。后汉省东阳，其地属广川。后魏太和十八年分广川置索卢县，其地又属焉。高齐天保七年省索卢县，其地又属枣强。隋开皇六年分枣强县于今县东北二十二里置东阳县；十八年改东阳为漳南县，取地居漳水之南为名。唐武德七年移于今理。枯漳河，在县北四十里。永济渠，在县东五十里。界碑。在县西北八里。后魏孝文帝太和六年立于当郧正东三百里。”

枯漳河，在县北四十里。永济渠，在县东五十里。”① 从上述可知，隋开皇六年（586）分枣强县一部在今漳南镇东北二十二里（今故城镇一带）置东阳县，开皇十八年（598）改东阳为漳南县，唐武德七年（624）移县治到今漳南镇。永济渠在漳南镇东五十里是非常明确的。唐代漳河水量还是很大的，此地形成了很大的湿地高鸡泊，《读史方舆纪要》引《金人疆域图》：“历亭县有漳南镇，四望平坦，中有高阜，水环其下，即漳水云。”② “高鸡泊在县西北。旧为漳水所汇，广袤数百里，葭苇阻奥，可以避兵。隋大业九年，窦建德使其党孙安祖入高鸡泊为群盗。十二年，高士达据高鸡泊，隋将杨义臣破斩之。唐中和中，宰相王铎自义成徙镇义昌，过魏州，魏博节度使乐彦祯子从训利其裘马妾侍，伏兵于漳南高鸡泊，杀铎而取其资。今为平陆矣。”③ 到北宋中期漳河已经改道，此地只留下干枯的枯漳河。

永济渠过漳南历亭县后北去，下一站是长河县，宋代称之为将陵县，治所在今山东德州市东。《元和郡县图志》载：“长河县，上。十八。东至州五十里。本汉广川县地，属信都国。后汉属清河国。魏封裴秀为广川侯。高齐省。隋开皇六年复置，属冀州，九年改属德州。仁寿元年改广川县为长河县。皇朝因之。漳水河，自贝州漳南县流入，在县西二十三里。王莽枯河，东去县五里。永济渠，县西十里。”④ 《旧唐书》载：“长河，汉广川县，属信都国，后废。隋于旧广川县东八十里置新县，今治是也。寻改为长河县，为水所坏。元和四年十月，移就白桥，于永济河西岸置县，东去故城十三里。十年，又置河东小胡城。”⑤ 综合考察可知，长河县由汉广川县东移改称而来，县治在永济渠东十里，唐宪宗元和四年（809）十月移就白桥于永济渠西岸置县（一说为今德州市西卫河西岸一带）。十年（815）又在渠东置小胡城（今德州老城）。晋一度移德州治于此，“晋天福五年十一月，移就长河县为理所”⑥。宋仁宗景祐元年（1034）复移将陵县治于长河镇，即今德州市。

永济渠穿安陵县境而过。从《元和郡县图志》记载看，安陵县治并不紧临永济渠。《太平寰宇记》载：“安陵县。西北一百里，旧二十乡。本汉蓨县地，属渤海郡。汉立安县，《旧地理书》但云：‘蓨县并失，安县理所。’今县东七里，晋所置东安陵县城，即汉安县旧理也，后魏省东字，今微有遗址，高齐天保七年省。开皇六年，又分东光县于今县东二十二里新郭城再置，今安陵故县是也，大业二年废，唐武德四年复立。

① 《太平寰宇记》卷五十八《河北道七》第一册，第968—969页。
② 《读史方舆纪要》卷三十四《山东五》。
③ 《读史方舆纪要》卷三十四《山东五》。
④ 《元和郡县图志》卷十七《河北道二》，第496页。
⑤ 《旧唐书》卷三十九《地理二》，第1470页。
⑥ 《旧五代史》卷一百五十《郡县志》，第2017页。

贞观十七年，废观州，与蓨县同隶德州。永隆二年（681）移于柏杜桥，即今理。”① 宋代安陵县属德州，在德州州治西北一百里。西晋时期在宋代安陵县治东七里县置东安陵城，就是西汉安县旧治，隋代开皇六年（586）在宋安陵县治东二十二里置安陵县治，即宋代的安陵故县。唐高宗永隆二年（681）移于柏杜桥，即宋代的安陵县治。所以，安陵县治迁移的路线为：东安陵—安陵故县—柏杜桥。②

景县，西汉称脩县，隋改蓨县，元为景州治，明入景州，1913年改县。现在景县县城存有开福寺塔，该塔在1973年维修时，维修人员在二层回廊墙壁发现捐资修塔石碑碑文“时大宋元丰二年（1079）”字样，另据专家考证，该塔的建筑样式属于宋代的风格。民国二十一年（1932）版《景县志》记载：“开福寺古塔上层悬有铁匾，匾内铸有齐、隋重修字样，重修既在齐、隋，其创建当在北魏时代。考：北魏永平好佛，奖励寺庙，浮屠之建筑一时全国州郡县希旨承风……景县开福寺之古塔雄伟壮观，世无甚匹，此项大建筑当必在北魏永平年间。”可能开福寺塔始建于北魏，重建于宋代。总之，景县县城在北魏唐宋时期即在此位置。北魏郦道元所谓的修县故城即是南蓨城（今景县县城南十余里胡庄），在南蓨城东有安陵县。今衡水景县和沧州吴桥县皆有安陵镇，且吴桥除安陵镇之外还有安陵村，两镇土地隔现在的大运河相望。所以古安陵县应在今衡水景县和沧州吴桥县境内。

近年在景县封氏墓群出土了封安立墓。《封安立墓志铭》记载：唐“安史之乱”期间，史思明顺天二年（759），“其年二月二十八日戊子，卜葬于安陵南原，礼也，东邻郡路，青杨起乎长风；西控御河，碧浪泣其短晷”③。封氏墓群在今景县前村乡后村一带，恰在景县安陵镇南，可见，古安陵县之柏杜桥在今景县安陵镇附近。封安立墓的位置是明确的，在安陵南原，封安立墓东邻通往德州的官道，御河也就是永济渠在安陵镇的西边，《水经注》载：“大河故渎又北径修县故城东，又北径安陵县西，本修之安陵乡也。《地理风俗记》曰：修县东四十里有安陵乡，故县也。”④ 按照河流的位置走向综合考察，可能隋最初利用大河故渎开挖永济渠，后运河改道经过安陵县东，所以《中国历史地图集》的隋朝安陵与永济渠的位置应进一步考证。

---

① 《太平寰宇记》卷五十八《河北道七》第一册，第1049页。

② 《光绪重修吴桥县志》卷一《古迹》记载：“安陵城在县城西北一十五里，卫河东岸窑长店，基址犹存，今乡镇皆以安陵名，尽唐移治白社桥之安陵也，宋并入将陵，城遂废，郡志谓晋东安陵，属渤海县，修县东四十里安陵乡也。”“柏杜桥”被误记为“白社桥”。“柏杜”即摆渡的谐音，因近永济渠，在摆渡的位置修桥，故名柏杜桥。

③ 转引自邓文华《历史的星空》第四卷《关于景县段运河故道的认定问题》。

④ 《水经注疏补》卷五《河水》，第420页。《元和郡县图志》卷十六《河北道一》载：“安陵县，望。二十。南至州一百里。本汉蓨县地，晋立安陵县，属渤海郡，本蓨县之安陵，故以为名。高齐省。隋开皇六年重置，属冀州，九年立观州，县属焉。皇朝因之。贞观十七年观州废，县割属德州。”

永济渠出安陵县，进入东光县。《元和郡县图志》东光县部分佚失。《太平寰宇记》明确记载永济渠在东光县的位置，原文云："东光县。旧十四乡，今四乡。本汉旧县也，属渤海郡，故城在今县东十里东光故城。高齐天保七年，移于今县东南三十里陶城故城。隋开皇三年，又移于此。后魏废渤海郡郡城，即今县理。《郡国志》云：'胡苏河在东光县。'永济渠，在县西二百步。"①《读史方舆纪要》载："白桥在县西南，跨永济渠上。唐元和十二年，横海节度使程权奉诏讨成德叛帅王承宗军于长河。承宗遣兵入东光，断白桥路。权不能御，引还沧州。旧《志》：县西四里为永济渠，渠上有桥。当自县通弓高之路。"② 所云旧《志》不知为何，两者记载的永济渠离县城距离不一样，可能是东光县城有所迁移的缘故，县城向东移动了数里。关于白桥，《读史方舆纪要》对前代史料解读有误。白桥并非在东光县，而在长河县。比《读史方舆纪要》更早的《太平寰宇记》并未记载东光永济渠上有白桥，《旧唐书》记载元和四年（1809）长河县移县治于白桥。旧《志》所载的东光永济渠桥不是白桥，可能是另有桥梁，通往永济渠以西的弓高县。另外，白桥确实在东光县西南方向，跨永济渠上，东光县白桥路方向通往长河县白桥。唐宪宗元和十一年（816）年末，程执恭奏败成德兵于长河，斩首千余级。③ 元和十二年（817）三月"戊寅，王承宗遣兵二万入东光，断白桥路。程权不能御，以众归沧州"④。也就是，程执恭在长河县打败王承宗的成德军，准备过白桥沿白桥路北进东光，然后向西直捣成德军的老巢镇定，结果王承宗遣兵二万入东光断白桥路，挡住程执恭北进的去路。另外，永济渠在东光县分出一个支流——浮水。"浮水，源自东光县西界，永济渠分出，东北流经州理南十里，又北经州城东一里，又东北入于海。"⑤ 宋代的时候，永济渠是东光县的西界，在东光县城附近分出浮水。浮水东北流，在沧州州治清池县城南十里，又北向略过清池县城东距城一里的地方而过，东北向注入渤海。

永济渠自东光县北出至长芦县，《元和郡县图志》中长芦县部分未曾提及永济渠情况，但在《太平寰宇记》中有部分记载："废长芦县，州西北四十四里，本汉参户县，今县西北四十六里有参户故城是，后汉省，俗亦谓之木门城，按本县理即周宣帝大象三年于参户故城东南置长芦县，属章武郡。隋初于今理西北三里置漳河郡，以县属焉，三年罢郡，仍移县于郡界，属瀛州。十六年，于县置景州，隋大业三年废。唐武德四年，又于此置景州。贞观初省，以县属沧州。县元在永济渠西，开元十四年大雨，城

---

① 《太平寰宇记》卷六十八《河北道十七》第一册，第1103页。

② 《读史方舆纪要》卷十三《北直四》。

③ 《资治通鉴》卷二百三十九《唐纪五十五·唐宪宗元和十一年》，第7727页。

④ 《资治通鉴》卷二百四十《唐纪五十六·唐宪宗元和十二年》，第7732页。程权即程执恭。

⑤ 《太平寰宇记》卷六十五《河北道十四》第一册，第1061页。

邑漂沈，十六年移于永济渠东一里，即今县是也。”① 长芦，水名也。水傍多芦苇，因以为名。可见，长芦县是一个水乡泽国，在永济渠边，故县在永济渠西，开元十四年（726）一场大雨把本来就地势低洼的长芦县城淹没，开元十六年（728）移于永济渠东一里建城，即宋代的长芦县治。永济渠在长芦县北汇入漳水。到了元朝永济渠基本还是这样的流向。延祐元年（1314）五月，徙州治于长芦故县，之前长芦镇属清池县，长芦镇在清池县西三十里。《元史》记载：“御河上从交河县，下入清池县界。又永济河在清池县西三十里，自南皮县来，入清州，今呼为御河也。”②

永济渠过长芦县入清州，宋代称乾宁军，今青县。“乾宁军，理冯桥镇。本古卢台军地，后为冯桥镇。临御河之岸，接沧、霸二州之界。幽州割据，伪命升为宁州。周世宗显德六年，收复关南，却为乾宁军，仍置乾宁县……乾宁县，四乡，旧名永安县，与军同置在城下。太平兴国七年六月，改为乾宁县。御河，在城南一十步，每日潮水两至，其河从沧州南界流入本军界，东北一百九十里入潮河，合流向东七十里，于浊流口入海水，此水西通淤口、雄、霸等州水路。卢台军古城，在御河南七十步，周回二里，基址犹存。”③

永济渠过清州进入大城县。大城县在隋朝为平舒县，后晋时平舒县沦入契丹，周世宗显德六年（959）收复，改名大城县。“大城县：西北去州九十五里，旧二十三乡，今四乡。本汉东平舒县，属渤海郡。后汉属河间。晋于此置章武国。后魏为章武郡。北齐废郡，为平舒县。隋开皇十六年，于长卢县置景州，平舒县属焉。大业末，刘黑闼兵乱河朔，侵吞郡县。唐武德四年，贼平，县属景州。贞观元年，州废，归瀛州。平舒者，以人性宽舒为县名。周显德六年，割隶霸州，今改名大城县……永济渠，在县东五十里。”④ 之后，永济渠向北方向直通独流口。

按照汉代区划屯氏河大致经过魏郡—清河郡—信都郡—渤海郡入大河。按照隋代的行政区划永济渠大致经过汲郡—魏郡—武阳郡—清河郡—信都郡—平原郡—河间郡—涿郡。永济渠在今天的大致走向是，自今河南武陟县向北，经新乡、卫辉、滑县、内黄，到河北魏县、大名、馆陶和山东冠县交界，再经河北临西、清河，到山东的武城、德州，再到河北吴桥、东光、南皮、沧县，抵达天津武清，再经河北的廊坊，最后到达北京。

---

① 《太平寰宇记》卷六十五《河北道十四》第一册，第 1062 页。按：大象三年是北周静帝年号，原文误。

② 《元史》卷六十四《河渠一》，第 1599—1600 页。

③ 《太平寰宇记》卷六十八《河北道十四》第一册，第 1106 页。

④ 《太平寰宇记》卷六十七《河北道十六》第一册，第 1097—1098 页。

（四）永济渠北部线路的考证

1. 隋、唐初的永济渠

隋、唐朝初期，永济渠一直通航。隋朝开凿永济渠后，隋炀帝自江都乘龙舟直达涿郡，永济渠畅通无阻。大业七年（611）二月“乙亥，帝自江都行幸涿郡，御龙舟，渡河入永济渠，仍敕选部、门下、内史、御史四司之官于前船选补，其受选者三千余人，或徒步随船三千余里，不得处分，冻馁疲顿，因而致死者什一二。”[①] 到唐太宗时期，永济渠还是畅通的。贞观十八年（644）唐太宗伐辽东，韦挺负责转运粮饷，“挺至幽州，令燕州司马王安德巡渠通塞。先出幽州库物，市木造船，运米而进。自桑乾河下至卢思台，去幽州八百里，逢安德还曰：‘自此之外，漕渠壅塞。’挺以北方寒雪，不可更进，遂下米于台侧权贮之，待开岁发春，方事转运，度大兵至，军粮必足，仍驰以闻。”[②] 卢思台为何地，今有三种说法：一是北京市西卢师山，二是河北秦皇岛市山海关西南卸粮台，三是天津市宁河区芦台。卢师山在北京西山，根本不可能距离幽州八百（唐）里。据考证，八百唐里约折合今五百七十里，天津市宁河区芦台到北京直线距离约三百里，如走运河曲线差不多也要五百七十里，所以天津宁河区芦台是卢思台的可能性较大。曹魏时期开凿的泉州渠、新河已经壅塞不通，取辽东的水路需要重新开凿。但是出幽州的永济渠还是可以行舟的，因此从幽州到卢思台一段还是可以贯通的。到武则天时期，永济渠有的段落已经不能行船了，需要海运运送漕粮。到了唐玄宗开元年间，永济渠北段还能畅行无阻。玄宗开元初年，河北道遭受严重水灾，朝廷派使臣视察灾区，发现水灾“荐及河朔”，而“发仓廪、漕江淮以赈之”。当时的幽州节度、河北诸军大使张说在《送任御使江南发粮以赈河北百姓》一诗中说：“河朔人无岁，荆南义廪开。将兴泛舟行，必伫济川才。夜月临江浦，春云历楚台。调饥坐相望，绣眼几时回。”[③] 既然是从江淮调粮，则必然是通过永济渠北运。

武则天时期，姜师度利用京东水系防备奚族和契丹的骚扰，开凿运渠运输军粮。“姜师度，魏人也。明经举。神龙初，累迁易州刺史兼御史中丞，为河北道监察兼度支营田使。师度勤于为政，又有巧思，颇知沟洫之利。始于蓟门之北，涨水为沟，以备奚、契丹之寇。又约魏武旧渠，傍海穿漕，号为平虏渠，以避海艰，粮运者至今利焉。”[④] 姜师度所开凿的平虏渠并非曹操所开平虏渠，而是傍海的泉州渠，将鲍丘水与“三会海口”连通，避免漕粮走海路的风险，与永济渠并无干涉。

① 《资治通鉴》卷一百八十一《隋纪五》，第 5653 页。

② 《旧唐书》卷七十七《韦挺传》，第 2670 页。

③ 《全唐诗》卷八十七张说《送任御史江南发粮以赈河北百姓》，中州古籍出版社 1996 年版，第 436 页。

④ 《旧唐书》卷一百八十五《良吏下》，第 4816 页。

2. 永济渠北段的河道行迹

《元和郡县图志》“河北道四”散佚，永济渠在沧州青县以北的具体情况没有史书记载。现在永济渠北段的走向主要有两派观点。一派观点以为：永济渠北端在沧州青县以上利用曹操所凿平虏渠旧道进入潞河南端（今北运河），然后循当时还是永定河主流的桑干河北派——今凉水河、凤河一线向西北抵达蓟城（今北京）城南。另一派观点以为：永济渠北段至独流口折向西北，西入巨马河，至信安镇，再北经安次县（今河北廊坊市旧州）城东，由此进入桑干河（今永定河），西北抵达涿郡。[①] 第一派观点没有直接的史料作为依据，观点的得出多为推论；第二派观点也有多种具体说法，但是与永济渠的走向大致相同，其依据是《太平寰宇记》的记载。

宋代黄河夺御河，在独流镇北行东折入海。“卫州共城县北门外三里，群山耸秀，壁立千仞，山下众泉涌出于地。泉底皆碎石，清澈可鉴须发，浸灌十余里，汇为御河。元祐年间，黄河行河北东路，自大名府东流入永静军，由沧州至独流寨入海。”[②] 而永济渠在独流镇向西走霸州永清，到淤口寨（今河北霸州市信安镇）。《太平寰宇记》载：“破虏军，古淤口关。周显德六年，收复关南，于此置塞。至皇朝太平兴国六年，割霸州永清、文安县三百一十七户属焉。四至八到：南至东京一千四百里。西南至西京一千六百五十里。西南至长安二千五百里。东至狼城口三十里。南至文安县五十里。西至霸州五十里。北至幽州二百里。东南至大城界八十里。西南至平戎军七十里。东北至界河三十步。西北至界河二十步。……永济河，自霸州永清县界来，经军界，下入淀泊，连海水。”[③] 霸州永清一带广为淀泊，宋代的《武经总要》记述：“一、塘水东起沧州界，去海西岸黑龙港口，西至乾宁军，沿御河岸（以破船淀、满淀、灰淀、方淀四淀合成一水）。其水东西约百二十里，南北九十里至一百三十里，深约五尺。一、东起乾宁军，西信安军御河西（以鹅巢、陈八、燕丹、大光、孟家五淀合成一水）。其水东西约一百二十里，南北三十里至五十里，深丈余至六尺。一、东起信安军御河西，至霸州莫金口（以水纹、得胜、下光、小蔺、李子、大蔺六淀合成一水）。其水迂直，东西七十里，南北十五里至六里，深六七尺。”[④] 永济渠在淀泊边缘穿行，进入霸州永清县。《太平寰宇记》写于宋代，五代时期燕云十六州之地包括幽州被后晋割让给契丹，后周世宗柴荣收复了拒马河以南的益津关、瓦桥关、淤口关三关三州十七县的领土，永清县被分割为两部分——霸州永清和幽州永清，但两个永清县隔拒马河相望。

① 于德源：《五代赵德钧凿东南河考——兼辨隋永济渠北端河道和永定河徙出清泉水道时代》，《北京隋唐五代历史资料汇编》，燕山出版社 2016 年版，第 510 页。

② ［宋］吕颐浩：《燕魏杂记》之《卫州共城县条》，丛书集成初编本。

③ 《太平寰宇记》卷六十八《河北道十七》第一册，第 1106—1107 页。

④ ［宋］曾公亮、丁度：《武经总要》之前集卷十六《河北》，文渊阁四库全书本。

《太平寰宇记》在幽州永清条记载：“永清县，东南一百五十里，十乡。本汉益昌县地。隋大业七年，于今县西五里置通泽县，隋末废。唐如意元年，于今理置武隆县。景云元年，改为会昌县。天宝初，为永清县，以边境永清为名。桑干水，在县北十里，东南流。”① 御河进入永清以后当是利用了一段桑干河河道，在某处开渠直达安次县东。“安次县……本汉旧县，县东枕永济渠……唐武德四年，移于城东南五十里石梁城置。贞观八年，又自石梁城移理今县西五里魏常道城置。开元二十三年，又自常道城东移就耿桥行市南置，即今县治是也。”② 渠水沟通了桑干河北支——清泉河（《水经注》称泽水）。“泽水。按《隋图经》云，即桑干河也，至马陉山为落马河，出山谓之清泉河，亦曰千泉，非也。”③ 永济渠溯清泉河北段向西北而上，进入距离蓟城更近的洗马沟。“桑干水，西北自昌平县界来，南流，经府西；又东流，经府南；又东南，与高梁河合。《州郡图》云：‘蓟县北有雁上里。’又《水经注》云：‘桑干水东与洗马沟水合。’”④《水经注》云：“灅水又东与洗马沟水合，水上承蓟水，西注大湖。湖有二源，水俱出县西北平地，导源流结西湖，湖东西二里，南北三里，盖燕之旧池也。绿水澄澹，川亭望远，亦为游瞩之胜所也。湖水东流为洗马沟，侧城南门东注，昔铫期奋戟处也。”隋炀帝乘龙舟征辽东从此地出发。“大业七年，征高丽。炀帝遣诸将于蓟城南桑干河上，筑社稷二坛，设方壝，行宜社礼。”⑤ 北京白纸坊桥南出土了唐代古河道以及沉船、开元通宝等文物，更进一步证明该地就是永济渠北段的渠首位置。⑥

灅水即后世的桑干河，汇流的洗马沟侧掠蓟城的南门向东流去。永济渠就是这样利用自然河道加人工凿渠将其延伸到涿郡城的城下。

永济渠为什么不走潞河？一种观点认为，永济渠北端在沧州青县以北段，它利用曹操所凿平虏渠旧道进入潞河南端，然后循当时还是永定河主流的桑干河北派的清泉河（今凉水河、凤河）一线向西北抵达蓟城城南。一是曹操所开凿的平虏渠是在滨海的水乡泽国，极易淤塞，时间经过大约400年之久，早已不见踪迹。随着海岸线的东移，永济渠应在平虏渠的东侧，姜师度所开的平虏渠更在永济渠的东侧，所以永济渠并非沿袭平虏渠旧道。二是沟通潞河的桑干河北派的支流清泉河下游南段水量不足以行舟。《水经注》云：“清泉河上承桑干河，东流与潞河合。灅水东入渔阳，所在枝分，故俗谚云：高梁无上源，清泉无下尾。盖以高梁微涓浅薄，裁足津通，凭藉涓流，方

---

① 《太平寰宇记》卷六十九《河北道十八》第一册，第1123页。

② 《太平寰宇记》卷六十九《河北道十八》第一册，第1123—1124页。

③ 《太平寰宇记》卷六十九《河北道十八》第一册，第1120页。

④ 《太平寰宇记》卷六十九《河北道十八》第一册，第1120页。

⑤ ［唐］杜佑：《通典》卷七十六《军礼一》，中华书局1984年版，第412页。

⑥ 岳升阳、苗水：《北京城南的唐代古河道》，《北京社会科学》2008年第3期，第96—100页。

成川甽。清泉至潞，所在枝分，更为微津，散漫难寻故也。”①

3. 北宋末年和宋金对峙时期的永济渠

那么，运河改走北运河一线，也就是改走潞河水道是在什么时候？北宋曾一度自黄河北泛支流经独流口北入潞河，漕船循潞河抵达潞县城东半里的潞河岸边。《宋史·徽宗纪四》记载：“宣和七年二月庚戌，诏京师运米五十万斛至燕山，令工部侍郎孟揆亲往措置。”② 宋徽宗宣和七年（1125）宋使许亢宗出使金朝，途经燕山府，看到北宋运送救灾的漕船驶进潞河的情形。在其记述途中见闻的日记《宣和乙巳奉使行程录》中载：“是岁，燕山大饥，父母食其子，至有肩死尸插纸于市，售以为食。钱粮金帛率以供‘常胜军’，牙兵皆骨立，戍兵饥死者十七八。上下相蒙，上弗闻知。宣抚司王安中方献羡余四十万缗为自安计，后奉朝廷令，支太仓漕粳米五十万石，自京沿大河由保、信、沙塘入潞河，以赡燕军。回程至此，已见舳舻衔尾，舣万艘于水。潞河在县东半里许，曹操征乌丸蹋顿袁尚等凿渠自滹沱由泒水入潞河即此地。”③ 说明北宋末年漕运水道已经离开永济渠独流口南道北移至三岔口潞河道了，具体漕运的道路何时转移不得而知。

南宋与金对峙时期，永济渠完全处于金朝政权控制之下，特别是金海陵王迁都中都后，金政权更加重视经营永济渠，在沿御河两岸的历亭、临清、将陵、东光、南皮诸地建筑存粮之仓，与旧黄河、滹沱河、巨马河、沙河等其他水路配合，以便将山东、河北、河南一带的漕粮汇集再漕运至京师。“金都于燕，东去潞水五十里，故为闸以节高良河、白莲潭诸水，以通山东、河北之粟。凡诸路濒河之城，则置仓以贮傍郡之税，若恩州之临清、历亭，景州之将陵、东光，清州之兴济、会川，献州及深州之武强，是六州诸县皆置仓之地也。其通漕之水，旧黄河行滑州、大名、恩州、景州、沧州、会州之境，漳水东北为御河，则通苏门、获嘉、新乡、卫州、浚州、黎阳、卫县、彰德、磁州、洺州之馈，衡水则经深州会于滹沱，以来献州、清州之饷，皆合于信安海壖。溯流而至通州，由通州入闸，十余日而后至于京师。其它若霸州之巨马河，雄州之沙河，山东之北清河，皆其灌输之路也。”④ 可见，金代各路漕粮汇集在信安海壖，然后溯潞河直通通州，由于闸河的修建，地势高峻的京城可通漕运。但是由于闸河的地势较高，不易存蓄河水，在金世宗完颜雍时期，调山东、河北、河东、中都、北京各地军夫，开凿改道，并决定重点开凿通州至中都段运河，“自通州而上，地峻而水不

① 《水经注疏补》卷十三《㶟水》，第 195 页。

② 《宋史》卷二十二《本纪第二十二·徽宗四》，第 415 页。

③ ［宋］确庵：《靖康稗史》之《宣和乙巳奉使金国行程录》，中华书局 2010 年版，第 9—10 页。

④ ［元］脱脱：《金史》卷二十七《志第八·河渠志》，中华书局 1975 年版，第 684—685 页。

留，其势易浅，舟胶不行，故常徙事陆挽，人颇艰之。世宗之世，言者请开卢沟金口以通漕运，役众数年，竟无成功……其后亦以闸河或通或塞，而但以车挽矣”①。更能说明若要水路直达蓟城脚下，永济渠只能走桑干河南支。但这一时期御河的通航及其失败的引水工程，为后来元代开凿通惠河积累了经验教训。

（五）元朝运河的裁弯取直和御河

会通河是指自元代东平路须城县之安山西南起，经寿张西北，过东昌（今聊城），再西北达临清之会通镇与御河（卫河）相接的一段河道。会通河并不经过河北省，但是会通河的开凿对河北运河的影响非常大，所以会通河是论述河北运河不得不说的内容。

1. 开凿会通河的原因

（1）开凿会通河的必要性。1260 年，忽必烈登基成为蒙古国大汗。1272 年，忽必烈采纳刘秉忠建议，改金中都为大都，宣布在此建都。1274 年，忽必烈在正殿接受朝贺。从此，大都成为元朝多民族国家的政治中心。政治重心从黄河流域北移到海河流域，脱离了原来以长安、洛阳、开封为轴的关中和中原一线，北移到长城脚下，处于游牧区和农耕区的分界线一带。但是从南北朝开始的经济重心的南移，随着隋唐的发展已经成为不可逆转的事实，这就造成政治重心和经济重心的不一致。元大都人口由十几万暴涨至八十多万，最迫切也最难解决的就是“吃饭”问题。如何养活政治重心的非劳动人口成为一道极为棘手的难题。《元史·食货志》中说：“元都于燕，去江南极远，而百司庶府之繁，卫士编民之众，无不仰给于江南。”根据史料，元朝政府一年的粮食征收额为一千二百零一万石。除去腹里地区的二百二十七万多石以外，各行省共征收粮食九百七十四万石，江浙行省就征收四百四十九万石。江浙行省征收的粮食数额将近全国各行省征收总额的二分之一，占全国总征收粮食数的三分之一强。如何把江南的漕粮运达大都的问题摆到元朝统治者面前。

（2）御河运输的不便。隋唐运河的主体工程是开凿通济渠和永济渠。黄河南岸的通济渠工程，是在洛阳附近的武陟县引黄河的水，行向东南，进入汴水，沟通黄、淮两大河流的水运。通济渠又叫御河，是黄河、汴水和淮河三条河流水路沟通的开始。隋、唐都城是长安，所以当时的主要漕运路线是：沿江南运河到京口（今镇江）渡长江，再顺山阳渎北上，进而转入通济渠，逆黄河、渭河向上，最后抵达长安。黄河以北开凿的永济渠，是利用沁水、淇水、漳河为水源，引水通航，从西南流向东北，经过今天的豫北、冀南，沿着冀鲁边界北上天津，在天津西北利用桑干河水，直达涿郡。

① 《金史》卷二十七《志第八·河渠志》，第 682 页。

《菽园杂记》载："元起朔漠，建都北平，漕渠不通江、淮。至元初，粮道自浙西涉江入淮，由黄河逆水至中滦旱站，陆运至淇门入御河。中滦，即今开封府封丘县地。淇门，今属大名府浚县，乃淇水入御河之处，即枋头也。去中滦旱站一百八十余里。自黄河逆水至中滦，自中滦陆运至淇门，其难益不可言。"① 从江南运往大都的粮食，先由浙江西部集中在江南运河的两岸，过长江后，再由瓜州古渡经淮南山阳渎河道运至淮安，进入淮河，再转涡水向西北入黄河。由黄河逆水至中滦旱站（今河南封丘西南约三十里），然后陆运一百八十里至淇门入御河北运，经过山东的临清，由御河经过天津到通州，然后再陆路运往大都。由淇门进入御河（指卫河）这条线路有两大缺点：一是由淮河转涡水，再入黄河，逆水而上至中滦，绕了一个很大的弯，路程增加好几倍；二是水、陆交替运输，反复装卸，费时、费工，效率低下，粮袋破损、粮食腐烂时常发生。

(3) 海运的局限性。元朝统治者利用海运解决了部分问题。元至正十九年(1282)，伯颜命罗壁、朱清、张瑄造平底海船六十艘，载粮四万六千石，由海道运至京师。但这次航行，因风信失时，次年始至直沽。海运试航成功后，忽必烈立万户府二，任朱清、张瑄经划海运。元朝规定，以嘉兴、松江每年秋粮及江淮、江浙财赋岁办粮充运，每年二月由长江口之刘家港入海，至崇明州三沙放洋，向东行，入黑水大洋，取成山转西至刘家岛，又至登州沙门岛，于莱州大洋入界河。当舟行风信有时，自浙西至京师，不过旬日。在直沽交卸完毕之后，海船在五月返航，复运夏粮，八月再回航。据明人邱濬的估计，南粮北运，"河漕视陆运之费省什三四，海运视陆运之费省什七八"②。元代海运发挥了一定作用。"元自世祖用伯颜之言，岁漕东南粟，由海道以给京师，始自至元二十年，至于天历、至顺，由四万石以上增而为三百万以上，其所以为国计者大矣。"③ 但是时间一长，弊端丛生。"海运历岁既久，弊日以生，水旱相仍，公私俱困，疲三省之民力，以充岁运之恒数，而押运监临之官，与夫司出纳之吏，恣为贪黩，脚价不以时给，收支不得其平，船户贫乏，耗损益甚。"同时风浪、海盗时刻威胁着漕船的安全。"风涛不测，盗贼出没，剽劫覆亡之患，自仍改至元之后，有不可胜言者矣。"④

史书记载的两首民谣正好反映了海途的艰险。《直沽谣》："杂沓入东海，归来几人在？纷纷道路觅亨衢，笑我蓬门绝冠盖。虎不食堂上肉，狼不惊里中妇。风尘出门即

---

① ［明］陆容：《菽园杂记》卷六《元起朔漠》，中华书局 1985 年版，第 59 页。

② ［明］邱浚：《大学衍义补》卷三十四《漕挽之宜下》，文渊阁四库全书本。

③ 《元史》卷九十七《食货五》，第 2364 页。

④ 《元史》卷九十七《食货五》，第 2364 页。

险阻，何况茫茫海如许！去年吴儿赴燕蓟，北风吹人浪如砥。一时输粟得官归，杀马椎牛宴闾里。今年吴儿求高迁，复祷天妃上海船，北风吹儿堕黑水，始知溟海皆墓田。劝君陆行莫忘莱州道，水行莫忘沙门岛。豺狼当路蛟龙争，宁论他人致身早？君不见，贾胡剖腹藏明珠，后来无人鉴覆车？明年五月南风起，犹有行人问直沽。”① 《直沽客行》：“直沽客，作客江南又江北，自从兵甲满中原，道路艰难来不得。今年却趁直沽船，黑洋大海波连天。顺风半月到闽海，只与七州通卖买。呜呼！江南江北不可通，只有海船来海中。海中多风多贼徒，未知来年来得无？”②

海运在元朝漕运中虽然占据一定比例，但是由于运行中的弊端、海上的风险都限制了海运的发展。

2. 会通河的开凿

为了不绕行河南，开凿直穿山东而取直北上的运河河道，实现南北直航，成为元初统治者们亟待解决的大事。至元十三年（1276），丞相伯颜上书曰：“江南城郭郊野，市井相属，川渠交通，凡物皆以舟载，比之车乘任重而力省。今南北混一，宜穿凿河渠，令四海之水相通。远方朝贡京师者，皆由此致达，诚国家永久之利。”③ 元世祖采纳了伯颜的建议。由于走御河一线“运粟不多，不足以供京邑之用，于是遂有海运之举。然海道风涛不测，损失颇多”。所以，开凿济州河，开辟一条海河联运的路线，不走御河线路。

济州河的主体工程是对今山东中部汶水、泗水原有的闸堰进行改建，“于兖州立闸堰，约泗水西流，堽城立闸堰，分汶水入河，南会于济州”④。在奉符（今泰安）堽城筑堽城闸拦截汶水进入洸水，往西南流入任城；又在兖州城东修建金口闸、黑风口闸，遏制泗水往西，使之在任城与洸水汇合；在任城修会源闸（即天井闸），由此闸将水分流南北，形成“兖泗支流鲁山麓，会济分河向南北”⑤ 的局面，南入泗水，由任城北流者至东平州安民山入清、济故渎。

《菽园杂记》载：“又自任城开河，分汶水西北至须城之安民山，入清、济故渎，通江、淮曹，经东阿，至利津河入海。由海道至直沽，接运至京。任城，今之济宁州也。须城，今之东平州也。”⑥ 济州河开通后，江南输京的物资便可以先由大清河运至利津，从那里入渤海，沿海道转运至直沽，这样比原来经河南走御河大为便捷。不再

① ［明］曹学佺：《石仓历代诗选》卷二百七十九《元诗四十九》，文渊阁四库全书本。
② ［清］于敏中：《日下旧闻考》卷一百十二《京畿武清县》，中华书局 1981 年版，第 1865 页。
③ ［元］苏天爵：《元朝名臣事略》卷二《丞相淮安忠武王》，中华书局 1996 年版，第 20 页。
④ 《元史》卷六十四《河渠一》，第 1615 页。
⑤ ［清］沈敬宗：《御定骈字类编》卷一百十七《方隅门五》，文渊阁四库全书本。
⑥ 《菽园杂记》卷六《元起朔漠》，第 59 页。

绕行豫北冀南，路途减省不少，但“其后，海口沙壅，又自东阿陆运二百余里，至临清始入御河，其难尤不可言”①。大清河入海口泥沙淤积，造成漕船搁浅不便通行，不得不废弃大清河航道。船只通过济州河进入大清河后，至山东东阿县重新弃船登岸开始陆运，经寿张、茌平、聊城达临清，由临清再装船入御河，北上天津，之后再从潞河抵达通州。如此一来，要经过两次水陆周折，十分不便。特别是在旱路运输经茌平县时，因此处地势低洼，夏秋时节阴雨连绵，道路泥泞难行，运输车辆常常陷入泥潭中，只好改为肩扛人抬，运输者苦不堪言，很难达到提高运输效率之目的。因此，开凿由安民山至临清的新河道，势在必行。

为了解决由东阿至临清陆路运输的困难，实现大运河黄淮的南北贯通，元政府在征集多方意见之后，决定开凿打通从东阿到临清的运河新路。在充分勘察之后，元世祖忽必烈派遣断事官忙速儿、礼部尚书张孔孙、兵部尚书李处巽共同主持管理开挖新运河事宜。至元二十六年（1289）正月动工，同年六月主河道竣工，共开河道约二百五十里，元世祖赐名会通河。会通河自安山接济州河开渠，引汶水向西北经由寿张（今梁山县寿张集）东，转向北经沙湾、张秋至东昌（今山东聊城），又转向西北到临清，与御河相接，长二百五十里。会通河通航后，因南北落差较大，为调节水位、节制水源，保证运河的正常通航，在以后的十余年里，又在会通河上修了十几座闸坝，逐步完善了会通河的功能，保证了漕运畅通。

元代大运河不再绕道洛阳，而是从大都起，直穿山东、江苏全境，径抵江南，把南北方各大经济区更直接地联系起来，由此奠定了此后京杭大运河的基本走向及其规模。这是运河水道的又一次重大转变。至此，完全意义上的京杭大运河最终形成。自此，东平安山至临清的新水道开凿，大运河贯通了黄淮地区，为沿河地区带来了发展的契机，带来了几百年的兴盛繁荣，同时也导致了原来御河及沿岸的衰落。

三、明代大运河在南北交通中所发挥的作用——以运河之子廖纪为例

在南运河西岸衡水阜城县境内有一个叫作廖庄的小村庄，明朝中期著名的政治家廖纪就出生于此。1960 年考古部门在河北阜城码头镇附近发掘了已经被铲平的廖纪墓。好在该墓尚未被盗掘，墓中出土的文物共计 208 件，其中墓志一方，简略叙述了廖纪的生平事迹。为了更好地对生长于大运河畔的这一历史人物的生平及思想进行研究，本部分就廖纪的家世、姻亲、交游以及有关运河文章进行考述。

① 《菽园杂记》卷六《元起朔漠》，第 59 页。

（一）有关廖纪墓志铭原文的考证

焦竑《国朝献征录》卷二十五录有北直隶任邱时任内阁首辅大臣李时的《光禄大夫少保兼太子太保吏部尚书赠少傅廖公纪墓志铭》①，然而一些有用信息尚未录入，且文章在传抄刻录的过程中出现一些错误，今按照墓志原件订正过来，以备其他学者参考使用。

光禄大夫、少保兼太子太保、吏部尚书赠少傅廖公纪墓志铭

光禄大夫、少保兼太子太保、吏部尚书武英殿大学士知制诰经筵官国史总裁李时撰

公讳纪，字廷陈，别号龙湾。世居闽，父瑄，商于东光，因家焉。公幼有至性，好学，不喜嬉饮为乐。成化庚子，领京闱乡荐，庚戌举进士。登第时，屠公总宪，风裁炳著，少许可。公观政属下，独见器重。逮握铨柄，首疏公为考功主事。公亦节介不渝，期副所荐。乡有士将游仕途，奉贽谒，冀蒙二天。公不辞，既完璧充赆以归。其清而不激，类如此。历迁考功郎中，再转文选，雅不阿时宰，士类高之。升太仆少卿、太常卿，皆有实政可纪。寻擢工部右侍郎，督理易州山厂。时岁羡余将万金，公一无所染，悉以上供，所司因以为例。升吏部左侍郎。既而擢南京吏部尚书。顷又转兵部，参赞机务。凡势权所役夺之，俾尽还伍，戎政用肃。因人言求退，章再上，获允。家居逾两载，召起家为吏部尚书。公感激，益自磨淬。值修《献皇帝实录》，受命总裁。事竣，进太子太保，赐鞍马金币。丙戌请老，上不夺其志，加少保，给人夫月米，庸示优遇。仍敕乘传归。既抵家，日惟杜门研索古义，尝著《庸、学、论、孟管窥》。少业《毛诗》，晚年尤嗜《易》，欲述未遑，赍志以没，嘉靖壬辰八月二十五日也，距生景泰乙亥正月二十八日，享年七十有八。配郭氏，赠淑人，继室李氏，封夫人，俱卒，继室翁氏，子承恩，国子生，女四人，孙男女各一人。公卒，讣闻，天子为罢朝一日。赠少傅，谥僖靖。赐祭九坛，命工部营葬。恩礼稠至，士林荣之。嘉靖十二年二月二十九日，附葬于卫滨祖茔之次。公沉静简默，外浑沦而内极分辨，于物无忤，事皆从厚，人多敬爱之。予于公既生同乡，官同朝，且辱公知，侍御王君子尚恳以铭请，是其可辞？铭曰：瀛海之秀，郁而生公，厥秀维何，有度斯宏，有度斯宏，有器斯衷，早跻首科，历试聿通，暨于晚节，遇坚以宏，秉钧持衡，惟平惟中，天子是嘉，百僚是风，功成罔居，劳谦有终，葬岁八衷，福履载隆，而胡凋谢，

① ［明］焦竑：《国朝献征录》卷二十五之李时《光禄大夫少保兼太子太保吏部尚书赠少傅廖公纪墓志铭》，台湾学生书局1965年版，第1028—1029页。

仙梦清穹，哀我人斯，中心恫恫，卫滨英魄，高冢嵷嶐，铭训载勒，以召无穷。

（二）廖纪家族的迁徙与家世考

1. 廖氏迁居福建前的情况

关于廖姓的源头，比较多的说法有三种。其一，颛顼帝后代叔安协助大禹治水，因功封于蓼（河南省唐河一带），是为西蓼国，其后人以国为姓，称廖氏，前639年西蓼国亡于强楚。其二，皋陶之子庭坚，封于蓼（今河南固始县），是为东蓼国。楚穆王四年（前622）楚公子燮灭蓼，其后世子孙有以国为氏者。其三，周文王之伯廖，受封于廖邑，其后裔以邑为氏，此支廖氏以钜鹿为郡望。

据廖声干《廖氏源流说》考证，姬姓廖氏唐末迁居福建。文王子伯廖一系，下传五十世到东汉廖权。廖权任武陵尉，“生廖立，廖立生三子：廖蔡、廖济、廖源，廖蔡为吴国秣陵尉。传至九世彦敏，为太常寺少卿，十一世廖汾为金吾大将。唐末，二十一世廖前任南剑州刺史，徙居福建，为将乐的始迁祖。”①

《兴廖氏族谱》大致描述了廖氏迁徙的路线：“其先祖世居汝南，魏晋南北朝时，因北方战乱，播迁于江南各地。唐时，其祖由江西雩都，避唐末之乱，迁于福建汀州宁化石壁寨。后子孙因乱，又迁顺昌，廖氏居于闽者益众。”②

至于莆田廖氏何时迁徙至此，有待查证，估计似应从早期廖氏聚族而居的闽西地区迁徙而来。目前可知，莆田廖姓首登科第者为仙游县廖钧，宋天圣二年（1024）进士及第。仙游廖氏家族自宋代始，蔚成望族。廖钧，官授著作郎，擢守开封府户曹；廖复，廖钧之来孙，宋宁宗庆元二年，特奏名进士；廖谷，廖钧五世孙，宋孝宗乾道八年，特奏名进士。③

2. 莆田廖氏迁往海南的时间和地点

《大司马龙湾廖公传》记载廖纪的先祖情况：“其先本闽人，宋末避乱游海南，赘土官家，遂袭土官数世。”④ 现海南省万宁市争来村廖氏后裔保存的《廖氏族谱》记载：廖学举，字汐贤，号鹏山，福建莆田县坎头村人，南宋宁宗时赐进士，理宗九年渡琼，任琼南会同知县，居琼山叠里村，为廖姓入琼始祖。廖学举长子士杰迁至陵水那亮乡，八世有能，九世廖瑄，公迁过海。⑤

福建莆田县坎头村即现在的莆田市秀屿区平海镇嵌头村，在宋代是著名的港口。

---

① 廖声干：《廖氏源流说》，廖理南的博客，http://blog.sina.com.cn/lln888。

② 转引自《中国廖氏族谱研究》，潮州东津廖氏的博客，http://blog.sina.com.cn/dangjinliaoshi。

③ 转引自林春德《莆田姓氏与楹联》，莆田文化网，http://ptwhw.com。

④ ［明］方鹏：《矫亭存稿》之续稿卷九《大司马龙湾廖公传》，四库存目丛书。

⑤ 周娟、周泉根：《海南历史名人、华侨、“琼公”展》之《海南六十六姓渡琼始祖》，天涯论坛。

南宋末年移民很多都是从坎头村出发的，潮汕、海南、湛江至今很多地方都有“先祖来自兴化府莆田县坎头村”的记载。如苏姓迁琼始祖苏升，原籍是福州府莆田县坎头村人，南宋庆宗赵扩庆元年间渡琼；郑姓迁琼始祖郑志灏，原籍福建兴化府莆田县坎头村，南宋庆元三年（1197）进士，授“文林郎”，在琼州府昌化县任知县，离任后落籍今海口白沙坊；琼台李氏始祖之一李森，原籍福建省福州府莆田县坎头村，受命入琼任琼山县丞，兄弟三人同入琼，李森之弟落籍会同，其兄落籍万州，李森祠建琼海博鳌镇仓贡村。① 坎头村是移民集中出海的港口，码头上的高坎是他们回望故乡的最后记忆，就像北方移民的集中出处山西洪洞县一样，高大槐树上的老鸹窝是移民集体的记忆，至于将其作为他们的籍贯却不必信以为真。

莆田县是移民迁入海南的县份应是真实的历史。例如，澄迈一地各姓始祖不少是在宋代由莆田入岛的。孙开文，孙姓渡琼始祖之一，从兴化府莆田县甘蔗园村迁入，宋淳熙十四年（1187），出仕琼山县令，任满落籍琼郡城（今海口市琼山区府城镇）东南六里的地方。许谟，许姓渡琼始祖之一，原籍福建省莆田县许腊村，南宋淳熙十六年（1189）中举人，宋绍熙二年（1191）任琼州府通判，后定居文昌县东阁村。李仁，系李姓渡琼入澄始祖之一，原籍福建省福州府莆田县岸头村，南宋末年（1279）迁入，落籍曾口县博罗村。②

琼山叠里村可能是移民入岛的中转站，他们在琼山叠里村做短暂停留，然后迁徙到海岛各地。何氏先祖何兴，迁入海南首居琼山叠里村；蔡氏迁琼始祖亦居琼山叠里村③；明唐胄正德《琼台志》卷四十记载：蔡九娘，琼山县仁政乡叠里村人，黎兵千户所总管蔡克宪的长女④。

廖纪的先祖可能入赘熟黎土官世家。宋太祖开宝四年（971）平南汉置岭南道，海南岛纳入宋的版图，即在海南设置州县，有效管辖海南。以黎母山为中心，由内而外形成了生黎—熟黎—省民的分布结构，宋政府对海南实行羁縻统治，设置了全岛高级统黎和抚黎职官“三十六峒都统领”。

《宋史》卷四百九十五《蛮夷》三“黎洞”条记：“（乾道）九年八月，乐昌县⑤黎贼劫省民，焚县治为乱，黎人王日存、王承福、陈颜招降之。琼管安抚司上其功，得借补承节郎。淳熙元年，诏承节郎王日存子孙许袭职。……（淳熙）十二年正月，乐会县白沙峒黎人王邦佐等率贼众五百为寇，杀掠官军，保义郎东升之抚降其众，俘获

① 伍尚光：《海南各姓氏迁琼始祖的由来》，来自微信公众号：军坡文化节，junpowenhua。
② 《海南各姓氏迁琼始祖的由来》。
③ 《海南各姓氏迁琼始祖的由来》。
④ ［明］唐胄：《正德琼台志》卷四十《人物门》，天一阁藏明代方志选刊。
⑤ 海南无乐昌县，此是乐会县之误。

林智福等，琼管司上其功，诏减升之三年磨勘。十六年，诏以大宁砦黄弼补承信郎，弹压本界黎峒。”①

据林日举先生考证②，廖学举迁居海南的理宗九年应为宋理宗淳祐九年（1249），当时并未设置会同县。会同县设置应在元世祖时期。会同县原属乐会县西北境，至元世祖至元二十八年（1291），湖广行中书省平章阔里吉思才建议割乐会县西北境置会同县。次年六月壬午，元朝廷正式降敕置会同县。但是有关会同县的方志并没有廖学举其人。另外，如果宋宁宗时期赐进士第，宋宁宗在位时间从 1168 年到 1224 年，即使是宋宁宗末年中举，到会同立县也将近 70 年时间，耄耋老人任知县似不可能，可能是同姓族人为抬举先祖而故意为之。但作为廖纪的祖先由莆田迁居海南入赘当地黎族土官是完全有可能的。

3. 廖纪之辈远迁河北的原因

明成祖朱棣推行抚黎政策，海南局面比较稳定。但是此后的洪熙、宣德间，矛盾开始走向激化。“宣德元年……九月，澄迈县黎王观珠、琼山县黎王观政等聚众杀琼山土知县许志广，流劫乡村，杀掠人畜，命广东三司勘实讨之。二年，指挥王瑀等追捕黎贼，兵至金鸡岭，贼率众拒敌，败之，生擒贼首王观政及从贼二百六十二人，斩首二百六十七级，余众溃，奔走入山，招抚复业黎八百一十二户，以捷闻，械送观政等至京。”③ 据《大司马龙湾廖公传》载：“入国朝，讳有能者，以事逮系京师卒，厥子讳瑄号淡庵，时以生员侍行，度不能归，依所亲，寓于东光，因家焉。则公之祖考、考也。”另，《廖瑄东光义行记》载：“廖公瑄，字景辉，淡庵其别号也。本广东琼台人。年十六，补邑庠弟子员。宣德中，坐父有能北徙，途经东光，因家焉。”④ 可能廖有能参与此次黎民暴动，失败后被押送北京，其子廖瑄以生员的身份入京，但是不能接近罪犯身份的父亲，随即在北方距离京城不远的地方定居下来。

海南距离京城千山万水，路途遥远，进京实属不易，更何况是披锁戴枷的犯人，那么廖纪的祖父走的哪条路线进京的？明代驿传系统发达，犯人押解入京应走官道。廖氏一行人应从海南琼州府（治今琼山区）出发，越过雷州海峡，至雷州府，翻越过五岭经肇庆府、高州府，经曹溪，入广州。从广州北上的路线很大程度上可能是出韶关，北上南雄，走梅岭古道，越过梅岭，到达江西南安府、赣州府，走赣江水路顺流而下，过吉安府、临江府、南昌府、九江府，然后顺江而下，到扬州后，沿大运河一

---

① 《宋史》卷四百九十五《蛮夷》，第 14219 页。
② 林日举：《历明三朝的官员廖纪》，《海南师范大学学报》（社会科学版）2012 年第 9 期，第 99—105 页。
③ ［清］张廷玉：《明史》卷三百十九《广西土司三》广东琼州府附，中华书局 1974 年版，第 8271 页。
④ ［清］白为玑、冯樾：《康熙东光县志》卷七《人物・义行》，故宫珍本丛刊。

路向北，走高邮州、宝应县、淮安府、清江浦、桃源县、宿迁县（今宿迁市）、邳州、徐州，北上进山东、河北地界，由东昌府、临清州、德州、沧州过天津卫进京。①

估计随行的廖瑄经过大运河畔的阜城县码头镇（明代属景州管辖）时，见此地交通便利、商贾云集，遂在此安家。康熙年间《东光县志·人物义行》载："廖公瑄，字景辉，淡庵其别号也。本广东琼台人。年十六，补邑庠弟子员。宣德中，坐父有能北徙，途经东光，因家焉。"② 李时所撰《赠少傅廖公纪墓志铭》载：廖纪"父瑄，商于东光，因家焉"③。叶显恩先生认为，廖氏家族是明代第一代海商的代表。④ 通过上文考证，廖有能北上京师的路线同时也是穿越南北中国中部东部的重要商路。大运河连接长江、鄱阳湖，经赣江、章水，穿大庾岭道下贞水，进北江抵广州，沟通了政治中心的北京和作为海外贸易的出口广州，廖氏家族数世作为当地的土官，亦官亦商，实力雄厚，参与了当地的政治经济事务。

从廖纪之堂兄廖彭、堂弟廖彦自海南专程到北方省亲也可看出其家族的经济实力。廖瑄侄、廖纪堂弟廖彭自海南进京同廖纪晤面即走此道。石珤《熊峰集》送别廖彭时记曰："吾闻君自海南而来也，固尝涉大江，历河越淮，然后达于京师。"此事发生于弘治丙辰年（1496），此时廖瑄尚存世，年逾八十。"弘治丙辰，从盛长益贤，深念同气一体，不相见者数世，闻世父尚岿然，且八十余。乃驾舟乘风省于东光，又友其弟于官署，居再逾月，起处言笑，蔼然骨肉之谊，不自知其万里之遥，七十余年之阻也。"⑤ 廖纪在纪念祖母的祭文中写道："迩者弟彦，来自海南；省纪于京，伏念祖妣。"⑥ 明代从海南水陆兼程，需要数月之久方可到达，陆路需要年余，而且在京城与东光盘桓月余，唯有经济实力雄厚的商人有条件实现如此长途的旅行。

商医、卜巫均为古代的贱业，身为商人的廖瑄以商人的眼光为廖纪选择职业，"命读医卜书"。廖纪跪曰："此末技耳，非丈夫事也……淡庵异之，听习举子业。"⑦ 可见，廖瑄对从事商业并不排斥，这从另一侧面证明廖氏世代经商的事实。另，廖瑄在东光的一些行为同样可以证明其为商业成功人士。"景泰间，东光饥疫大作，殍夫枕野，公率家人为掩其骸。邻有不能葬者，为市棺具。称贷不能偿者，潜焚其券。家人有以市量鬻粟者，公亟命毁之，曰：'人饥若此，尔乃乘时罔利耶？'闻者称服。尝有男子夜

---

① 参考杨正泰《明代国内交通线路初探》，《历史地理》1990 年第 7 期，第 96—108 页。
② 《康熙东光县志》卷七《人物·义行》。
③ 《国朝献征录》卷二十五之李时《光禄大夫少保兼太子太保吏部尚书赠少傅廖公纪墓志铭》，第 1028 页。
④ 叶显恩在廖纪文化研究会成立大会上的发言稿。
⑤ [明] 石珤：《熊峰集》卷六《送廖君从盛还海南序》，文渊阁四库全书本。
⑥ [明] 唐胄：《正德琼台志》卷二十七《寺观》，天一阁藏明代方志选刊。
⑦ 《矫亭存稿》之续稿卷九《大司马龙湾廖公传》。

醉僵卧雪中，公命畀于家，家人曰：‘不知其人氏，且不测，恐以祸。’公曰：‘吾知活人耳，他非所计也。’其人竟不得死。童仆有窃粟者，家人欲穷治之，公曰：‘彼亦为衣食计耳，且其所得几何。’”[①] 这与东光当地传说廖纪父祖辈要饭到东光的故事大相径庭。

（三）廖纪的后代、姻亲情况及与书商安国的交游

1. 廖纪后代的考证

据墓志铭载，廖纪去世时有“子承恩，国子生，女四人，孙男女各一人”[②]。墓志铭是作于传主当代的作品，有关作者个人身世家庭的信息应该比其他记载更为准确。康熙《东光县志》卷之六·十一“荫补附”载，明廖承，以父纪荫工部侍郎，奏绩选入太学；廖铅，任新乡县丞。另卷之六·二十“例监附”载有廖镕。[③] 据万宁《廖氏族谱》载，廖镕系廖纪第三子，曾于东光县建三官庙，其后代返归故里居。但是从墓志的信息来看，《东光县志》的记载是有问题的。我们可以知道：廖纪只有一子，名廖承恩，受恩荫成为太学的荫生，按照明代的制度，其后经考试合格补官为工部侍郎；廖纪在去世时只有一孙，廖铅可能是其孙，任新乡县丞；按照古代取名习惯做法，廖镕亦可能是在廖纪去世后增加的孙了，曾于东光县建三官庙，其后代有返回海南者。

2. 姻亲情况

墓志铭载廖纪有四女。据《马氏家乘》和光绪《东光县志》记载，廖纪一女嫁给东光马家。据马氏《四世祖马杲墓志铭》记载，明永乐二年（1404）马氏家族由山西泽州陵川县迁至东光县城南十里，耕读传家，但举业并不兴旺。但马杲为人宽厚仗义，赢得了廖纪的钦佩，将女儿许配马杲之子马尧辅。“明马杲居城南马氏村，建茔宣惠河曲，已葬数墓，有随漕南人来茔内埋物去，及耕得骨灰器，乃知前为私葬也，众议毁之。杲奉其器于家，岁时代为祭祀。次年，南人来，以实告，还之。南人自惭，且感且谢，因指示葬法，报德焉。后夜闻撞门声甚急，出视，乃一马负金若干，直入院。杲守至平明，禀诸官，官限期以待觅主。期满无觅者，又禀诸官。官谓殆天赐也，命领金与马而归。厥后马自去。杲神其事，立马神庙于村首，至今犹存。时邑绅廖纪为女相攸，无可者，闻是事而善之，乃以女许配杲之子尧辅为继室，生汝松，以名臣著。”[④]

宣惠河源起河北省吴桥县王指挥村，向东北流经东光、南皮、孟村、盐山等县，

---

① 《康熙东光县志》卷七《人物·义行》。

② 《国朝献征录》卷二十五之李时《光禄大夫少保兼太子太保吏部尚书赠少傅廖公纪墓志铭》，第1029页。

③ 《康熙东光县志》卷七《人物·义行》。

④ 《光绪东光县志》卷十二《杂稽下》。

至海兴县汇入渤海湾，始挖于清康熙三十六年（1697），明代无此河，流经东光的当是大运河。文中提到漕运到此的南方人，是不可能通过宣惠河到此的，漕运走的是大运河。运河南来的漕帮人士无茔葬之地，去世之后被同仁偷埋在马氏茔地，神马送金或许是当地人或同族人深受马杲的义举所感动而编造出来的因果报应故事。廖纪或许联想到自己家族发生在大运河畔的被父祖时常追忆的北迁时的凄惨往事，而对马杲的义举所感动，遂与马杲结为儿女亲家。

廖纪之女嫁与马杲之子马尧辅为继室。马尧辅，字师皋，任官驿丞，是一个掌管驿站中仪仗、车马，主持迎来送往不入品流的小吏。但是他的儿子马汝松作为廖纪外孙，自然受到了廖家的良好家学熏陶，其能够蟾宫折桂与廖纪家族的栽培不无关系。马汝松得中嘉靖甲辰科进士，官至工部给事中，著有《疏论遗编》《清门先生诗钞》等著作，并于明万历四十六年（1618）创修第一编《马氏家乘》，为我们留下了明代北方世家大族的少见而弥足珍贵的谱牒学资料。马汝松之子马允登，隆庆辛未进士，历任山东齐河、河南安阳、沁阳令，官至湖广布政司右参政，其平反冤狱、漳河救灾、疏理月河、弹劾权贵载在史册，著有《弹章记略》，为世人称道。[①]

3. 与安国的交游

安国是明代无锡的巨富，但他并非一个满脑子铜钱的鄙商，而是一个有着文化战略的投资家。他对古董、版本颇有研究，他收藏的三种北宋拓本，是目前传世的最古版本。《无锡县志》载："安国，字民泰，富几敌国。居胶山，因山治圃，植丛桂于后冈，延袤二里余，因自号桂坡。好古书画彝鼎，购异书。又西林胶山，安氏园也。嘉靖中，安桂坡穿池广数百亩，中为二山，以拟金、焦。至国孙绍芳，即故业大加丹雘，与天下名士游赏其中，二百年来东南一名区也。"[②]

安国凭借巨量的财富和深厚的文化功底赢得了与朝廷显官的交好。廖纪在任职南京时与安国有过交往。廖纪在《送锡山安民泰北游南归序》提及安国为人，追忆了曾经与安国的交往。"君名国，字民泰，别号桂坡。居家孝友，处乡和睦，交友忠信。延师教子，以讲明道义。轻财好义，以延接四方贤士大夫。多积古经书子史若干卷，闻人有奇书，必重价购之。复置活字铜板，印行以传四方。时饥疫，出粟若干石、银若干两以赈济之，又推其余粟数千石以周乡之贫乏者，未尝取息。其为人制行多类此。余昔承乏南吏部，闻其家有活字板，托印邑志，书成送予。"[③]

---

① 穆国联：《沧州名门望族与文化世家》之《九科十进士，一门五乡贤：东光马氏家族》，中国文联出版社2012年版。

② ［清］叶昌炽：《藏书纪事诗》卷二《安国民泰》，北京燕山出版社1999年版，第577页。

③ ［明］安国：《东游稿》之附卷《北游赠言》；廖纪：《送锡山安民泰北游南归序》。转引自黄裳《关于安桂坡》，《读书》1993年第1期，第121—127页。

后安国进京游历，专程拜望了在京城任职的廖纪。上文即是廖纪送此次北游南归的送序。安国在《安桂坡游记》较为详细地谈到此事："予好游。虽历览吴浙名胜，而大观则末也。金台为我朝建都重地，观光之兴，未由率举。正德辛巳，南天卿龙湾廖公闻予家有活字板，间以《东光邑志》托予翻印，斯文礼通，遂成深契。越甲申，圣天子知公之才，起掌铨衡，居北署。乙酉之春，走使期会。龙湾又称吏侍温、孟、李三公，均有好古之雅，引为荆识，果辱优礼。"①

安国此次进京的路线是：游泰山后，过歌风台，至临清，从大运河北上，五月一日至东光县，后抵天津，随即入京，拜访了廖纪。他们的交往成就了印刷史、文化史上的一段佳话。明代正德年间用铜活字印刷的《东光县志》六卷，是我国唯一用铜活字印刷的地方志。

（四）廖纪与《漕运通志》

《漕运通志》是明代杨宏、谢纯共同撰写的一部关于漕运的史志，是研究大运河水运不可绕开的历史文献，其史料价值和对运河的开发利用参考价值可以说举足轻重。廖纪受到作者杨宏的委托，欣然为《漕运通志》作序。作者在序文中提道："丁亥秋，北上复命。竣事南还，登岸顾余。临别，出所修漕志而以序诿诸。余昔承之南京兵部，公佐南京后府，往来情好日笃，义难以不文辞。"除了二人的友好关系之外，还有两点作者并未提及。一是廖纪是任职南京，身居高位，虽南京留都的官员不比北京的同级官员，但有可能入阁，成为最高决策层的成员，该书资政的目的是很明确的；二是廖纪出生在运河岸边，从小看惯了来往于运河河面的漕船和民船，而且自己的家族就是沿着运河迁徙而来的，对运河的感情非同寻常，所以杨宏恳请廖纪为《漕运通志》作序，而且廖纪欣然提笔也就容易理解了。

廖纪在序文最初明确了杨宏和谢纯两人在该书的撰写出版中各自所起的作用。我们从序文中可以看到，杨宏是该书的最初的作者和出版该书的主要推动者。杨宏是武官，由荫补出仕，走的并非科举之路，在文字方面和撰述的规范方面并不十分内行，但是他非常谦虚，"不敢自是"，引进了进士出身的谢纯来润色文字，增补内容，可以说没有谢纯也就没有《漕运通志》的流传，谢纯的作用亦不可或缺。

廖序的主体部分是对明代漕运和运河做了全局性的纵向回顾。明成祖朱棣奠定了明代的漕运制度，减少了海运和陆运漕粮，确立了漕粮以河运为主的运输方式。朱棣定鼎北京后，加深了对江南粮食的依赖，因此强化了对漕运的管理，由都御史和总兵官一文一武两名朝廷大员总理此事："洪惟我朝，太宗定鼎于燕，改北平布政司为京

① ［明］安国：《北游记》，转引自黄裳《关于安桂坡》，《读书》1993年第1期，第121—127页。

师，国用取给漕运，以文武重臣各一员，总理之。”下有御史、侍郎催督，郎中、员外郎分理，漕运的管理组织体系初步建立。永乐年间漕运基本是两条线路：“一由江入海，出直沽口，屡遭风涛之险；一由江历淮，入黄河，达阳武，陆运至卫河，每病转输之难。”明朝初年元代开凿的会通河已经被黄河洪水冲毁，漕运只能走原来的隋代大运河路线，且水陆倒运，费时费力。

廖纪提到了明代大运河历史上两个著名的人物：宋礼和陈瑄。“工部尚书宋礼，奏开会通河。平江伯陈瑄，奏开清江浦，导湖水以达清口。自是东南之舟，由淮入徐，由徐入卫河，直抵通州，脱风涛而雀转输，漕运利便，储用充积。此诚国家万世之利也。”宋礼重开会通河。明洪武二十四年，黄河在原武决口，洪水冲毁了元代开凿的会通河，大运河漕运中断。永乐九年，工部尚书宋礼负责重新改造会通河，主要工程包括调整分水枢纽、疏浚运道、整顿坝闸、增建水柜等。其中调整分水枢纽是核心工程。元代引汶、泗水源入运河，选择南北分水点出现失误，任城并非理想的最高点，所以造成了分水南多北少的局面。宋礼采用乡老白英的建议，将分水枢纽改在戴村附近，将汶水余水拦引到南旺，注入运河。运河北段河道获得了更多的水源，通航能力大幅提高。永乐年间，江南漕舟抵达淮安后，不能北上直通淮河，必须登岸陆运过坝，越过淮河达清河北上，劳费其钜。永乐十三年，陈瑄采纳乡老建议，“自淮安城西管家湖，凿渠二十里，为清江浦，导湖水入淮，筑四闸以时宣泄。又缘湖十里筑堤引舟，由是漕舟直达于河，省费不訾”①。江南漕船从淮安直接到清江浦，既免除了陆运过坝之苦，又减少了许多风险。从此以后，大运河南北畅通，漕运的规模由此确定。永乐以后历代只是小修小补而已，“列圣因之百四十余年，中间水溢则泄之，岸崩则塞之，淤则疏之，浅则导之。随时酌处，存乎人焉耳。漕河如故，未尝有轻议改作者”。到了明武宗正德年间，漕政败坏。“逮至武宗末年，北劳边士，南征逆濠，经年驻驿，所费不赀，差催烦扰，蠹弊百出。漕政大坏，未有甚于此时也。”嘉靖即位以后，遴选高友玑总督漕运，杨宏任总运署都督同知，张奎任巡漕御史，三人勠力协同，较好地完成了岁额任务。廖纪在序文最后提出，漕运之事非一人一时所能完成，需要征粮、造船、操舟、河道等各方配合，他勉励各方尽心职事报效国家。②

廖纪所作的序文是研究运河史、漕运史的重要文献，他所阐述的史实虽不及《漕运通志》详赡，但是其对明代中期以前漕运历史的全局性勾勒颇具眼光，需引起史学工作者的足够重视。

---

① 《明史》卷一百五十三《陈瑄传》，第4207页。

② ［明］杨宏、谢纯：《漕运通志》之廖纪序文，明天一阁藏本。

（五）结语

中国由于地形地势的原因，河流多是东西走向，所以早期的中国历史多以东西交流为主，交流的地域也主要集中在关中、河北与中原地区，南北向的交流是局部的，邗沟、鸿沟是当时南北交流的见证。魏晋以后南北的交流日益频繁，曹魏六渠的开凿沟通了淮河、黄河，缔造了海河；隋朝炀帝在前人的基础上开凿了东部中国贯通南北的大运河，从此以后大运河成为中国南北沟通交流的大动脉，人员、物资的流动多仰赖于此。廖氏家族从南而北的迁徙历史，充分证明了这一点。文化交流多是沿着交通线进行的，大运河沿线两岸形成了文化带，随着人员的往来，文化也随之流动，廖纪与马氏家族、安国的交游无不体现出来，如果没有大运河哪来的南方的铜活字印刷北方的方志呢？大运河在国家政治经济文化中占据重要的地位，它又成为历代学者研究的对象。关于运河文化的研究很早就开始了，生于斯长于斯的廖家宰对运河的关注构成了运河文化的一部分，永远地与运河锁定在一起，成为运河研究的重要组成部分。

参考文献

［1］傅泽洪. 行水金鉴［M］. 文渊阁四库全书本.
［2］郦道元. 水经注［M］. 北京：中华书局，2013.
［3］班固. 汉书［M］. 北京：中华书局，1962.
［4］李之栋. 威县志［M］. 清康熙十二年刻本，1673.
［5］司马光. 资治通鉴［M］. 北京：古籍出版社，1956.
［6］陈寿. 三国志［M］. 北京：中华书局，1982.
［7］李吉甫. 元和郡县图志［M］. 北京：中华书局，2005.
［8］顾祖禹. 读史方舆纪要［M］. 光绪二十七年图书集成局排印本.
［9］徐坚. 初学记［M］. 北京：中华书局，1962.
［10］范晔. 后汉书［M］. 北京：中华书局，1965.
［11］乐史. 太平寰宇记［M］. 文渊阁四库全书本.
［12］刘昫. 旧唐书［M］. 北京：中华书局，1975.
［13］欧阳修. 新唐书［M］. 北京：中华书局，2003.
［14］王溥. 唐会要［M］. 北京：中华书局，2017.
［15］陈寿. 三国志［M］. 北京：中华书局，1964.
［16］李贤. 明一统志［M］. 上海古籍出版社，2003.
［17］穆彰阿. 大清一统志［M］. 上海：上海古籍出版社，2008.
［18］杨守敬. 水经注疏［M］. 北京：中华书局，2014.

［19］沈括. 梦溪笔谈［M］. 上海：上海书店出版社，2003.
［20］陶元珍. 三国食货志［M］. 上海：商务印书馆，1935.
［21］李昉. 太平御览［M］. 北京：中华书局，1960.
［22］佚名. 历代法宝记［M］. 北京：中华书局，2005.
［23］魏徵. 隋书［M］. 北京：中华书局，1997.
［24］杜宝. 大业杂记［M］. 西安：三秦出版社，2006.
［25］顾炎武. 肇域志［M］. 上海：上海古籍出版社，2004.
［26］冯继照.［道光］修武县志［M］. 清道光十九年刻本，1839.
［27］宋濂. 元史［M］. 北京：中华书局，1976.
［28］王安石. 临川文集［M］. 文渊阁四库全书本.
［29］王瓘. 北道刊误志［M］. 北京：中华书局，1991.
［30］脱脱. 宋史［M］. 北京：中华书局，1977.
［31］王存. 元丰九域志［M］. 北京：中华书局，1984.
［32］徐松. 宋会要辑稿［M］. 北京：中华书局，2014.
［33］吕颐浩. 燕魏杂记［M］. 北京：中华书局，2013.
［34］曾公亮，丁度. 武经总要［M］. 文渊阁四库全书本.
［35］杜佑. 通典［M］. 北京：中华书局，2003.
［36］确庵. 靖康稗史［M］. 北京：中华书局，2010.
［37］脱脱. 金史［M］. 北京：中华书局，1975.
［38］陆容. 菽园杂记［M］. 北京：中华书局，1985.
［39］邱浚. 大学衍义补［M］. 北京：京华出版社，1999.
［40］曹学佺. 石仓历代诗选［M］. 上海：上海古籍出版社，2003.
［41］于敏中. 日下旧闻考［M］. 北京：中华书局，1981.
［42］苏天爵. 元朝名臣事略［M］. 北京：中华书局，1996.
［43］沈敬宗. 御定骈字类编［M］. 上海：上海古籍出版社，2003.
［44］焦竑. 国朝献征录［M］. 扬州：广陵书社，2013.
［45］方鹏. 矫亭存稿［M］. 济南：齐鲁书社，1996.
［46］唐胄. 正德琼台志［M］. 海口：海南出版社，2006.
［47］张廷玉. 明史［M］. 北京：中华书局，1974.
［48］白为玑，冯樾.［康熙］东光县志［M］. 清康熙三十二年刻本，1693.
［49］石珤. 熊峰集［M］. 上海：上海古籍出版社，2003.
［50］唐胄. 正德琼台志［M］. 海口：海南出版社，2006.

［51］叶昌炽. 藏书纪事诗［M］. 上海：上海古籍出版社，1989.

［52］杨宏，谢纯. 漕运通志［M］. 北京：方志出版社，2006.

［53］史念海. 河南浚县大伾山西部古河道考［J］历史研究，1984（2）.

［54］吴忱. 华北平原古河道研究［M］. 北京：中国科学技术出版社，1991.

［55］河北水利厅. 河北省水利志［M］. 石家庄：河北人民出版社，1996.

［56］金宝祥. 隋史新探［M］. 兰州：兰州大学出版，1989.

［57］于德源. 北京隋唐五代历史资料汇编［M］. 北京：北京燕山出版社，2016.

［58］岳升阳，苗水. 北京城南的唐代古河道［J］. 北京社会科学，2008（3）.

［59］林日举. 历明三朝的官员廖纪［J］. 海南师范大学学报（社会科学版），2012（9）.

［60］杨正泰. 明代国内交通线路初探［J］. 历史地理，1990（7）.

河北省运河沿岸文字资料整理与研究[①]

河北大学调研组　刘青松　执笔

本文的河北省运河沿岸指的是沧州、衡水、廊坊沿京杭运河的三个地级市。本报告旨在对运河沿岸三地历代文字资料如碑刻、墓志、经幢、木刻等出土文献中的汉字进行调查研究，阐明其特殊的文字、文献、艺术价值，为京津冀语言文字事业协同发展政策调整提供理论依据和借鉴。

河北省运河沿岸地区出土文字资料数量众多、载体各异，有神道碑、墓志铭、墓砖、造像、经幢、供养碑、地莂、砖、瓦、印章等多种载体。这些石刻文物具有较高的历史、艺术、文字价值，是研究河北省运河沿岸文字、书法、宗族、宗教的重要参考资料。本文材料以《衡水出土墓志》《沧州出土墓志》《廊坊石刻萃编》为主。《衡水出土墓志》收录碑铭 100 通，《沧州出土墓志》收录碑铭 108 通，《廊坊石刻萃编》收录碑铭 78 通。河北省运河沿岸较有影响的碑志大都收于其中。此外，我们还参考了《献县墓志铭钩沉》《任丘金石文征》《河间金石遗录》等著作。从 2017 年 4 月至今，笔者走访了沧州、衡水、廊坊市区文保所，沧州文庙，廊坊“碑碣苑”，并与当地文保所负责人、收藏家进行座谈。在郑广彩先生的带领下，笔者在献县、大城、河间、任丘、饶阳一带进行田野考察，力图对河北省运河沿岸文字资料有更加全面的了解。

一、河北省运河沿岸文字资料的保存与研究现状

河北省运河沿岸文字资料丰富。近年来，虽然各地市除了对历史遗留问题进行反思、弥补之外，还对出土文字资料进行整理研究，建立了一批博物馆，出版了一系列书籍、图版，但是各地市在文物资料保护、科研方面依然存在进一步提升的空间。

---

① 本文在写作过程中得到廊坊市文物管理处杨光先生、献县文保所吕永森先生、任丘市图书馆马合意先生的大力支持，特此致谢。

（一）河北省运河沿岸文字资料的保存现状

河北省运河沿岸文字资料种类繁多，但受“文革”的影响，破坏严重。新时期，各级政府对受损文物或资料做了不同程度的保护与修复，但境况依然不容乐观，许多文字资料濒临消失。历史资源的不可再生性决定了任何先毁坏后保护的措施都是不可取的。而且，由于地方政府观念上的轻视，依然有很多文字资料处于散乱的状态，随时都有可能消失。除了历史原因之外，各地文物偷盗之风大盛，严重损害了出土文献的质量。

1. 风格多样、种类繁多

河北省运河沿岸文字资料种类繁多，有神道碑、墓志铭、墓砖、造像、经幢、供养碑、地萠、砖、瓦、印章等多种载体，如君子砖、北魏邢峦墓志、张之洞墓志、隆福寺《佛顶尊胜陀罗尼经》经幢拓片等，如图 1—图 5 所示。

图 1　东汉君子砖（任丘市）

图 2　大唐故高士荥阳郑府君之碣（廊坊市）

图 3　唐墓砖（献县）

图 4　明单桥护栏（献县）

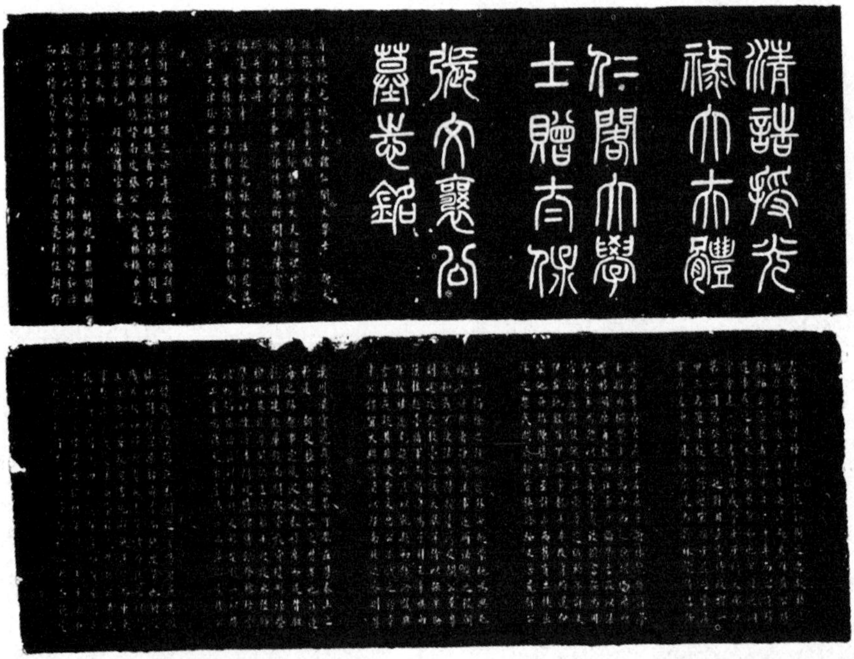

图 5　清张之洞墓志铭（南皮县）

此外，宗教碑刻也是运河沿岸文字资料的重要组成部分。天主教献县教区是罗马天主教在中国河北省东南部设立的一个重要教区，素有“华北第一堂”之称。教堂墓地坐落在云台山（汉墓）北面，墓园正中主碑镌刻“献县教区传教先贤纪念碑”字样，四周围墙镶嵌着修整过的各国传教士墓碑，包括著名的步天衢、马泽轩、刘钦明主教等，碑文字体既有横书的拉丁文，也有直书的汉字，中西结合，极具特色，如图 6 所示。

图 6　献县天主教堂柯德烈修士墓碑

沧州是重要的穆斯林聚居区，沧州清真北大寺、泊头清真寺都是重要的穆斯林朝觐地。献县穆斯林还出现了马本斋这样的民族英雄。笔者在献县本斋乡清真寺还发现了几通民国时期记载清真寺发展的碑文。

2. 历史原因，毁坏严重

20 世纪中叶，在“破四旧”的呼声中，很多大族碑林被毁，碑碣被用来做地基或铺路石，甚至被砸毁。这些历史遗留问题在今天偶有矫正，但依然有很多石刻文献材料散落草野，没有得到应有的保护，如图 7—图 9 所示。

图 7　三河市石碑村村北耕地中深埋于地中的汉白玉石碑（金）

图 8　献县单桥残损的石碑（明）

图 9　沧县北村纪昀墓神道碑（清）

观念上的轻视使一些珍贵的墓志材料正在流失，如《献县墓志铭钩沉》存录《前秦杨□□墓志铭》一方，仅有简单志文十余字。采访纪要云：

> 2003年9、10月间，献县临河村民宋国宗耕于村边取土之田，忽遇物阻犁，掘之，得二砖相叠。砖长约60厘米，宽约40厘米，厚约10厘米。覆于上者无字，遂弃之；承于下者有字，作隶书，共三行，行字不等。国宗未识何物，引同村宋毅兵、杨增华、张洪超同观，皆不能卒读。毅兵见有“皇始元年”四字，……嘱国宗善为保存。后国宗曾持此砖至张洪超家，问张收藏否，因张无意，遂委之沟渠，不知所终。越十年，毅兵以此事告朱惠民，复访于同观者，依其记忆，得大致如此。①

3. 人为原因，文物大量流失

近年来，受经济至上风气的影响，加上各大媒体“鉴宝”“寻宝”等栏目的推波助澜，文物偷盗之风严重，文物流失境况堪忧。尽管各地都安装了摄像头，但大多保护不力，尤其是夏秋之际，草木葱茏，正是文物被盗的高峰期，许多文字资料被盗走，甚至被就地毁坏。例如，前几年笔者还看到的竖立在牛氏墓地的牛鸾墓碑，2014年被盗走，碑座及碑额部分，仅剩下一截，现保存在献县文保所。

4. 各地保护措施有待加强

针对上述情况，地方各级政府采取了一系列措施，如沧州市将各种文字载体如神道碑、碑志、墓志等统一安放在文庙各个殿庑、中庭，以供观瞻。2012年竣工的廊坊市“碑碣苑”，占地面积870平方米，修复并安放石刻文物32件（组），其中包括国家二级文物4件、国家三级文物9件、省级文物3个。② 任丘博物馆将墓志、拓片陈列于其中，供人观赏。这方面献县单桥可以作为先进典型。单桥是国家重点文物保护单位，县政府组织人力将单桥上所有的文字、雕像都由专业人士做了认真的拍照、拓片，且在科学出版社出版《献县单桥》一书，可以说是文物保护的有力之举。

近年来，随着文化事业的进步，各地区逐渐重视出土文献的搜集、整理、保存，沧州、衡水、廊坊三地都有所贡献，如王玉芳、孟繁峰、刘超英主编《沧州出土墓志》（科学出版社2007年版），衡水市文物局主编《衡水出土墓志》（河北美术出版社2010年版），杨光主编《廊坊石刻萃编》（中国文联出版社2017年版）。

某些学者出于对家乡的热爱，也做了不少这方面的工作。如献县朱惠民先生早在

---

① 朱惠民：《朱惠民集》第七卷《献县墓志铭钩沉》，花山文艺出版社2016年版，第7页。

② http://www.xinhuanet.com/politics/2012－11/23/c_123991715.htm.

1999年就整理了《献县翰苑知见录》，搜集了献县大量碑刻资料，但由于资金问题，只能作为内部资料刊行；后经过整理，成为《献县墓志铭钩沉》，于2014年作为内部资料刊行；2017年作为《朱惠民集》中的一册，正式由花山文艺出版社出版。田国福主编《河间金石遗录》，2008年由河北教育出版社出版。马合意整理的《任丘金石文征》2012年由沧州区域文化研究所内部刊行。这些著作中以马合意的《任丘金石文征》水平最高，除文字识别外，此书考证墓主、篆额、书丹者身份尤详，且于碑志前有按语，详细记载了所得碑志之来龙去脉。如记挖掘东汉“孝子孙”铭文砖之状：

二〇〇五年春，余偶得东汉残砖一块，宽二十厘米，长度不详。正面为细绳纹，宽侧面有汉篆阳文大字“孝子孙”三字，“子”字上下皆有横格，余为素面。后知其出土于任丘市青塔乡百尺村东南一汉墓中。二〇〇六年春，余往寻之。此地为乡人所遗取土坑，长、宽约五十米，深约三米，十数汉唐残墓，星散于杂草蓬蒿中。此墓位于坑中偏东，已被盗掘，仅存绳纹砖平铺墓底，周边散落数块连线纹及乳钉纹残砖。以手刨周围松土，得“孝子孙”残砖三块，“孝”字皆残损，“子”字上下无横格，余无所见，悻悻而归。同年秋，余闲逛新世纪商贸城旧货摊，惊见“孝子孙”铭文砖一块置摊上，完整坚实，敲之铿锵，心中喜甚，遂议价购之。卖主乃高阳旧城人，据其所云，“孝子孙”砖已悉数被其挖去，然只此一块完好，余皆残损不堪。①

又记为任丘市文保所购买明张贵墓志之状：

八十年代初，出土于任丘市医院西北面，存于城中某家。二〇〇〇年春，任丘南关张保刚先生（今已故）告知，余即往购。曲巷深邃，花甲夫妇，余深恐言明来意，反遭拒绝，因极言酷喜家乡文献，意欲抄此文字。老妇坚执不肯，恐将全文抄走，此石便毫无价值。幸其女开明，极力劝导，才得抄录。数月后又往，微探购石之事，然其意甚宝之，终以价格低廉而未果。余乃托张保刚先生前去说破，极言墓石乃无用之物，并云志文已抄去，更无价值可言，仅废石而已。二老心动，不执前言，遂议价百元。余知而急趋，与其商定，反身雇车载运，孰料老人毁约，门已紧闭。情急之下，乃登墙呼之，老人无奈，只得开门听余所为。此举虽有失忠厚，然亦别无他法，否则将坐视乡邦文献饱受风雨剥蚀，以致没灭，

① 马合意：《任丘金石文征》，沧州区域文化研究所2012年，第3页。

于心何忍！墓志今藏任丘市文物保护所。①

由此可见地方学者保护相关文物之苦心。

地方政府对文字资料的支持力度有待进一步加强。如上述许多碑碣依然被随意放置在田间地头，即使被整理起来的碑志，也只是在文物部门简单地放置，并未发挥其价值。献县文保所所长吕永森先生认为，要使出土文物得到保护需做到以下三点：第一，禁止出土文物私有化；第二，严厉打击伪造文物、扰乱文物市场的行为；第三，政府加大支持力度。地方政府对文化事业的资助支持很大程度上取决于领导的个人喜好，没有制度的保证。比如某领导关注文化，在职期间会对文化事业有较大力度的扶持，但当该领导去职后，新任领导可能对此不闻不问，以致许多文化项目就此搁浅。这方面献县、河间、任丘虽差强人意，但依然有待改进。

（二）河北省运河沿岸文字资料的研究现状

近年来，运河沿岸三地在出土文字资料的搜集方面取得了一定的成就，并出版了不少专著，但从学术角度上看，其无论在深度和广度上，都存在一些不足之处。

1. 资料收集存在“地方主义”

此处的“地方主义”指的是同一出土文字材料，在好几个县的资料中均予以著录，或者将本地出土文字材料与跟本地名人相关的出土文字材料相混。这些重复收录、混淆“出土”与“相关”的现象，出自有关部门或个人对家乡的热爱，是可以理解的，但作为学术著作，则有体例不明之嫌，且重复劳动，造成了人力、物力的浪费。

（1）同一出土文字材料，好几个县的资料中均予以著录。

如北魏太安五年（459）邵远冢砖铭和东魏兴和三年（541）范思彦砖铭，出土于献县，同时收录于《河间金石遗录》《献县墓志铭钩沉》。这是由历史原因造成的，“河间”本系历史概念，汉置河间国，其都城在今献县境内。后河间、献县分治，故汉魏以前有“河间”字样的碑铭，河间、献县均视为己有。北魏延昌四年（515）的《邢峦墓志》《邢伟墓志》，20世纪中叶出土于河间，同时收录于《河间金石遗录》《任丘金石文征》，因为墓主均为“河间鄚人”。“鄚”即任丘之鄚州（今属雄县），故河间、任丘均将此志视为己有。

（2）本地出土文字资料与本地名人文字资料不分。

本地出土文字资料即出土于运河沿岸三地的文字资料，无论与之相关的人物是否属于该地区。与本地名人相关的文字资料，则是本地名人无论在家乡还是在外地留下

① 《任丘金石文征》，第78页。

的出土文字资料。前者自然属于本地出土文字资料，后者则不应当划入这个范围。如北魏景明元年（500）《元荣宗墓志铭》，出土于河南洛阳，见收于《献县墓志铭钩沉》，原因是荣宗乃前河间王定之长子。北魏建义元年（528）《元廞墓志铭》，出土于河南洛阳，见收于《河间金石遗录》，原因是元廞尝官瀛州（今河间）刺史。唐贞观八年（634）《邢弁墓志》，出土于河南洛阳，见收于《任丘金石文征》，原因是邢弁乃鄚州邢邵（子才）后人。

并非与本地名人相关的出土文字资料不能整理研究，而是在体例方面需要予以说明，或分为两部分，或以另一种书的形式出版，如“沧州出土墓志”“衡水出土墓志”这样以某地出土为界线的标题，就避免了这些问题。

2. 研究深度有待进一步深入

《沧州出土墓志》《衡水出土墓志》《献县墓志铭钩沉》《河间金石遗录》《廊坊石刻萃编》等资料，由于时间、人力的不足，无论在材料搜集方面还是在文字释读方面，尚存在一定程度的失误，而且对文字系统的研究几乎是一个空白。

《沧州出土墓志》直排，用“┘”表示满行，将异体字转为通行字，加以句读，以便阅读，但在录文过程中出现不少错误。李哲有《〈沧州出土墓志〉南北朝至隋唐部分录文校正》可参考，此不赘述。以下我们将《衡水出土墓志》《廊坊石刻萃编》的文字失误略做指出，以备研究者参考。

（1）《衡水出土墓志》文字失误举例。

《衡水出土墓志》直排，用“┘”表示满行，照录原文，将一些俗写字照录原文，对漫漶不清的字用“□”表示，不加句读，似乎可以避免《沧州出土墓志》类似的错误，但在处理过程中也难免一些错误。如《衡水出土墓志》之《北魏故持节平东将军冀州刺史渤海定公封使君墓志铭》：

①“其先粤自□阳，是迁河朔。”

按：其中“□”为“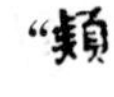”字，乃是“颍”字俗书，“颍阳”即今登封颍阳镇。

②“遣缙绅一人，驰驷往祷。”

按：“驷”，拓本作“”，乃是“馹”字，《说文·馬部》：“馹，传也。”即传车。“驰驷往祷”即驾传车前去祈祷。

③“揽□驰风，褰帷树政。”

按：“□”为“”字，乃是“辔”字俗书，“揽辔”为典故词，指履任有澄清之志，出自《后汉书·范滂传》：“时冀州饥荒，盗贼群起，乃以滂为清诏使按察之，滂登车揽辔，慨然有澄清天下之志。”

这几个字周铮《封魔奴墓志考释》（1991）、赵超《汉魏南北朝墓志汇编》（2008）

已认出，但《衡水出土墓志》并未后出转精。而且此书存在体例不一的地方，如《魏故侍中司徒尚书左仆射封公墓志铭》“绵爪播于上志，英声被于中古”中的“爪”字拓片作“”，实为“瓜”，如果按图录字，本不为错，但同一文中“毛面猬起”，“猬”拓本作“”，并未录作“蝟”，而是写作了它的通行字“猬”。类似体例问题是应当特别注意的。

（2）《廊坊石刻萃编》文字失误举例。

《廊坊石刻萃编》横排，用“┘”表示满行，不加句读，录文用简体字，有些文章的释文比《全隋文补遗》的水平要高，但在某些过于专业的知识方面尚有欠缺。

①《解盛墓志》：“府君宴喜，悠游自是。纨素被服，金丹弗沃。俄征刈兰，奄悲埋玉。”其中的“是”拓本作“”，是“足”字，且“足”（屋部）、“沃”（药部）、“玉”（屋部）上古音近，可通押，若为“是”字则不押韵。

②《解盛墓志》：“空瞻迥墓，只见丛杨”之“丛（叢）”字拓本作“”，当是“萧”字。此语出自《古诗十九首·驱车上东门》：“驱车上东门，遥望郭北墓。白杨何萧萧，松柏夹广路。下有陈死人，杳杳即长暮。”

③《故章武郡主簿解君妻张墓志》“频繁蕴藻之菜”之“频繁”拓本作“”，是“蘋蘩”。此语出自《左传·隐公三年》：“蘋蘩薀藻之菜……可荐于鬼神。”

可见石刻文献的整理不是简单的文字录入，其中涉及更深层次的文字、音韵学的知识在内，不能忽视。

3. 研究广度需进一步拓宽

对运河沿岸三地出土碑志的研究大致分为三个方面。第一，对出土碑志的介绍，如张季的《河北景县封氏墓群调查记》（《考古通讯》1957 年第 3 期）、刘化成的《河北廊坊市大城县出土四方隋唐墓志》（《考古》2000 年第 10 期）。第二，对墓主社会关系的考辨，如周铮的《封魔奴墓志考释》（《北朝研究》1991 年第 1 期）、田卫冰的《明衡水义官赵公妻王氏圹志拓片考略》（《衡水学院学报》2014 年第 3 期）、王文书的《明代衡水赵应龙传略——兼论墓志铭的史料价值》（《衡水学院学报》2014 年第 6 期）、刘青松的《〈戈鏻墓志铭〉考索》（《沧州师范学院学报》2017 年第 4 期）。第三，对出土碑志文字的整理、校订，如吕冬梅、田燕萍的《廊坊近年出土的隋唐墓志》（《文物春秋》2002 年第 3 期）、李哲的《〈沧州出土墓志〉南北朝至隋唐部分录文校正》（《保定学院学报》2017 年第 2 期）。这些研究各有特色，但对于运河沿岸三地出土的大量土文字资料来说，尚有进一步拓展的空间。

当地也应当对本地出土文字资料进行全面的研究，因为文字资料出土地与当事人关系最为密切，具有天然的有利条件，本地人进行研究可以避免外界从文字到文字的本本主义式考察。

二、河北省运河沿岸文字资料的价值

河北省运河沿岸出土文字资料数量庞大、载体多样、内容丰富，其中大量的俗字是文字学研究的资料来源，大量的文章为文献的搜集、校勘提供了重要的文本，多位著名书法家的作品，为我国的艺术宝库增加了新的色彩。因此，运河沿岸三地出土文字资料具有巨大的文化价值。

（一）河北省运河沿岸文字资料的文字学价值

河北省运河沿岸出土文字资料的文字学价值主要体现在唐前碑志的俗字方面。运河沿岸三地编纂的《沧州出土墓志》《衡水出土墓志》《廊坊金石萃编》所收唐前碑志共 68 通（其中《沧州出土墓志》28 通，《衡水出土墓志》32 通，《廊坊金石萃编》8 通）。

唐代以前文字的特殊性在于：当时雕版印刷尚未普及，文字的形体存在相当大的灵活性。这些活的文字资料并未完全收录于官方的权威字典，因而文字史的研究在这方面存在一个缺口。而其中大量疑难字，是古籍阅读中难以逾越的障碍，对其进行正确的辨认、识读，对文献解读具有重要的辅助意义。唐代以后的文字尽管较唐前规范，但作为民间用字，属于规范文字变体，也可以为文字规范提供相应的参照。

1. 字形价值

我们以《衡水出土墓志》之《魏故持节平东将军冀州刺史渤海定公封使君墓志铭》为例，考察其中俗字的价值：

（1）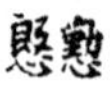。“殷勤”的“殷”字正字作“慇”，墓志中保存的是本字，而下面的“勤”受它的影响，增加了形符“心”，反映了类化俗字产生的过程。

（2）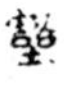。“壑”字从“𣦼”从“谷”从“土”会意，在该墓志中变为从“土”、“豁”声的形声字，以便于识别。又，例（1）中的“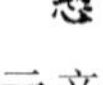”字，由从“力”、“堇”声变成了从“心”、“勤”声，反映出当时构件“堇”的示音功能降低，文字本身做出了调整。这些变动反映了文字形声化的趋向。

（3）。“海”本为左右结构，该墓志中一律做上下结构。按：汉字的方块外形决定了左右结构更适合其构造，因此，左右结构是汉字的主要结构方式。魏碑中将左右结构变为上下结构的现象反映了这一时期的审美趣味。

其中的某些俗字可为新中国成立后的简化字提供理据。自 1956 年《汉字简化方案》公布推行以来，简化字得到了广大人民群众以及国际社会的认可，但仍有一小部分人出于文化保守的原因，对此提出异议，认为这是人为的简化。近年来，某些政协委员甚至提出恢复繁体字的议案。实际上，简化字大部分都有历史渊源，只有小部分是新创造的简化字。河北省运河沿岸出土的碑志文字可以为简化字提供有力的佐证。例如《魏故侍中使持节骠骑大将军太尉公尚书令冀州刺史广平文懿王铭》（衡）中的“礼”“万”“号”诸简体俗字，“礼”作为“禮”的异体俗字，见于《说文》古文，汉碑、魏碑中已大量使用。“万”作为“萬”的异体俗字，最早见于战国印玺，收于南北朝时期的字典《玉篇》。《魏故镇远将军中部太守封君之志铭》（沧）亦有“礼”“万”诸形。据《说文》，“号”本为号哭义，“號”为名号义，但在汉碑《武梁祠画像题字》中就有以“号”代“號”的现象，本墓志“处嶷号神，在童称圣”，显然是“称号”之义。又，《魏故车骑大将军瀛州刺史平舒邢公墓志》（沧）中有“属”字，“属”作为“屬”的异体俗字，最早见于汉碑，收于《玉篇》。这些简体俗字未必于沧州、衡水、廊坊碑志首见，但它们在魏碑中的大量使用，为现行简化字的合理性提供了强有力的证据。

2. 文字史价值

我们以《衡水出土墓志》之《魏故持节平东将军冀州刺史渤海定公封使君墓志铭》《魏故侍中使持节骠骑大将军太尉公尚书令冀州刺史广平文懿王铭》为例，考察文字史的发展过程。

（1）《魏故侍中使持节骠骑大将军太尉公尚书令冀州刺史广平文懿王铭》中的“有”（“有”，小篆作“有”）、“不”（“不”，小篆作“不”）、“響”（“響”，小篆作“響”）诸字依然保留着明显的小篆楷化的痕迹，反映了魏碑用字的保守性。而“金”“銘”“鍾”诸字则“金”（小篆作“金”）旁，无论是作为单字还是作为偏旁，都保持了较高的一致性，反映了魏碑中文字结构尚具有一定的系统性。

（2）《魏故持节平东将军冀州刺史渤海定公封使君墓志铭》中有“都”“郡”“邦”“郎”“鄉”等“邑”部字。小篆中的“邑”部，在楷书简化后变为右“阝”，这个变化在汉代的隶书中已经大量存在。该墓志中“都”“郡”“邦”“郎”等字均保留了小篆的楷化字形，但该志中的“鄉”（小篆作“鄉”）字右边的“邑”却简化为“阝”，反映了偏旁在使用过程中的不平衡性。

河北省运河沿岸文字资料以隶、楷为主，献县出土的《故人郭府君墓志》、故城县文保所藏《大周故宣义郎行忠州南宾县丞张公墓志铭》中有武周新字，如〇（星）、𠥱（月）、𠀑（天）等，这也为武周新字的研究提供了重要的材料支持。

（二）河北省运河沿岸文字资料的文献价值

运河沿岸的居民大多为明代遗民，因此明清碑刻的研究对加深地方历史人物、事件的挖掘有重要的意义。明清时期，作为畿辅重镇，衡水、沧州、廊坊涌现出了一大批著名的历史人物。墓志的出土，丰富了人文研究材料。这些材料分为两类。一是名人碑志。如明末清初著名画家戴明说家族的墓志存放于沧州文庙；纪晓岚墓神道碑“文革”时被砸成数块，现在重新修复，竖立在墓地。二是名人所作、所书碑志。如献县刘书年墓志为张之洞所作；纪晓岚为兄所作《纪晴湖墓志铭》（沧州沧县出土）为著名书法家刘墉书；纪晓岚为其岳父马永图所作《皇清敕封儒林郎原任山东成武县知县旭亭马公暨原配邢安人墓志铭》（衡水出土）乃著名学者钱大昕书丹；《纪昭墓志铭》（沧州沧县出土）为著名书法家翁方纲撰文并书丹。此类碑志的价值分为以下几种：

1. 纠正传世史料、认知之误

某些碑刻的出土可以解决传世文献的错误及不足，如《畿辅诗传》《献县志》《续修四库全书总目》等书并载献县诗人“戈涓”有《追逋集诗钞》四卷，但查阅戈氏资料并无“戈涓”其人。我们走访献县淮镇东南村戈氏先茔后发现有“戈涢”墓碑，又到社科院文学研究所资料室找到《追逋集诗钞》，作者正是戈涢，所有的证据证明“戈涓”乃是“戈涢”之误。纪昀在《阅微草堂笔记》中数次提到的“戈孝廉仲坊”即其人也。

纪昀记载过乾隆年间献县出土唐代碑志的状况，《阅微草堂笔记》卷十《如是我闻》四：

> 乾隆己卯庚辰间，献县掘得唐张君平墓志，大中七年明经刘伸撰。字画尚可观，文殊鄙俚。余拓示李廉衣前辈，曰：“公谓古人事事胜今人，此非唐文耶？”天下率以名相耀耳。如核其实，善笔札者必称晋，其时亦必有极拙之字；善吟咏者必称唐，其时亦必有极恶之诗。非晋之厮役皆羲、献，唐之屠沽皆李、杜也。西子、东家，实为一姓；盗跖、柳下，乃是同胞。岂能美则俱美，贤则俱贤耶？赏鉴家得一宋研，虽滑不受墨，亦宝若球图；得一汉印，虽谬不成文，亦珍逾珠璧。问何所取，曰：“取其古耳。”东坡诗曰：“嗜好与俗殊酸咸。”斯之谓欤？①

在这个笔记中，纪昀表达的是对一味崇古的批评。他认为唐代文学是一个巅峰，但那时也有很差的文章，比如《张君平墓志铭》。但纪昀认为《张君平墓志铭》在格式

---

① ［清］纪昀：《阅微草堂笔记》，《续修四库全书》1269 册，上海古籍出版社 2002 年版，第 156—157 页。

上有可取之处，他在给亡侄纪理含夫妇作墓志铭时，专门提到此志：

> 尧峰先生有与友人书曰："志铭草就，即附上，傥即刻石，篆盖及志文首行宜但云'某衔某府君'，慎勿加'暨元配某孺人'字，此近世无识者所为。凡唐、宋、元诸大家皆无之，前明成、宏以上亦然。盖女子从夫，故祭曰'祔食'，葬曰'祔葬'。凡祔食者唯立男尸无女尸，亦此义也。"余考唐刘伸志张君平墓，首行题"清河郡张府君夫人安定郡胡氏合祔墓志铭"，则此例不始于明季，然单文孤证不足为凭，究以汪氏为定论，余作志文皆从其例。今志亡侄理含墓，乃竟夫妇并列者。[①]

纪昀认为，夫妇合葬墓志仅见于献县出土的《清河郡张府君夫人安定郡胡氏合祔墓志铭》，且属于"单文孤证"。但后来出土资料证明，夫妇合葬墓志甚多，仅运河沿岸三地所见的碑志就有《唐故刘府君夫人合祔墓志铭》[②]《大唐故冀州留后官陇西李府君夫人谯郡曹氏合祔墓志铭》[③]《唐故张公夫人成氏合祔墓志铭》[④] 等。

2. 搜集轶文

墓志之作或为应酬之作，有些作者并未当成"文"来看待，因而未收入文集。或者作者生前未整理过文集，后人编订诗文集有所遗漏。但作为全面的研究，是必不可少的资料。这些碑志对河北省历史人物的研究、钩沉具有相当大的文献价值。以下略举数例，以见出土文字材料对当地名人研究的文献价值。

(1) 刘果实及其交游。

民国二十一年《戈氏族谱》有《皇清敕授儒林郎山东道监察御史实斋戈公暨配敕封安人张氏合葬墓志铭》，作者是"赐进士出身翰林院编修前清书庶吉士文林郎同郡年家姻眷弟"刘果实。刘果实（1657—1728），字师退，号提因，沧州人，康熙十八年己未（1679）进士，长于《周易》，受知于安溪李光地。[⑤] 有《提因太史遗稿》一卷，存古今体诗数十首。其文今不传，赵执信谓其诗文"诙诡雄辩，非薄迂儒不可以法度求之"[⑥]，纪昀《阅微草堂笔记》多载其轶事，谓之"襟怀夷旷，有晋人风"[⑦]。此墓志铭

---

① ［清］纪昀：《皇清国子监生纪理含暨元配旌表节孝张氏墓志铭》，见沧州市文物局《沧州出土墓志》，科学出版社 2007 年版，第 210 页。

② 衡水市文物局：《衡水出土墓志》，河北美术出版社 2010 年版，第 60 页。

③ 《衡水出土墓志》，第 64 页。

④ 《沧州出土墓志》，第 48 页。

⑤ ［清］梅成栋纂，卞僧慧、濮文起校点：《津门诗钞》，天津古籍出版社 1987 年版，第 707—708 页。

⑥ ［清］赵执信：《饴山诗集》卷十八，《清代诗文集汇编》210 册，上海古籍出版社 2010 年版，第 316 页。

⑦ 《阅微草堂笔记》卷九《如是我闻》，《续修四库全书》1269 册，第 126 页。

为刘果实轶文。墓主戈英（1633—1704），字育仲，号实斋，顺治十六年（1659）进士，以庶吉士授编修，改监察御史。以此为线索，查戈氏姻亲边汝元《渔山诗草》，发现书中有《戈侍御宅再晤刘师退先生》① 诗，由此可见刘果实的交游状况。

（2）边继祖及"河间七子"。

乾隆年间任邱诗人边继祖（1720—1775），字佩文，号秋崖，乾隆十三年（1748）进士，历官广东、湖北学政，有《澄怀园诗稿》四卷。族侄边连宝，"河间七子"之一。笔者在整理运河沿岸出土墓志时，发现边继祖文四篇：《赠兵部主事渔山边公墓志铭》②《皇清诰授招勇将军江西南安营参将又白苏公洎元配诰赠淑人李氏继配诰封淑人卢氏合葬墓志铭》③《皇清例授儒林郎州同知觐天舒公墓志铭》④《皇清例赠修职郎乐亭县教谕谥园戈公暨元配张孺人合葬墓志铭》⑤。

清代乾隆年间，畿辅一代出现了著名的"河间七子"——边连宝、刘炳、戈岱、李中简、边继祖、戈涛、纪昀。"河间七子"源于乾隆十七年（1752），钱陈群以疾致仕，过河间，作《瀛海舟次》，寄怀边征君连宝、刘太守炳、戈编修岱、李编修中简、边检讨继祖、戈庶常涛、纪孝廉昀，七人皆河间郡人。崔旭《念堂诗话》卷四："钱香树先生目边随园连宝、刘啸谷炳、戈东长岱、李廉衣中简、边秋崖继祖、戈芥舟涛、纪晓岚昀为'河间七子'。""河间七子"之名起于此。⑥"七子"关系密切，在沧州、衡水、廊坊一带很有影响，多地有"七子"合作的碑文，今加以搜集，以见"河间七子"的关系及影响，如表 1 所示。

表 1　"河间七子"合作碑铭

墓志	撰文	书丹	篆盖
弋阳县尹德函边公墓志铭	边连宝		李中简
候选守备济川边公墓志铭	刘炳	戈涛	边继祖
赠兵部主事渔山边公墓志铭	边继祖	刘炳	李中简
皇清例授儒林郎州同知觐天舒公墓志铭	边继祖	戈涛	
皇清诰授招勇将军江西南安营参将又白苏公洎元配诰赠淑人李氏继配诰封淑人卢氏合葬墓志铭	边继祖		李中简

① ［清］边汝元：《渔山诗草》下卷，《清代诗文集汇编》第 184 册，上海古籍出版社 2010 年版，第 448 页。
② 《任丘金石文征》，第 374—377 页。
③ 《任丘金石文征》，第 408—409 页。
④ 《任丘金石文征》，第 402—403 页。
⑤ 肃宁文保所藏。
⑥ ［清］崔旭：《念堂诗话》，见张寅彭主编《清诗话三编》，上海古籍出版社 2014 年版，第 4440 页。

续表

墓志	撰文	书丹	篆盖
皇清诰封中宪大夫硕亭纪公偕德配诰封恭人王恭人合葬墓志铭①		戈涛	李中简
皇清敕封安人诰封宜人晋赠恭人张母赵太君墓志铭②		李中简	戈岱

（3）纪昀轶文及其理学主张

纪昀（1724—1805），字晓岚，直隶献县人，乾隆十九年进士，官至礼部尚书、协办大学士，谥号文达。纪昀为清代文坛执牛耳者，一生著述大典，于诗文小道，未尝存稿。其孙树馨于其身后勤为搜集者数年，将其诗文于嘉庆十七年付梓，即《纪文达公遗集》也。因为纪昀之文多不存稿，故《纪文达公遗集》搜罗并不全面。1991 年孙致中等编的《纪晓岚文集》（河北教育出版社）除在《纪文达公遗集》的基础上增加《阅微草堂笔记》外，于其文章也没有太大的增补。近来，随着出土文献的不断发现，更多的纪昀轶文公之于众，如《皇清例赠武信郎庠生楚白王公暨原配高安人继配李安人赵安人合葬墓志铭》（南皮县）、《黄清例授文林郎丁卯举人拣选知县子明郝公暨汤孺人潘孺人合葬墓志铭》（南皮县）、《皇清交河县岁贡生苏公友菊合葬墓志铭》（交河县，今泊头市）③、《皇清敕封儒林郎原任山东城武县知县旭亭马公暨原配邢安人合葬墓志铭》（东光，所在村庄今属阜城县）④、《皇清例赠武信郎候选卫千总廷锡韩公墓志铭》⑤。

《乐寿陈氏族谱》有纪昀所作墓志铭两篇，虽为应酬文章，然可考见纪昀之交游、经历及其家庭背景，乃至其思想之由来。《乐寿陈氏族谱》所载纪昀所作墓志铭两篇，其一为《朝议大夫睿智陈公暨元配冯太恭人墓志铭》：

先祖母陈太恭人弃世早，故先大夫鞠于外氏，先叔复娶于陈，不忘母族也。雍正壬子，先叔母卒，舅祖母郭太恭人复以先母张太恭人为义女，故昀亦尝寄养舅祖家，时睿智公年甫弱冠，冯太夫人亦新于归，朝夕抚摩昀，视犹子侄，迄今四十七八年，童子时嬉游之地，一一如目前也。乾隆丙辰随先大人官京师，每归

① 杨光主编：《廊坊石刻萃编》，中国文联出版社 2018 年版，第 180 页。
② 《衡水出土墓志》，第 166—167 页。
③ 《沧州出土墓志》，第 196—198 页、203—205 页、212—214 页。
④ 《衡水出土墓志》，第 176—177 页。
⑤ 贾恩绂纂：《盐山新志》卷廿七《故实略》，台湾成文出版社 1976 年版，第 1177—1180 页。

里应试，必谒公及冯太夫人，视之仍如髫龀时。后南北宦游，乙酉仲春再归里，拜谒则公及冯太夫人，皆苍颜矣，絮絮谈旧事，怅惘者久之。公卒以丙戌，冯太夫人卒以丁酉，适昀皆在京师，未搴帷一哭，意恒歉歉然。己亥春，公冢孙沄等将举葬事，以行状属昀铭，嗟乎！昀何等行状始能铭哉！

尝闻之先大夫曰，陈氏先世马邑人，始祖讳得新，明初乃迁于献，二世讳友林，三世讳英，四世讳思义，五世讳大川，并以耕读世其家，六世讳瓒，明嘉靖丁未进士，历官南京户部尚书，卒赠太子太保，谥简肃，官户部左侍郎时，祖父如其官，陈氏于是始盛。七世讳志，武举人，荫锦衣卫千户；八世讳经略，廪膳生；九世讳令俶，候选州同，先祖母陈太恭人，即公长女也；十世讳颖孙，候选通判，覃恩貤赠朝议大夫、户部陕西司员外郎加二级，是为公父。昀生晚，不及见，然犹及见公母郭太恭人。公无兄弟，又早孤，郭太恭人爱之甚，然督教不少假借，公亦刻意自立，幼即凝重如成人，不幸遘耳疾，不能竟举子业，然通书史、明大义，家庭宗族咸雍睦无间言。冯太夫人亦河间旧族女，具有家法，能以礼佐公，公既绝意仕进，乃端志治生，家日以裕。冯太夫人尤以勤俭为一家先，犹忆壬子、癸丑间，昀随郭太恭人寝楼上，公居楼之东，每晚必俟郭太恭人寝乃还室，或夜半睡醒，必闻公与冯太夫人摒挡家事，甫辨色，已闻呼诸役夫治耰锄、灌菜瓜，次呼仆婢理庖湢，理诸杂务，闻郭太恭人启扉声已，并立户外问安矣，率日以为常。时昀犹无知，意谓天下人皆必如是。由今思之，此景岂数数见哉！

先大夫尝谓昀曰，士大夫奢荡相高，非长子孙之道，至于鄙啬以自肥，一切骨肉亲戚泛泛如陌路，亦非长子孙之道，睿智自奉极淡泊，而族有贫者必周之，有死者必葬之，有争者必出已赀以排解之，其欲读书而不能者，又立社学以教之，未尝惜也；舅氏子窘于生计，日赡之为常；姊有遗孤，窘于生计，亦日赡之为常，且为纳资入国学，未尝惜也；河城有桥久圮，行旅病涉，独修复之，未尝惜也；佃户负债四五百金，一旦尽焚其券，未尝惜也；简肃公墓碑石表岁久渐攲颓，不谋众族而独修之，未尝惜也；此其意量居何等，岂屑屑守财者所知耶！先太恭人亦尝语昀妇曰，吾亲串皆巨族，治家各有法度，然无如尔五表叔母者，其治家严而有恩，勤而不琐，俭而能中礼，每入其室，觉和气蔼然，而百事自有条理，此吾所学之不至者也，汝辈识之。嗟乎！先大夫、先太恭人皆不轻有许可者，此必有深契于心者矣。

公讳聪，睿智其字，候选州同覃，恩赠朝议大夫、户部陕西司员外郎加二级，生于康熙五十年十一月二十五日，卒于乾隆三十一年十月二十六日；冯太夫人，河间廪膳生讳师恺女，诰赠太恭人，生于康熙五十二年四月初十日，卒于乾隆四十二年四月初六日。子四：长凤书，生员，早卒；次鸾书，候选布政司经历；次鹍举，官户部陕西司员外郎；次鹤冲，岁贡生。女六：长适交河监生王毓松，次适深州汉中府知府田自励，次适安平监生门煋，次适昀从弟布政司经历旭，次适大城生员刘德华，次适深州监生李世宝。孙四：长沄，生员；次沛，次沣，次澄。孙女六，曾孙一，锡龄。

铭曰：勤俭者家昌，忠厚者泽长。猗欤典型，克式于乡。贞石不磨，永播尔芬芳。

此铭墓主陈聪（字睿智）为陈瓒后人。陈瓒（1505—1578），字敬夫，号玉泉，献县圈头村人，明嘉靖丁未科进士，官至户部尚书、都察院左都御史，谥“简肃”。陈氏自明代由山西马邑迁至献县，至陈瓒时始盛，为献县望族。纪昀集中有《陈简肃公墓下作》诗。纪氏与陈氏世为婚姻，纪昀的祖母、婶母均为陈氏，其母为其舅祖母义女。此文记载的是墓主的生活琐事，为我们提供了纪昀幼年时寄养于陈氏的生活状况、见闻以及亲友来往的资料，可作为纪昀传记材料。据铭文，此文作于乾隆四十四年（1779），时纪昀五十五岁。

其二为《布政司理问陈瀛西合葬墓志铭》：

得位而后立功名，遇变而后见气节，如安常处顺，循循规矩，自完其一身一家之事，此分所当然，不为异能也。然载籍所传，耳目所及，有王侯将相勋业盖一世，而询其家庭骨肉之间往往不能无遗憾，甚有讲道名儒，圣贤自命如胡致堂，计较恩怨，不持生母之服，吴康斋不咸于弟，至囚服而对讼庭者，亦间为后人所评议，至于诵法圣经，拘泥古义如方望溪先生，必欲小功同财，以致龂龂不相安，先生自载其事于文集，是又贤者之过矣。然则立身端谨、治家雍睦，使乡里无不称善人，岂易事哉！

表叔陈公瀛西，献县旧族也，天性质朴，故读书未能卒业，行事则无不衷于理。弃举子业后，即代父理家政，犁然无不当父心，倚之如左右手，与兄弟瀛南公异母，怡怡相对，公无纤毫之意见，瀛南公亦无纤毫之意见，亲戚仆隶久而相忘，或且竟不知也。后虽以食指日繁，势不能不析爨，然始终如未析爨者，非轻外物而重天性其孰能之欤！平生雍睦宗族，尝举一体四肢、一肢五指为异派同源之证，如李文贞公之所言，有急必周，未尝吝惜。或有参商者，公一与之排解，莫不孝悌之心油然而生，以身示法，故言易从耳。旁及亲串，虽远近不能无差等，而推念先人、拯贫救患无歧视。

先姚安公与公为表兄弟，较公齿长，久宦于外，未数数接洽，余亦叨系朝籍五十余年，尤与公疏阔，然余奉讳归里，时公视之如亲子侄。余尝谓先祖母陈太夫人早逝，姚安公幼鞠于舅氏德音公家，至康熙癸巳中乡试，故余与德音公一房幼相娴习，出入内闱如子孙，公父振子公虽与姚安公同砚席者十余年，情谊最笃，而振子公迁居肃宁，余未能自幼侍左右。公之待余家乃一如德音公之待余家也，非能推祖父之旧爱，能如是乎！数十年不相见尚能推祖父之旧爱，公之用心非仁人君子之用心乎！以视彼深谈性命、高语事功者，其相去何如乎！

公殁后，公之子应鸾以墓志委余，余不得而辞也。公讳肃，瀛西其字——以生于肃宁在河间西也——为前明户部尚书陈简肃公五世孙，高祖讳志明，武举人，荫锦衣卫千户；曾祖讳经略，县学廪膳生；祖讳令俶，候选州同；父讳肖孙，候选通判。以孙鸿举（贻）赠文林郎浙江仙居县知县，配李安人，王安人，赵安人，副室王安人，均德性柔嘉，见称族党。子三：应鸾，国子监生；文鸾，县学廪膳生，举优行；祥鸾，县学生。女四：长适南皮县附学生高文英，次适深州候选州同赵盛斌，次适交河县廪膳生苏肇仝，次适景州张。孙八：长恪、次蕙，候选布政司经历，次憘、次恺、次恂、次怡、次芝、次恬。孙女六。

公生于雍正丙午九月二十八日，卒于乾隆戊申四月十二日，六十有二。应鸾等将以嘉庆癸亥三月十九日葬公于祖茔，余为之铭曰：

庸行之难，难于卓行。我勒贞珉，事皆有证。乡党流传，应慨焉其起敬。

墓主陈肃，字瀛西，亦为陈瓒后人，后由献县迁往肃宁，逝世后迁葬献县祖茔。此文以庸行之难对以圣贤自命的讲道名儒如宋胡寅（致堂）、明吴与弼（康斋）、清方苞（望溪）等做出了批评，认为这些人虽为博学鸿儒，以圣贤自命，或计较恩怨，或弘扬家丑，或拘泥古义，皆为空谈义理，在实际问题上却拘泥不通。这是对宋明理学的一种批判，与《四库全书总目提要》《阅微草堂笔记》的思想是一脉相承的。鲁迅先生说纪昀“其处事贵宽，论人欲恕。故于宋儒之苛察，特有违言，书中有触即发，与见于《四库总目提要》中者正等。且于不情之论，世间习而不察者，亦每设疑难，揭其拘迂”①。纪昀时时表达其反对宋明理学的思想，在此等应酬文字中亦然，宜乎余英时称其为“乾嘉时代反程朱的第一员猛将”②。然而如此指名道姓，评及当代者并不多，因此有其特殊的价值。

---

① 鲁迅：《中国小说史略》，上海古籍出版社1998年版，第152页。

② 余英时：《论戴震与章学诚》，生活·读书·新知三联书店2000年版，第120页。

3. 考察家族关系

出土碑志对考察运河沿岸世家大族的社会关系具有重要的参考价值，例如民国二十一年（1933）《戈氏族谱》《皇清敕授儒林郎山东道监察御史实斋戈公暨配敕封安人张氏合葬墓志铭》的书丹者为“赐进士出身内廷供奉翰林院编修年家眷侄”励廷仪。励廷仪（1667—1732），字令式，号南湖，直隶静海（今天津静海）人，康熙三十九年（1700）进士，累官吏部尚书，谥文恭。戈英之子戈懋伦墓志《戈检讨勉斋墓志铭》的作者是励宗万。励宗万（1705—1759），字滋大，号衣园，励廷仪子，著名书家。又，戈懋伦孙戈涛《坳堂诗文集》有《公祭励光禄文》，即励宗万祭文。此可见献县戈氏与静海励氏的交往。又如河间《白惺涵墓志》中提到惺涵“女三……次适献县封公戈公继皋子太学生哲，……孙女一，福建道御史戈公英次子庠生淳伦”[①]。知道了这层关系，也就明白了《戈氏族谱·皇清敕封儒林郎广西道监察御史加一级迈之戈公暨配黄安人唐孺人张安人合葬墓志铭》（戈继皋墓志铭）中“赐进士出身朝议大夫吏部稽勋清吏司郎中加一级前考功司郎中奉命监督九江关务验封司员外郎文选司主事年家眷弟白惺涵顿首拜书丹”的白惺涵与戈继皋的姻亲关系。白惺涵的孙女亲上加亲，又嫁给了戈英（继皋之子）次子戈淳伦，而《戈氏族谱》中的白惺涵《送戈侍御育仲之京》诗也具备了创作背景。

今以肃宁文保所藏《皇清例赠修职郎乐亭县教谕谧园戈公暨元配张孺人合葬墓志铭》为例，详述此墓志铭所涉及的人物关系。《皇清例赠修职郎乐亭县教谕谧园戈公暨元配张孺人合葬墓志铭》，边继祖撰文、朱阔篆额、李永书书丹，乾隆二十六年（1761）刻石。志石制，长方形，无盖，长 53cm，宽 80cm，楷书 39 行，满行 29 字。出土时间不详，现藏肃宁县文保所。

献县戈氏祖籍江苏吴县（今属苏州市），明嘉靖、隆庆年间迁京师，明末移居献县丰尔庄（该村今属河间市），并迅速发展为畿辅望族，支派流衍及献县、河间、泊头、沧县等地。据民国《戈氏族谱》，有清一代，戈氏出进士 5 人、举人 12 人、生员 143 人。戈英、戈懋伦、戈锦、戈涛、戈源，由曾祖至曾孙，四世五进士，有“父子翰林”“兄弟御史”“弱冠登第”的佳话。[②] 献县有“纪家的文名，戈家的秀才”之说，乃言戈氏读书之盛。尚秉和云：“献县戈氏……虽不大贵极显，而家世读书，能以勤苦发为科名，积为仕宦，枝叶芬馥，绵历不绝。”[③] 戈氏祖茔无论是丰尔庄先茔，还是河间新河口先茔、桥城铺先茔，并毁于“文革”，墓志、碑刻情况不明。唯于《戈氏族谱》存戈

---

① 田国福：《河间金石遗录》，河北教育出版社 2008 年版，第 319 页。

② 分别见《霞外攟屑》卷一、《藤阴杂记》卷三、《履园丛话》卷十三。

③ ［清］尚秉和：《清封中议大夫抚宁教谕牛君墓志铭》，见民国十四年《献县志》卷十八《文献志》。

继皋、戈英、戈懋伦、戈全伦墓志铭文而已，戈镈墓志是目前戈氏家族唯一可见的墓志铭实物。戈涛有代戈镈为其母作之《叔祖母边太君行述》，《戈氏族谱》载有顾汝修为戈镈父戈全伦撰之《戈毅庵孝廉墓志铭》，二者加上《戈镈墓志铭》，一家之史料俱全。戈镈在家族中其名不著，但由于戈氏在当地的影响，《戈镈墓志铭》对考察戈氏家族的教育方式及梳理当地望族之间的关系依然具有重要的意义。

（1）墓志释文

今据献县孙希会先生藏《皇清例赠修职郎乐亭县教谕谧园戈公暨元配张孺人合葬墓志铭》拓片，为作释文如下：

皇清例赠修职郎乐亭县教谕谧园戈公暨元配张孺人合葬墓志铭：

赐同进士出身奉政大夫日讲官起居注钦命上书房行走翰林院侍读前左右春坊中允武英殿纂修官丙子科顺天乡试庚辰科会试同考官翰林院检讨庶吉士愚表侄边继祖顿首拜撰

赐同进士出身敕授文林郎山西祁县知县前夏县知县壬子科山西乡试同考官年家眷姻弟朱阔顿首拜篆

奉直大夫江南直隶海州知州前武进元和常熟荆溪县知县福建西仓同知晋江仙游县知县年家眷姻弟李永书顿首拜书

予乡举之明年为岁己未，如郡城拜于从祖姑氏戈母之门，于时祖姑子谧园公初游于庠，年十七八，见之挺特玉立，英秀之气发于眉宇，杰然高世姿也。叩其学，渊渊汩汩，词闳而意阔，知以远大为期也。戈氏故称多才，予以为如谧园公者必居一矣。及与戈芥舟游，乃知公所学多得之芥舟。盖公于芥舟虽叔父行，以母命从之学，甚严惮诚服之，是以语言举止，动与之相肖。已而予叔随园公教授郡城，予每叩生徒之美，则曰："戈氏二子镈与济也。"且诵赠二子诗曰："镈具温克姿，济有精刚色。"济为芥舟弟方舟，镈即公讳也。学使每按河间，公与方舟互冠其邑，声大噪于通郡。后七八年，予在京师，芥舟既入翰林，方舟歌鹿鸣，有声辇下，独公困于青衿，自甲子一荐不售，数顿踬场屋，并□试亦不利，郁郁不自聊，癸酉被放，即欲焚弃笔砚，援例铨学职，明年竟以恚愤得疾卒，既卒，乃除乐亭教谕。呜乎！美才实难，才而成其才又难，才成而不遇，而能自养其才以有待，而终显其才则又大难，苏子曰："高世之才，必有狷介之操，一不得志，则忧伤病沮，不能复振。"盖痛惜其才悯而伤之之词也，予于谧园公见之矣。

公讳镈，字健行，谧园其号，世为献县人，居河间郡城，祖侍御公讳英，立朝有节概，传载邑乘，父孝廉公讳全伦，高才晚遇，不试而卒，时论惜之。母边太夫人，予从祖姑氏也。公为侧室窦出，生四月而孤，窦抚子守节三十余年，敕旌门闾。公事二母以孝闻，笃敬同祖诸兄，轻财好义，义声翕然乡里间，盖不独才艺之美，其行谊束修亦庶几古人，惜乎不获其年而赍志以没也，是可哀已。

公生于康熙庚子十一月三日，卒以乾隆甲戌十月十八日，年三十有五。配孺人张氏，同邑人，勤健善综家政，自公没，能复中落之产如其旧，训子有义方，亲族咸称道之，后公六年卒，在乾隆庚辰十一月十八日，距生康熙丙申十二月四日，年四十有六。子四人：长涵，娶李氏江南海州知州名永书公女；次淑，娶朱氏山西祁县知县名阔公女；次沄，聘孔氏□□卫千名继慈公女；次潼，未聘。女一，适河间太学生王名德澄。孙女二，并涵出。乾隆二十有六年辛巳十月二日合葬于桥城新茔之□。

铭曰：玉也而既砻诸，金也而既镕诸。弗鼎弗钟，弗琏弗瑚，以辱在泥涂。遏其光，闼厥声，松根化为石，中有不平鸣，千秋万岁视此铭。

（2）墓主生平

戈锛（1720—1754），字健行，号谧园，以廪生授乐亭县教谕，未履任卒。戈锛为戈英孙，戈全伦独子。戈英（1633—1704），字育仲，号实斋，顺治十六年（1659）进士，以庶吉士授编修，改监察御史。有《居易轩稿》四卷、《西秦纪事诗》一卷、《奏疏》一卷。英三子全伦（1671—1721），字聚五，号毅庵，康熙五十六年（1717）举人。戈锛母边氏，任丘望族故福州府同知边之铉女，边汝元妹，边连宝姑母。边氏乏嗣，锛为全伦侧室窦氏出，顾汝修《戈毅庵孝廉墓志铭》：“孺人艰于嗣，请置篷窦氏，生子锛而公卒，孺人抚锛三十年，劬劳闵鬻如己出，恤窦氏苦节，病中命锛吁请申于朝，得旌典。”① 戈锛甫生而其父卒，戈涛代戈锛作之《叔祖母边太君行述》有详细的描述：

太君艰于嗣，初屡欲为府君置篷，府君辄止之，乃嗣伯父子，数岁忽殇。太君遂决请置窦女为侧室，即不孝生母也。……丁酉，府君举于乡，庚子不孝始生，而府君尫然病矣。不孝初生时，堕蓐无啼声，太君骇曰：“死子也。”顷之乃啼，太君喜，走报府君，府君蹶然起。既弥月，抱置府君侧，府君摩不孝顶，顾太君言曰：“吾有此子，尚未知能成立与否，而吾顾将死矣。”因泣下，太君亦泣。府君没，引葬丰儿庄先茔，茔距城七十里，太君抱不孝乘犊车往送，时大风雪，寒

① 戈氏族人：《戈氏族谱》，1997年印本，第689—690页。

> 甚厉，不孝僵抱中，太君大恐曰：“此子若死，吾不归矣。”既毕葬，入族人暖室中乃苏。①

《墓志》载戈镂受学于戈涛，涛为戈镂伯父懋伦（康熙四十八年进士，官检讨）长孙，为镂从侄，长镂三岁。雍正十二年（1734），十五岁的戈镂奉母边太夫人命受学于戈涛。这是戈氏的一则佳话，很多传记资料中都有记载，如边连宝《刑科掌印给事中芥舟戈公传》云：

> 初家居教授时，其从叔镂奉母边氏命，受学于芥舟，芥舟以赫蹏封朴，率镂告于其父聚五公之主。拜奠讫，芥舟启赫蹏，举朴向镂曰：“涛受命于先叔祖矣，叔即不率教，涛将抗法。”镂肃然，学行赖以有成。时镂年方十五六，少芥舟仅三岁耳，盖其时已为人所严惮如此。②

戈涛代戈镂作之《叔祖母边太君行述》亦云：

> 太君以单绪孤危，思早抱孙，故不孝年十五即娶妇，然于读书犹懵懵。太君命从兄子涛受经业，戊午遂入庠，癸亥食饩。太君谓不孝曰：“汝父苦学半生，晚年仅获一举，虽没世犹赍恨，汝能读父书，取科名，及吾目见，死当报汝父于九原也。汝兄子涛，吾素所信爱，故使辅导汝，汝惟言是从，吾无憾矣。”故太君待兄子有加礼，而不孝亦深敬惮之。③

于此可见戈涛处事之严，及边夫人之教子有方。乾隆三年（1738），戈镂成诸生。④

乾隆七年（1742），边连宝馆河间戈府⑤，教授戈镂与戈涛弟济。戈镂母为边连宝之姑母，戈镂为边连宝表弟。日后戈涛与边连宝成为忘年挚友，起初就是因为这层亲戚关系。戈镂的书斋石萝轩是边连宝、戈涛读书、唱酬之所。边连宝《代柬答芥舟三首》之一：“遥忆瀛洲郭，石萝烟霭深。阶前一片月，待我二人吟。”自注：“表弟戈谧

---

① ［清］戈涛：《坳堂诗文集》，河北大学出版社 2016 年版，第 93—94 页。

② ［清］边连宝著、［清］贺培新选录：《随园文钞》（稿本）。

③ 《坳堂诗文集》，第 94 页。

④ ［清］戈涛：《叔祖母边太君行述》（代）：“戊午，遂入庠。”《坳堂诗文集》，第 94 页。

⑤ ［清］边连宝：《刑科掌印给事中芥舟戈公传》：“壬戌、癸亥，余馆芥舟家者二载，与芥舟比舍居，无日不相过从。”见《随园文钞》（稿本）。

园有石萝轩，余客郡城，时与芥舟联咏其中。”① 在边连宝与戈涛的教授下，乾隆八年（1743），戈镂成廪生，有声于学。② 乾隆九年，边连宝辞馆，作《次前韵留别表弟戈镂同学戈济》诗云：“镂具温克姿，济有精刚色。为善足可用，咄哉各努力。吾道不自肥，十战非九北。干禄亦有方，慎毋践余迹。无为情惘惘，万里如在侧。但期一寸心，相映不相隔。”③ 前两句即《墓志》作者边继祖所称引者。同年二月二日，戈涛书韩昌黎《送廖道士序》，落款为：“甲子二月二日书于石萝轩之东窗。”尽管此书未题边连宝名字，但据当时情况与所书地点、内容来看，当为送别边连宝之作。后某年边连宝给戈涛的信中说：“方舟、健行近来文字何如？宜为其可据者，不必趋时。”④ 方舟、健行即戈济、戈镂。

乾隆十一年（1746），边连宝作《有乌十章，章四句，为戈母姑氏作，兼示表弟镂》自注：“镂为庶母窦出，数月而孤。窦守志，母抚镂如己子，既长，有声庠序，从余学。”一为姑母祝寿，二告诫戈镂修学尽孝。诗云：

> 有乌有乌，逐彼贤雄。乃鬻乃判，雏缨其黄。其息奄奄，其啼续续。二母翼覆，恐罹于独。葆之藉之，肤之泽之。其息亹亹，其啼弦弦。其息亹亹，其啼弦弦。雏乃晬矣，母则瘁矣。其瘁维何？言葺其窠。匪惟葺之，抑又蓄之。其蓄维何？捋苴及荼。捋苴及荼，以养尔羞。其羞既富，爰饲爰哺。以引以翼，振振其羽。振振其羽，有文莺莺。廓廓云路，雏回以翔。我祝而母，我祝而雏。务蘉于翱，勿惰以骄。匪骄匪惰，弋彼飞虫。爰返其哺，以慰母心。⑤

乾隆十四年（1749），戈镂生母窦氏受朝廷建坊旌表。同年七月初八日，边夫人殁，年七十六。⑥ 戈涛《叔祖母边太君行述》（代叔镂作）：“丁卯，生母守节年入例，学使吕公入告。今年春，命下予旌典。太君病中闻之，谓生母曰：‘不负汝贞操矣。’召不孝为建坊计，以明年经始。呜乎！太君竟弗及见。”⑦

从《墓志》中的材料可以看到戈镂性情略显躁急，缺乏沉稳老练：“自甲子一荐不售，数顿踬场屋，并□试亦不利，郁郁不自聊，癸酉被放，即欲焚弃笔砚，援例铨学

---

① ［清］边连宝：《随园病余草》。

② ［清］戈涛：《叔祖母边太君行述》（代）：“癸亥食饩。”见《坳堂诗文集》，第 94 页。

③ ［清］边连宝：《随园诗集》卷十四。

④ ［清］边连宝：《与戈芥舟书》。见《随园文钞》。

⑤ 乾隆二十六年《献县志》卷十七《典文》。

⑥ ［清］顾汝修：《戈毅庵孝廉墓志铭》，见《戈氏族谱》，第 690 页。

⑦ 《坳堂诗文集》，第 94—95 页。

职，明年竟以恚愤得疾卒，既卒，乃除乐亭教谕。”这大概与其甫生丧父、长于其母之手有关。

戈镈父初葬于献县丰尔庄祖茔，边夫人殁后，迁葬于河间西桥城新茔①，故戈镈亦葬于此。戈镈卒时，其四子尚幼，故《墓志》未予言及其具体情况，据《戈氏族谱》戈镈四子潼娶庞氏。又，戈镈次子淑后中乾隆三十六年（1771）乡试，官赞皇县教谕。淑孙凤文，任渭南县丞，同治元年（1862）太平军破渭南，殉职，后祀于该县多公祠，世袭云骑尉。②

（3）人物关系

墓志作者边继祖（1720—1775），字佩文，号秋崖，直隶任邱（今河北任丘市）人，乾隆十三年进士，历官广东、湖北学政，“河间七子”之一，有《澄怀园诗稿》四卷。边继祖为边连宝族侄，戈镈表侄辈。乾隆二十四年（1759），戈涛尝与边继祖、纪昀、戈济等人辅助任邱舒成龙倡建河间会馆于京师。③

墓志篆额者朱阔（1690—1762），字伧树（或作“沧树”），号愚谷，直隶肃宁（今河北肃宁县）人，雍正八年（1730）进士，官夏县、高平、汾西、沁水等县知县。戈镈次子淑娶朱阔女。朱阔尝从戈涛祖戈懋伦学，且与戈涛父戈锦为乡、会试同年，与戈氏为世交。乾隆二十四年（1759），戈锦去京师探望二子涛、源，恰其乡试同年纪容舒（纪昀父）亦在京，他乡遇故知，剧谈竟日，使工绘事者作《二老比肩图》。戈锦在跋文中提道：“同年存者，又有肃宁朱君沧树，以未至京不得与。他日朱君能来，更当以‘三寿作朋’命图。朱君闻之，其必欣然振袂也已。”④ 其中的“朱君沧树”即朱阔，故戈涛题其画像有句云：“三世交情两行泪，西风白发拜遗图。”⑤ 戈涛有《愚谷朱公传》，边连宝有《夏县尹愚谷朱公暨原配尹孺人合葬墓志铭》。

墓志书丹者李永书（1706—1774）⑥，字绥远，号芳园，直隶河间（今河北河间市）人，雍正十三年（1935）拔贡，官晋江、常熟知县、海州知州、江苏按察使，有《左

① 《戈毅庵孝廉墓志铭》：“公初葬丰儿庄，以乾隆庚午三月初九日迁于郡西桥城新茔。”见《戈氏族谱》，第690页。

② 光绪十八年《渭南县志》卷六上《官师志·名宦》：“戈凤文，直隶河涧县增生，咸丰十年五月任，同治元年四月二十三日，县城被陷，阵亡，奉旨议恤。”按语：“邑令曹公士鹤，同治元年城陷殉节，当时虽未经奏请崇祀名宦，而能以死勤事，祀之谁曰非宜！今依何志例续入，再，同时殉节县丞戈公凤文、典史章公嵘与下邽御贼殉节县丞李公德润，均能以死勤事，允足名垂万古，庙食千秋，同祀名宦，洵无愧焉。”民国《戈氏族谱》：“凤文，字绚章，增生，嘉庆戊寅恩科挑取誊录国史馆议叙，陕西渭南县县丞，咸丰十一年□匪陷城，骂贼殉节，蒙恩恤，崇祀专祠，世袭云骑尉。”

③ 《坳堂诗文集》，第126页。

④ 王敏之：《纪晓岚遗物丛考》，人民日报出版社2003年版，第230页。

⑤ 《坳堂诗文集》，第76页。

⑥ 李明友：《李汝珍师友年谱》，凤凰出版社2011年版，第3页。

传汇笺》《浚河纪略》。戈镈长子涵娶永书女。戈涛尝与边连宝分题李永书无双谱画屏。[①] 袁枚有《江苏按察使李公墓志铭》。永书为戈涛好友李棠叔父，李棠少时与戈涛、戈济诸人成“香泉诗社”，多所吟咏。[②] 后李棠子李燧随戈涛弟戈源至山西学政任所多年。

墓主从侄戈涛（1717—1768），字芥舟，号蘧园，直隶献县（今河北献县）人，乾隆十六年（1751）进士，以编修改官监察御史。著有《坳堂诗集》十卷、《坳堂文集》十卷，纂《献县志》二十卷等。

墓主表兄边连宝（1700—1773），字肇畛，号随园，直隶任邱人，拔贡，著名诗人，著《随园诗集》四十一卷、《随园文集》四卷、《杜律启蒙》十二卷、《病余长语》十二卷等。边连宝与戈涛被称为“瀛洲二子”，二人又与高阳李才蕡被称为“燕南三子”，与刘炳、戈岱、李中简、边继祖、纪昀被称为“河间七子”，是清中期畿辅诗坛的杰出代表。

墓主从侄戈济（1719—1772），字方舟，涛弟，乾隆十七年（1752）举人，官奉贤、丹徒知县，有《偶存草》二卷。边连宝称之为“其心思才力不让阿兄”[③]。

4. 校勘文集

（1）考察代笔

明清之际，碑文、墓志之风特盛，因此，文人之间代笔成风，这些文章或被署名者收入文集，或被代笔者收入文集，又或被二者同时收入文集，待墓志出土后，两相比勘，才能看出其中的增损与规避。

民国《戈氏族谱》有励宗万《戈检讨勉斋墓志铭》一文，边连宝《随园文钞》有《敕授文林郎翰林院检讨戈公暨原张孺人合葬墓志铭》（代）一文，可见励宗万此文为边连宝代做。边文与励文大体相同，然而边文有一段字，为励文所无。边文云：“自幼得怔忡疾，年裁五十，须发已无一茎黑。不屑从俗镊染，貌实不符其年。当入直，上问年纪，又不敢逆探上意增年为面谩，遂以实对，上疑有隐岁，因罢职。”励宗万在《戈检讨勉斋墓志铭》中但言其“年裁逾五十，辄以年老去职”。按：墓主戈懋伦于五十五岁罢职，距“七十致仕”尚有很长时间。从边连宝的文中可知，戈懋伦被罢职的原因是，头发早白，被皇帝误认为谎报年龄。边连宝以在野身份知无不言，而励宗万以三辅衣冠，有所避忌，乃隐晦其辞。

---

① 边连宝有诗《同戈芥舟分题李绥远无双谱画屏》（得六人），见《随园诗稿》丁卯下册。

② ［清］李燧《思树轩诗稿跋》：“先大夫惠州公少年家居，与戈给谏芥舟先生（涛）、戈大尹方舟先生（济）、先季父荇洲公（己卯孝廉，讳檼）暨诸同人结为香泉诗社，吟咏颇多。”见李棠《思树轩诗稿》，《清代诗文集汇编》335册，上海古籍出版社2010年版，第293页。

③ ［清］边连宝：《病余长语》卷一，齐鲁书社2013年版，第14页。

戈涛《坳堂文集》有《边公孟友暨配李宜人合葬墓志铭》一文，自注“代”。乾隆《任邱边氏族谱》卷九，题为“赠翰林院侍读孟友公墓志铭”，署名“于敏中”，则知此文为戈涛代于敏中撰。《坳堂文集》之《边公孟友暨配李宜人合葬墓志铭》作：“古铭功德，勒诸器而已，刻石瘗墓中，始自汉杜子夏，后人因之，以有墓志。然考其初作，不过序述世系、名字、爵里、生卒葬年月日、子孙如干人，如是而已。其后，踵事增饰，乃假手作者，铺张扬厉以为文，而作者往往徇请者意，称美无度，务多以侈，于是铭圹之文，多不可信。自蔡中郎谓所作碑版，惟郭有道为无愧，而昌黎韩子或犹讥其谀墓中人，其他则又可知。”《赠翰林院侍读孟友公墓志铭》作：“古之志，取具名字、爵里而已。其后踵而增饰，务多以侈，遂有过情而失实者。”可见于敏中在拿到戈涛代作的文章后，删去了这一段议论。

《坳堂文集》之《边公孟友暨配李宜人合葬墓志铭》：“秋崖为人端淑自好，趋事内廷惟谨。”《赠翰林院侍读孟友公墓志铭》作：“秋崖为人端淑自好，初举贤书，谒余，年方弱冠，恂恂抑抑，固知其有所秉承。及在翰林，朝夕过予，日益亲善，稔知其母子相依为命，其孺慕之意时流露不自知，而其母之所以训诫敦厉之者，初终无改也。故秋崖每进一官，益加饬，趋事内廷惟谨。”于敏中将戈涛的叙述修改为自己与边继祖的交往。

（2）校勘异文

出土碑志之文可以提供文集的比勘，以笔者辑校戈涛《坳堂诗文集》为例，其中多引碑志之文作为对校材料。

①《坳堂文集》之《张君冬生墓志铭》与民国二十一年《南皮县志》卷十二《金石篇》之《例赠文林郎南海县知县储赠承德郎部主事邑庠生冬生张公墓志铭》对勘。

例 1：《张君冬生墓志铭》：“孝弟之德，笃于先乃延于后，彰厥类也。”“先”，《例赠文林郎南海县知县储赠承德郎部主事邑庠生冬生张公墓志铭》作“亲”。

例 2：《张君冬生墓志铭》：“继日夜无倦。”“无”，《例赠文林郎南海县知县储赠承德郎部主事邑庠生冬生张公墓志铭》作“不”。

例 3：《张君冬生墓志铭》：“梦寐中犹时时嗷然哭泣。”“寐”，《例赠文林郎南海县知县储赠承德郎部主事邑庠生冬生张公墓志铭》作“寝”。

例 4：《张君冬生墓志铭》：“祖讳昕，博学，有声太学。”“博学”二字，《例赠文林郎南海县知县储赠承德郎部主事邑庠生冬生张公墓志铭》无。

②《坳堂文集》之《张君谷贻墓志铭》与民国二十一年《南皮县志》卷十二《金石篇》之《清例赠奉直大夫员外郎原任广东南海县知县谷贻张公墓志铭》对勘。

例 1：《张君谷贻墓志铭》：“去年六七月间，与君同委巷，朝夕步相从，谈笑竟日，或漏下数十刻。每言吾二人弱岁交好，同登进士第，内外间阔十余年，今幸复相合，居必比近，公退便相招呼，日日往来无间，可规十年或二十年计。言之色飞意啚，虽病，精神奕如也。”其中“虽病，精神奕如也”句，《清例赠奉直大夫员外郎原任广东南海县知县谷贻张公墓志铭》在“或漏下数十刻”下。“言之色飞意啚”下《清例赠奉直大夫员外郎原任广东南海县知县谷贻张公墓志铭》有“乃忽不意遽至于此”句。

例 2：《张君谷贻墓志铭》：“念劝君归时，扶君登舆，握手瞪目，惨然不能言，定步望君不见，不禁哭失声。”此下《清例赠奉直大夫员外郎原任广东南海县知县谷贻张公墓志铭》有“讣至，哭诸寝门之外”句，《坳堂文集》稿本亦有此句，有涂抹痕。

例 3：《张君谷贻墓志铭》：“君才无所不可，在县令，所至铮铮，使得为郎官，假之年，其所建竖，必且焯耀襮著，十倍为县令时，御史九列可立致，即君亦以自负，而竟不可得。于戏！岂非命耶！”此句《清例赠奉直大夫员外郎原任广东南海县知县谷贻张公墓志铭》无。

相互对比，不仅可以看到作者的思想变化，还能看到文章的形成过程，大大提高了辑校的质量。

（三）河北省运河沿岸文字资料的艺术价值

河北省运河沿岸文字资料除具有文字、文献价值之外，还具有重要的艺术价值，如汉代“君子砖”在清代就是士大夫争相收藏的佳品。魏碑墓志在书法艺术上具有很高的艺术水平，被一代代临摹、椎拓，作为书法的范本。在当代，这些材料仍有进一步研发的必要性和可行性。

1. 文化收藏价值

我们以汉代“君子馆砖”为例说明运河沿岸文字载体的文化收藏价值。相传“君子馆砖”是指西汉景帝时河间献王刘德（前 171—前 130）修建“君子馆”时所使用的特制的砖，因其质地、颜色、形状等均与当时常用的砖不同，特别是每块砖的正面都刻有“君子”二字，因此也被称为“君子砖”。

君子砖出名是因为肃宁学者苗夔。《畿辅通志》引文《肃宁县采访册》：“县治东南十里，有武垣郡城。邑优贡生苗学植，博学好古，谒毛公祠，得砖一枚，上刻‘君子’二字，古茂闲雅，汉隶体也。”苗夔将君子砖携至京师，广求题跋，使君子砖声名大噪。陈方海《记有余斋文稿》：“肃宁苗学植藏古砖一枚，有文曰‘君子’，携至京师，嘱余为铭。肃宁为汉河间国地，砖盖献王宫中物也。献王修学好古，被服儒术，四方髦秀不远千里。筑日华宫二十余区，中有所为君子馆者，赖兹故物为佐证焉。”其后君子砖多有发掘，光绪辛巳（1881），肃宁县令以“君子长生”砖拓本送至保定莲池书院

《畿辅通志》局，编修乃改易“钓鱼台”为“君子长生馆”。①

君子砖出土许多枚，大多只有“君子”字样，两块汉砖有“君子长生”“君子大吉”字样，经刘位坦和刘铨福父子两世收藏。刘铨福父子离世后，李濬之购得“君子长生”砖，乃于1938年辑各地名士歌咏君子砖的诗文集成一册，刊印出版了《君子留真谱》一书，由刘春霖题写书名。书内收录了杨钟义、苗夔、祁寯藻、何熙绩、何绍基、张穆、黄爵滋、胡焯、端木国瑚、曾国藩、高继珩、莫友芝、杨息柯、王树楠等歌颂汉君子馆及君子砖的诗文。

民国时期，鲁迅雅好搜集古砖，并将拓片编成《俟堂专文杂集》，其目录第三有“君子馆专”二条。② 鲁迅在1924年9月的日记中有相关记载：

> 十日，晴。齐寿山为从肃宁人家觅得“君子”专一块，阙角不损字，未定直，姑持归，于下午打数本。③
>
> 二十一日，晴。上午幼渔来，赠以“君子”专打本一份。……夜整理专拓片。④
>
> 二十九日，晴。以六元买“君子”专成。⑤

其后，周绍良有清徽州胡子卿制“君子砖”墨，乃依原砖模式缩制者。⑥ 今笔者所知者河间、任丘、高阳等地藏家均藏有君子砖。马合意先生记载的此砖之状犹详，今录之于下：

> 君子铭文砖，出土于任丘市辛中驿镇刘庄村北二里，即乾隆《任邱县志·舆地志》所载之“谒城”故址，九六年春，余往访寻，时值敬酒工兴，路穿故址东南，因取土筑基，遂成巨壑，其东西长约五十米，南北宽约十余米，深约七米。中存土丘，上为石门桥崔氏故茔，总约七八平方米，已不葬用，仅存坟丘八九座，

---

① ［清］王树楠《题君子馆砖》序：“同治壬戌，河间毛公墓坏于雨。土人掘之，出砖门三，坼其顶，得君子砖数枚。旁砌者皆花文，无字。光绪辛巳。邑冯明经持二枚来莲池，一赠贵诸师，一为盐山刘颖侯所得。以汉建初尺度之，面一尺五寸弱，厚二寸强，左侧回文，背麻布文，质理坚致，与君子砖大小厚薄皆同，洵西京物也。”“在昔莲池获拓本，陈公额馆名长生”注：同治十一年，肃宁令以君子长生砖拓本送《畿辅通志》局，溧阳陈君蘅易“钓鱼台”额曰“君子长生馆”。

② 刘运峰编：《鲁迅全集补遗》，天津人民出版社2006年版，第408页。

③ 鲁迅：《鲁迅全集》第十五卷，人民文学出版社2005年版，第528页。

④ 《鲁迅全集》第十五卷，第529页。

⑤ 《鲁迅全集》第十五卷，第530页。

⑥ 周绍良：《蓄墨小言》，北京燕山出版社1999年版，第598—599页。

余皆迁出。坟下叠压砖室汉墓一座，墓壁暴露于土丘断面，高约二米，广约四米。威崖之侧，仅可容身，匍匐探掘，幸获君子砖两种。一种砖长三十厘米、宽十八厘米，厚六厘米，正面为绳纹，宽侧面有乳钉菱形纹及小字隶书阳文“君子”铭文，一长侧面为乳钉菱形纹，其余皆素面。另一种正面亦为绳纹，一长侧面有乳钉菱形纹及大字隶书阳文“君子”铭文，其余皆素面。①

按：君子砖并非河间献王君子馆之砖，盖为墓砖，献县、河间、任丘、肃宁、高阳等地多有，且有瓦当。收藏家们看中的不仅是它的年代，更是对河间献王的尊重。早在明末清初献县就有收藏。民国《献县志》卷十八上《金石篇》有汉瓦文“君子”旁刻“戈氏曾藏”字样。其后有铭文：

瀛台之畔，子牙之浒，获兹瓦兮溯汉武，文曰“君子”奇而古，子孙什袭之永勿弃吐。花王阁主人识。

花王阁主人即纪昀高祖纪坤。注：“此铭在瓦正面，书法在苏米之间，阴文深刻。”乾隆甲寅仲冬盐邑素心氏李敩白识语云：

汉武建元初，河间献王德开君子馆，以招学修之士，其创建之始，凡砖瓦器具皆镌以“君子”字。曩见肃宁孔氏藏有君子砖，其瓦则未之睹也。乾隆甲寅秋，予友赵子雯茂才自保阳归途获此相赠，其铭词古隽，款为“花王阁主人”，知是景城纪氏旧物，又有“戈氏曾藏”字，里居未详，约亦博雅君子也。予爱此如拱璧，爰赘数语以志喜。乾隆甲寅仲冬盐邑素心氏李敩白识。

民国时期，纪氏后人纪清郃敬志云：

此瓦为余十世祖厚斋公故物，刻有铭词，一旁有“戈氏曾藏”四字，后归于盐山李氏，嗣又归于盐山刘氏。民国六年，沧县吴筱斋先生辗转为余购回，自是珠还合浦矣。摩挲手泽，为之快然。裔孙清郃敬志。

此瓦今已失传。施蛰存《北山谈艺录》收有“君子瓦”拓片，盖即此类物事，如

① 《任丘金石文征》，第1页。

图 10 “君子瓦”拓片

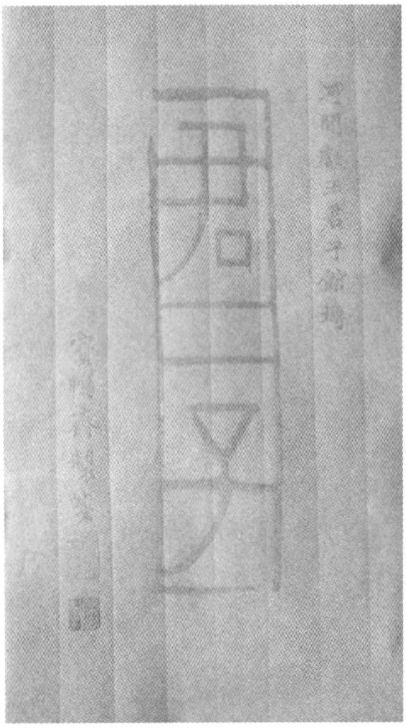

图 11 上海朵云轩精制“君子笺”

图 10 所示。

近年来，上海朵云轩“宝鸭斋”已精制“河间献王君子馆砖”笺，供书法爱好者使用，如图 11 所示。朵云轩“河间献王君子馆砖”笺仅有四种，而据笔者考察得知，献县、河间、任丘、肃宁、高阳一代藏家手中的“君子砖”要远远多于这个数目。我省有关部门可以进一步访求，在此基础上开发出更加精美的艺术品。

2. 书法艺术价值

河北省运河沿岸出土的碑志具有重要的书法价值，此前已有所整理，如清雍正年间出土于南皮的北魏《刁遵墓志》是魏碑书法精品。康有为认为《刁遵墓志》“如西湖之水，以秀美名寰中”①。杨震方认为其“有六朝之韵度而无其习气，转折回环居然两晋风流。唐人若徐浩、颜真卿等皆胎息于此”②。《刁遵墓志》杨鲁安藏本早在 1984 年就作为《历代碑帖法书选》丛书之一，由文物出版社出版。而国家图书馆 2006 年出版的题跋本《刁遵墓志》，为中国国家图书馆所藏，上有“文仲读碑记”朱文印、“谷孙秘笈”白文印、“稷山居士”白文印、“徐坚曾观”白文印等，后有汪师韩、方观承、金文淳、陶濬宣、沈曾植、褚德彝诸人题跋，更具艺术价值。又，出土于河间的《邢府君墓志》是魏碑佳品，属于国家一级文物。2000 年经田国福先生整理，由河北美术出版社出版。

河北省运河沿岸出土碑志中艺术价值高的碑志种类尚多，可以进一步开发，作为河北省的文化形象，走向世界。魏碑之外，尚有如下佳品，如文徵明书丹《明山东按察司副使王君仪继室宋孺人墓志铭》③、刘墉书丹《皇清献县岁贡生纪公晴湖墓志铭》④、翁方纲书丹《皇清敕授文林郎内阁中书舍人加二级

① ［清］康有为：《广艺舟双楫》卷四，《续修四库全书》1089 册，上海古籍出版社 2002 年版，第 48 页。
② 杨震方：《碑帖叙录》，上海古籍出版社 1982 年，第 6 页。
③ 《廊坊石刻萃编》，第 107—108 页。
④ 《沧州出土墓志》，第 208—210 页。

懋元纪公暨敕封孺人张氏墓志铭》①、翁方纲书丹《皇清诰封中宪大夫广东粮储道疏斋叶公墓志铭》②、刘春霖书丹《韩太夫人李氏墓志铭》③。

无论是被称为明楷第一的文徵明，还是清代四大家“翁、刘、成、铁”前二的翁方纲、刘墉，或者是最后一位状元刘春霖，都是书法界有目共睹的名家。此外，还有一些当地学者，不以书法出名，但书法作品也有相当造诣，值得挖掘，如戈涛书丹《皇清诰封中宪大夫硕亭纪公偕德配诰封恭人王恭人合葬墓志铭》（廊坊）、戈涛书丹《皇清例授儒林郎州同知觐天舒公墓志铭》（任丘）、李法孟书丹《皇清诰授招勇将军江西南安营参将又白苏公洎元配诰赠淑人李氏继配诰封淑人卢氏合葬墓志铭》（任丘）、贺培新书丹《民国故复州学正步君墓志铭》（廊坊）。

戈涛长于书法，其“书法驰骋，笔力自成一家，尤长于匾额”④。

李法孟（1707—1770），字峄山，号凤庄，直隶任邱（今河北任丘市）人，雍正十年举人，善书，“时以边连宝诗、李学礼骈俪及法孟书法为三绝”⑤。

贺培新（1903—1951），字孔才，号天游，斋名天游室、潭西书屋，河北武强人。篆刻师从齐白石，书宗欧褚，秀劲丰厚，所书墓志法北碑，得张裕钊精髓。

以上墓志拓片均可作为《河北省运河沿岸出土碑拓精品作书法丛书》出版，这对展现运河沿岸文字资料的风采、挖掘当地人文景观均具有重要的意义。

三、河北省运河沿岸文字资料保护策略

河北省运河沿岸文字资料已出土者，需要登记造册，进行全面、深入研究。对于那些尚未出土者，也需要采取一定的保护措施。此外，各地府县志、族谱中存在大量墓志录文，这些墓志大多并未出土，将这些墓志录文进行搜集整理，对地下文字资料会有一个较为清晰的估量。此项工作任务重、费时长，需要相关部门大力扶持。

（一）河北省运河沿岸已发掘文字资料保护

如上述《沧州出土墓志》《衡水出土墓志》以某地出土为标志的标题，避免了体例混乱的弊病，但收录材料仅以“墓志”命名，对于一市的出土文字材料来说，略显单一。《廊坊石刻萃编》以“萃编”为名，在载体的广度上有所突破，但深度又有不足。处于全面考虑，应当出版系列丛书，将墓志、造像、经幢、砖、瓦、印章均包含其中，

---

① 《沧州出土墓志》，第206—208页。

② 《沧州出土墓志》，第214—216页。

③ 《廊坊石刻萃编》，第242页。

④ ［清］李中简：《嘉树山房诗集》卷十二《哭芥舟戈六兄十二首》（之七）自注，《清代诗文集汇编》第348册，上海古籍出版社2010年版，第583页。

⑤ ［道光］《任邱续志》卷上《人物上》。

为将来编写《河北省出土文字资料汇编》打下良好的基础。因此，在出土文字资料的保护、研究方面应该做到以下几点：

1. 恰当保护

在出土资料的保存方面，运河沿岸市、县都采取了不同的方法，为保护出土文献做出了相当大的努力。就我们目力所及，任丘市博物馆将墓志、志盖统一安放在展厅，上悬拓片，既防止了风雨泐蚀，又让参观者对墓志铭文及形质有了切实的认识。献县天主教堂墓地的保护更为谨慎。该地区将断裂的碑刻修复，且即使一小点残存的碑碣，都得到妥善的安置，并盖起砖亭，在碑碣下有对墓主的详细介绍，使人一目了然，如图 12、图 13 所示。以上这两种做法值得文物部门效仿。

图 12　献县天主教堂碑林（一）

图 13　献县天主教堂碑林（二）

2. 椎拓保存

碑志因风雨残泐而丢失是迟早的事，因此椎拓就尤为重要。有了拓本，即使原碑丢失，也能将文字资料流传下去。如上述纪昀在《阅微草堂笔记》提到的《张君平墓志铭》已丢失，幸亏黄本骥《古志石华》据拓本载录下了这篇志文，我们才能够看到这篇受到纪昀、李中简关注的唐代“劣文”：

唐故清河郡张府君夫人安定郡胡氏合祔墓志铭（并序）

刘伸撰

府君讳君平，字君平。其先燕国公，纂集群书，家有鸠金，复撰《才命论》，教流天下，分派周室，即是公之苗裔宗枝矣。公本深州饶阳县之人也，别业乐亭，积有余载。曾颋，皇朝任绛州长史。祖徽，高尚不仕。考承泰。顷以城戍艰虞，此城被幽州攻围，公负倜傥之材，输诚展效。去元和四年，授成德军节度使牒补充十将兼充乐寿镇遏都知兵马使菀公押衙。公君平将子之子，赳赳军前，干城之志，信义立身，孤标作操。东西钦企，南北共谈。辩说□□，乃文乃武，孝悌成家，垂训礼乐，克著始终，可以龟镜焉。公寝疾，享年三十有六，以太和八年八月廿日终于市坊私第也。呜呼！良木斯倾，哲人其殒，衔哀有余，可谓珠沈洛浦。宝剑一缺，促我遐寿，孀居洞房，迟迟饮恨，茑蔂无托。夫人久婴瘥瘵，医瘳无痊。夫人以大中六年正月十五日殁于私舍。夫人春秋卌有九。女师娘子，年齿初笄，髫龀总立，春花欲发，秋叶已凋。割慈母之恩怜，痛膝下之寤寐。皇天不佑，夭折妙年。小娘子年一十有九，以大中三年四月四日殂矣。新妇天水赵氏，才入贵门，积善无瑕，苗而不秀，遂埋红粉，伤瘗九泉。新妇年廿有二，以大中四年六月十一日丧矣。皆附茔安厝。可惜可惜，孰谓痛哉！实谓悲哉！嗣子斉，号叫攀慕，糜溃骨体，可以曾参同年而语哉！遂乃庀冢修葬，合祔元扃，礼周终竟。南沈漳水，北望燕幽，巍屹坟封，双灵再合。卜取大中七年十月四日，窆于县城之东南三里故茔域殡焉，礼也。所虑年代深邃，陵谷变移，勒石记之，千载无朽。其词曰：燕公之孙，苗裔深根。常为侪□，变作吊宾。空留七德兮千载，书剑旧迹兮生尘。夫人令德，合否同牢。哀哉白驹兮西匮，奈何松柏兮苍苍！①

3. 正确录文

录文在字体方面，以用繁体字为宜。异写字与异构字应该区别对待。异写字是同一个字因写法不同而造成的形体差异。异构字是同一个字，在不同的使用环境中，而在构件、构件数量、构件功能等方面存在差异的一组字。异构字可以摹写，而异写字直接改从正字即可。以《衡水出土墓志》中的《北魏故持节平东将军冀州刺史渤海定公封使君墓志铭》为例，“鞄𥾐”作“鞄㯟”，这样的异写字，自无不可，但某些异写

① ［清］黄本骥：《古志石华》卷二十，《石刻史料新编》第二辑，台湾新文丰出版公司 1979 年版，第 1312 页。

字重新造字，反倒给阅读带来了障碍，如“志业淹畅，一世椎高”，其中的“椎”拓本作“推”，是“推”字俗写，俗字中“木”“扌”多混，类似的情况，直接改成正字则可，若据拓本摹写，反倒令人不解。又如“西州冠冤，旧所奉依”，其中的“冤”拓本作“冤”，是“冕”字俗写；“所”拓本作“所”，是“所”字俗写。类似的字可以直接写正字，如“西州冠冕，旧所奉依”本来易懂，换作新造俗字反倒令人不解。

4. 精确考证

椎拓、录文之后，对出土资料的作者、内容进行精密的考据，以期对历史具有补足作用。这方面马合意《任丘金石文征》做得较好，可以作为金石整理的范本。例如该书对《边永墓志》所做的考证：

> 按：边永墓志，青石质，长、宽各六十一厘米。志盖篆书“明户部郎中封都察院右佥都御史边公恭人郑氏合葬墓志铭”。“文革”时出土于任丘市青塔乡边各庄村，现藏任丘市文物保护所。嘉靖《河间府志》卷三《建置志》：“边永墓，在边哥庄左。成化二十三年奉敕修。有大学士刘珝墓表，万安神道碑。嘉靖十五年闰十二月奉诏编户除粮。”乾隆《任邱县志·舆地志》：“边永墓在城西十五里边各庄左，成化二十三年奉敕修。有华表、石器。大学士刘珝墓志，徐溥神道碑。嘉靖十五年闰十二月奉诏编坟户、除税粮。”《府志》所载“万安神道碑”有误，当以《县志》为确。《县志》所载“刘珝墓志”亦“墓表”之误。撰文者刘吉，字佑之，号约庵，直隶博野人。正统十三年进士，选庶吉士，授编修，成化五年入内阁兼学士，累迁户部尚书、谨身殿大学士。年六十七卒，谥文穆。书丹者马绍荣，字宗勉，号景范，江苏常熟人。天顺六年举人，成化元年预修英庙《实录》，授中书舍人，历吏部员外郎、山东参议，仕至太常少卿。篆盖者田景旸，字时中，直隶高阳人。景泰五年进士，授山东道监察御史，累官大理寺卿。正德元年卒。据墓志“持兵部尚书张公鹏所为状来乞为墓石之铭”，可知《边永行状》乃张鹏撰。张鹏，字腾霄，直隶涞水人。景泰二年进士，授御史。历官福建按察使、南京都察院副都御史、兵部尚书，卒谥懿简。①

这则考证不仅将墓志的篆文、书丹、篆额及墓主行状的作者都原原本本地钩稽出来，呈现出墓主的交游状况，还纠正了《河间府志》《任邱县志》的失误之处。

在文字资料的录文、考据方面，建议地方与高校合作，为河北省出土为字资料的

---

① 《任丘金石文征》，第 71 页。

出版做准备。

以下附录笔者对《魏故使持节平东将军冀州刺史勃海定公封使君墓志序》（如图 14 所示）所作录文及考证，希望对运河沿岸文字资料的整理提供参考。

图 14 《魏故使持节平东将军冀州刺史勃海定公封使君墓志序》拓片

录　文

魏故使持節平東將軍冀州刺史勃海定公封使君墓誌序┐

祖懿，燕左民尚書德陽鄉侯，魏都坐大官章安子。┐父勖，太原王國左常侍。夫人中山郎氏。父和，涼明威將軍。┐無子。四從兄勃海太守鑒以第五子繼。┐君諱魔奴，勃海脩人也。其先粤自潁陽，是遷河朔。本枝盛乎劉魏，洪┐統茂乎晉燕。祖尚書，聲猷峻邈，二代歸美。考常侍，志業淹暢，一世推┐高。君幼集生艱，早離家難，所蒙剋濟，唯君而已，伶俜辛毒，實備嘗焉。┐然玉折丹摧，匪移其性，清芬素譽，直置能遠。調爲內行內小，任實閨┐帷，職惟文祕，夙霄（宵）懃慎，上甚奇焉。既而辰序愆陽，自春彌夏，遍祈┐河岳，莫能致感。帝幄惟矜，宸居以軫。流連罪己之言，慇懃拯生之┐計。議者僉云：張掖郡境，實有名山，靈異斯憑，煙雨攸在。西州冠冕，舊┐所奉依。宜遣縉紳一人，馳馹往禱。惟靈饗德，儻或有徵。上曰：有封⌝君者，侍朕歷年，誠懃允著，迹其忠亮，足動明靈。可備珪幣，遣之致請。⌝君於是奉旨星馳，受言雲騖。深誠剋應，至虔有感。惟馨未徹，俾滂⌝已臻。上大悦。即加建威將軍，賜爵富城子。尋遷給事中，北朝此職第⌝三品也。又除使持節、冠軍將軍、懷州刺史，進爵高城侯。攬轡馳風，褰⌝帷樹政，孀孤飲惠，泯俗懷仁。以疾乞解，優旨徵還。降年不永，以太⌝和七年冬十一月九日薨於代京，時年六十有八。君性履淹詳，談笑⌝温雅，方也能同，通而不雜。及其入參帷陛，出膺麾旆，嘉聲已顯，茂績⌝斯昭。方當式協衡文，剋調衮曜，道悠運促，朝野酸嗟。有詔贈使持節⌝、平東將軍、冀州刺史、勃海郡公，謚曰定，禮也。八年春二月，窀穸於代⌝郡平城縣之桑干水南。屬皇家徙馭，代洛云遥，方來拜，事成艱敻，⌝維正光二年冬十月乙丑朔廿日甲申改葬於本邑。夫人郎氏亦同⌝徙窆。辰代無舍，陵壑有移。實宜備述聲徽，式流伊古。但事歷家禍，先⌝塋靡記，今段云遷，終天長隔。斯乃存亡之所永痛，昭晦之所難忍。是⌝以直書遺跡，不復立銘云。

考　证

魏封魔奴墓志，北魏正光二年（521）十月廿日立，1948 年河北景县出土。志长 55 厘米，宽 54.5 厘米，志文 26 行，满行 26 字。墓主封魔奴，渤海脩县人，北魏太和七年十一月九日卒于代京，年六十八。太和八年二月葬于代京平成，正光二年十月二十日改葬与本邑。魔奴状况详见张季《河北景县封氏墓群调查记》（《考古通讯》，1957 年第 3 期）、周铮《封魔奴墓志考释》（《北朝研究》1991 年第 1 期）。

（二）河北省运河沿岸有待发掘整理的文字资料保护

在考察过程中通过观察与询问，得知许多文字资料无论是由于历史原因还是人为原因，并未得到妥善的保护。如“文革”时期被破坏的墓碑等，大多被用来做瓦窑、工厂的地基，现在这些建筑大都废弃，在世的老人依然有人记得埋藏地点，如不及时发掘，随着时间的推移，老人故去，这些墓碑将永无出头之日。

1. 对出土文字资料进行抢救式保护

在考察过程中，我们走访了许多村庄、墓地，对运河沿岸有待发掘整理的文字资料有了大体的了解。如在献县护持寺村刘氏墓地，据刘正基先生指点，张之洞为刘书年所书巨型汉白玉墓碑当年为避免“文革”破坏，深埋于地下，至今尚未出土。据献县东南村戈繁桢先生介绍，“文革”时破“四旧”，东南村大姓戈氏、郑氏的碑碣大多被拉到距南村南 3 千米的学礼村南洼，用作砖窑地基。据献县张纪岩先生说，献县郭庄砖厂地基下埋有大量墓表碑志，这些碑志都是从周边村镇的坟墓取得，仅尹屯一村就有二十座之多。据廊坊市文保部门介绍，建于20世纪50年代的廊坊霸州市康仙庄乡徐各庄东水闸闸体部分由石碑构成，如图15所示。在廊坊三河市黄土庄镇石碑村村北耕地中发现半截金代残碑。据任丘马合意先生说，任丘许多碑志存于私人手中，很多作为石头随意放置于院中，这里面不乏重要的文献，如纪昀所作《苏友菊墓志铭》在献县淮镇安庄一家农户院中被用来做水缸垫。

图15　由石碑组成的霸州市徐各庄村水闸闸体部分

此类文物应当被挖掘并加以妥善保护。目前许多“文革”时期的基础设施如砖窑、工厂等均已经废弃，当地有关部门完全可以组织人力挖掘，或重新放回到墓地，或作为文物存放在文物保管部门。而对于私人存放的碑志，可以进行有偿征收，或鼓励积极捐献。

2. 对未出土文字资料进行统计登录

上述这些被破坏的世家大族的碑志，有许多碑文、墓志被保存在族谱中，这些资料对于考察运河沿岸三地的人文景观具有重要的参考价值。因此，对未出土文字资料做出统计登录至关重要。具体操作方法是：对族谱、方志中所载录的墓志铭材料，由市到县，再到乡、村，将各个姓氏的族谱做一个详细的摸底、统计，编制索引，以便对日后出土的碑碣资料有一个大致的了解。

就笔者掌握的乾隆《戈氏族谱》（东光）、清《刘氏族谱》（献县）、民国《戈氏族谱》（献县）看，就有以下墓志（表）：

（1）《明资政大夫南京刑部尚书致仕进阶资德大夫政治上卿赠太子少保戈公墓表》，李时撰文。（《戈氏族谱》，东光）

（2）《诰授中宪大夫花翎记名简用道贵州贵阳府知府刘君墓碑》，张之洞撰文。（《刘氏族谱》，献县）

（3）《旌表贞节唐太宜人墓表》，唐炯撰文。（《刘氏族谱》，献县）

（4）《诰授奉政大夫同知衔四川候补知县刘君墓表》，王树楠撰文。《（刘氏族谱》，献县）

（5）《皇清敕封儒林郎广西道监察御史加一级迈之戈公暨配黄安人唐孺人张安人合葬墓志铭》，孙际昌撰文、白惺涵书丹、赵之符篆盖。（《戈氏族谱》，献县）

（6）《皇清敕授儒林郎山东道监察御史实斋戈公暨配敕封安人张氏合葬墓志铭》，刘果实撰文、贾雒英篆盖、励廷仪书丹。（《戈氏族谱》，献县）

（7）《戈检讨勉斋墓志铭》，励宗万撰文。（《戈氏族谱》，献县）

（8）《戈毅庵孝廉墓志铭》，顾汝修撰文。（《戈氏族谱》，献县）

其中不乏名人、名家之文。仅仅是目录，就对考察运河沿岸三地文人的交游具有重要的意义。此外，各地府县志也有大量碑文、墓志存世，资料较为集中，容易搜求。府县志、族谱是重要的文献材料，运河两岸的文字工作者应当特别注意。

参考文献

［1］王玉芳，孟繁峰，刘超英. 沧州出土墓志［M］. 北京：科学出版社，2007.

［2］赵超. 汉魏南北朝墓志汇编［M］. 天津：天津古籍出版社，2008.

［3］田国福. 河间金石遗录［M］. 石家庄：河北教育出版社，2008.

［4］衡水市文物局. 衡水出土墓志［M］. 石家庄：河北美术出版社，2010.

［5］马合意. 任丘金石文征［M］. 沧州区域文化研究所，2012.

［6］献县文化广电新闻出版局. 献县单桥［M］. 北京：科学出版社，2015.

［7］朱惠民. 献县墓志铭钩沉［M］. 石家庄：花山文艺出版社，2016.

［8］杨光. 廊坊石刻萃编［M］. 北京：中国文联出版社，2018.

［9］廊坊市文物管理处. 廊坊文物［M］. 北京：开明出版社，2001.

［10］刘化成. 河北廊坊市大城县出土四方隋唐墓志［J］. 考古，2000（10）.

［11］吕冬梅. 田燕萍. 廊坊近年出土的隋唐墓志［J］. 文物春秋，2002（3）.

［12］田卫冰. 明衡水义官赵公妻王氏圹志拓片考略［J］. 衡水学院学报，2014（3）.

［13］王文书. 明代衡水赵应龙传略——兼论墓志铭的史料价值［J］. 衡水学院学报，2014（6）.

[14] 李哲.《沧州出土墓志》南北朝至隋唐部分录文校正 [J]. 保定学院学报，2017（2）.

[15] 刘青松.《戈镈墓志铭》考索 [J]. 沧州师范学院学报，2017（4）.

[16] 边连宝、贺培新. 随园文钞（稿本）[M]. 国家图书馆藏.

[17] 戈涛. 坳堂诗文集 [M]. 保定：河北大学出版社，2016.

[18] 戈涛，戈涢. 戈涛、戈涢诗集 [M]. 保定：河北大学出版社，2017.

[19] 纪昀. 纪文达公遗集 [M]. 上海：上海古籍出版社，2002.

[20] 纪昀. 阅微草堂笔记 [M]. 上海：上海古籍出版社，2002.

[21] 陶梁. 国朝畿辅诗传 [M]. 上海：上海古籍出版社，2002.

[22] 李鸿章、黄彭年. 畿辅通志 [M]. 上海：上海古籍出版社，2002.

[23] 柯愈春. 清人诗文集总目提要 [M]. 北京：北京古籍出版社，2002.

[24] 许慎. 说文解字 [M]. 北京：中华书局，1963.

[25] 段玉裁. 说文解字注 [M]. 上海：上海古籍出版社，1988.

[26] 张书岩，王铁昆，李青梅，等. 简化字溯源 [M]. 北京：语文出版社，1997.

[27] 王宁. 汉字学概要 [M]. 北京：北京师范大学出版社，2001.

[28] 王宁. 汉字构形学导论 [M]. 北京：商务印书馆，2015.

[29] 张涌泉. 汉语俗字研究 [M]. 北京：商务印书馆，2012.

[30] 李昌祺. 初续献县志 [M]. 咸丰七年刻本. 台湾：成文出版社，1968.

[31] 薛凤鸣. 献县志 [M]. 台湾、上海：成文出版社、上海书店，2006.

[32] 高步青. 交河县志 [M]. 台湾：成文出版社，1968.

[33] 屈成霖. 景州志 [M]. 乾隆十年刻本. 国家图书馆藏.

[34] 吴山凤. 河间县志 [M]. 乾隆二十五年刻本. 国家图书馆藏.

[35] 杜甲. 河间府新志 [M]. 乾隆二十五年刻本. 国家图书馆藏.

[36] 刘统. 任邱县志 [M]. 乾隆二十七年刻本. 台湾：成文出版社，1976.

[37] 鲍承焘. 任邱续志 [M]. 道光十七年刻本. 台湾：成文出版社，1976.

[38] 朱保炯，谢沛霖. 明清进士题名碑录索引 [M]. 上海：上海古籍出版社，1980.

河北境内运河两岸语言外在表现形式调查报告

沧州师范学院调研组

在本期京津冀语言文字工作调研中，本课题组试图通过艺术学角度整理、分析河北省境内运河两岸的语言外在表现形式资料，阐明语言文化产生的背景及价值，为京津冀语言文字事业协同发展政策调整提供理论依据和借鉴。

首先，课题组进行了一些卓有成效的实地调研。沧州地区的文化遗存丰富，需要调研的地方很多，但是各县县志等内部资料匮乏，书面材料匮乏。我们课题组成员来到泊头、青县、献县进行了调研，取得了一些收获，并发动领导、同事以及亲朋好友帮助联系和寻找相关资料。

其次，课题组对运河语言其他外在表现形式进行了大量的文献查阅。课题组不仅对河北省境内一些艺术形式产生的背景及文化价值进行了研究，还对其起源、表现形式、表现要素、艺术分类、艺术特性等要素进行了研究。

再次，在实地调研和文献查阅过程中，我们结合本课题组成员的个人研究专长，将河北省境内运河两岸语言外在表现形式初步细化为大洼文学与生态散文、河北童谣、哈哈腔、河北梆子等具有运河文化特质的分类，并将这些具体内容分工到课题组成员，分头调研，从而全面梳理和掌握运河两岸语言文字发展的整体情况、主要问题及发展趋势，结合不同历史时期与文化发展的不同阶段对其进行细致的整理。

大洼文学与生态散文

张华北　执笔

一、大洼与大洼文学

1. 大洼的概念

大洼是大草洼的简称，是民众的语言，即大沼泽湿地、洼淀之义。历史上沧州东部一带地势低洼，形成了许多洼淀，属于大草洼区域。

大洼文学中的“大洼”概念，狭义指原南大港湿地，面积在 2 万公顷以上；广义指沧州东部沿海的南大港、黄骅、海兴、天津南部滨海新区大港街低洼地带（原属黄骅）及山东北部黄河以北，南北近 150 千米。大洼文学中的大洼应指广义的大洼。

2. 大洼文学概念的提出和形成

1989 年，时任沧州作协主席阎可华为南大港作者整理的民间文学集《神鞭赶水》作序《粗犷绮丽的大苇洼文化积淀》。在序中，他最早提出了这一地域的文化特征：“千百年来，在这人烟稀少，几乎与外界没有多少来往的洼民中，积淀了很深很厚的大洼文化层。”

1993 年 7 月，田松林小说集《老洼》出版。刘襄铭、张铧东在为其作的序言中写道：“这里，经历过时代的风雨雷电；这里，生出过许许多多、可歌可泣、可悲可叹的人和事。大洼和大洼人需要有人写，很值得一写。松林先生的《黑船》和《老洼》便开了大洼文学的先河。”“大洼文学”在这里首次提出。

田松林的小说集《黑船》与《老洼》出版以后，1996 年河北省作协第六次代表大会小组座谈时，省作协原副主席、老作家张庆田先生提出一个“渤海文学”的概念。会后，张庆田先生又在《文论报》发表文章，重新提出了“大洼文学”的概念。1999 年田松林的《蒲堂闲墨》问世后，张庆田先生再次在《文论报》上发表文章《由田松林的小说看大洼文学》。“大洼文学”这一称谓，逐步明晰。

2000 年，时任河北省作协主席铁凝到沧州召开座谈会，对沧州文学现象做了定性的分析，认为沧州已在形成大洼文学、运河文学等几个文学板块，并正式将“大洼文学”作为沧州的一个文学品牌。

2001 年 5 月，在“河北省基层文学现状与发展趋势”调研活动汇报会议上，经过讨论与研究，铁凝在大会结论中正式明确了沧州“大洼文学”的提法。“大洼文学”的提出并被社会认可，标志着“大洼文学”在逐步走向成熟，成为河北文学板块中的重要一支。

2001年8月20日，《黄骅报》组织召开首次大洼文学研讨会。时任沧州作协主席左立之，理事王兆龙，作家田松林、何香久、张华北、欧阳北方等30余人参加，大家对大洼文学的生成和发展做了初步的研讨。

2005年1月，黄骅文学期刊《渤海潮》复刊，并开设《大洼文学》专栏，大洼文学得到广泛的关注。

中国作协主席铁凝作为《渤海潮》的名誉顾问，曾多次来到黄骅，三次到南大港大洼，对“大洼文学”的发展寄予厚望。在《渤海潮》创刊题词中，铁凝写道：“我曾走进过这片饱含诗意和传奇的大洼。祝不断推出厚朴、健康的好作品。”

2012年，作为大洼文学核心地带的南大港产业园区创办了期刊《大洼文学》，为展示大洼文学搭建了又一个平台。

3. 大洼文学的概念

大洼文学的概念怎样确定，诸多作家形成了自己的观点。

省作协原副主席刘小放认为：“黄骅籍的作家形成了一个创作群体，他们的作品散发着浓郁的地域特色，有着渤海滩大洼苍茫、沉雄、顽韧、奇特的人文气韵。”

沧州作协原副主席田松林说：“因为生在苦海沿边这么一个特殊的地域环境，饱受了这种独有的风雨的滋养，所以也就对大洼的地理环境、大洼人、大洼风情，有着一种深厚的执着的感情与缘素……作为一种文学个性和文学品格，是不会衰落的。因为个性、地方色彩是文学的生命，没有地方的就没有全国的；没有民族的，就没有世界的。”

沧州文联原主席李文岭说：“尽管我离开黄骅30多年，做的最多的梦还是家的那个土炕。……你是哪片洼的人，你就离不开哪片洼。人，生在了什么地方，就决定了他的归宿……大洼文学如果成立的话，不单是沧州的，也不单是河北的，它应该是中国的，也应该是世界的。”

沧州作家何香久说：“那是一个文学的富矿，它所给我的文学营养超过了任何一个地方。一望无际的芦苇荡，月黑风高的土匪故事，凄婉哀怨的民间传说，让我走进了一个地域文化的新大陆。”

“大洼文学不仅仅是一个‘地缘文学’的概念，它是一个区域的文化精神在文学上的体现。大洼文学是有血性、有根性的文学，它们展示的是一方水土上的特殊人群的生存状态。大洼的生态同时也是一种文学的生态，相信它会一步步发展起来，并树立起自己的旗帜和产生一个有影响的作家群。”

笔者认为，大洼文学的特点是鲜明的，它具有作家地域性，有一批作家生长、生活在（或生活过）这片土地上，同时具有作品地域性，多描写这片土地上的自然、人物、事件、社会，或由此而得到的感悟。

大洼文学的美学特征表现在以下三个方面：

其一，具有鲜明独特的大洼地域特征，作品展示奇特广袤的自然美。

其二，具有粗犷豪爽的大洼民众性格特征，作品凸现旷达阳刚的人性美。

其三，具有厚重的大洼历史文化积淀特征，作品增添历史传承的苍凉美。

由此可以给大洼文学下如下定义：大洼文学是指生活在渤海沿岸洼淀地域环境中的民众和作家，创作的以口头和文字描写的，以洼淀地域为背景，以自然和人文等为题材的文学作品，并由此形成的一个独特的地域文学集群现象。

二、大洼文学代表作家作品

有学者认为："大洼独特的风土，独特的文化滋养着生于斯长于斯的一代又一代作家。在苦水中泡大的大洼人，有着改变命运的强烈愿望和求索精神，加上艰苦环境磨砺出来的极强忍耐力，使他们的争先意识一代比一代强烈。于是，成功者就成了黑暗中的一盏灯，就成了文学路上的一面旗。"大洼这块洼地具有独特的凝聚力，是具有文学灵气的洼地。20世纪70年代以来，从大洼走出来的作家、作者不断壮大了大洼文学队伍，作家、作品不断在文坛获得不凡的影响。在这片充满激情的土地上，养育了诸多作家，他们用手中的笔描写附着于这块土地上的自然景物和与这块土地息息相关的人们，沉积于这块土地中的历史与文明。各类文学作品放射出奇彩，闪耀着地域印记的银光。

1. 诗歌

这是一片很容易出诗人的热土，他们的诗有着浓郁的乡土意识。值得一提的是诗人刘小放、何香久、祁胜勇、蒋梦麟。

刘小放，是大洼文学最早的扛旗者，他的诸多诗歌出自对这片土地的眷恋。他的《荆条树》是这样写的：

在渤海滩的碱土里
扎下的根都拧成苦炼的疙瘩
却抽出紫铜的鞭杆似的枝条
开出一嘟噜一嘟噜粉郁郁的花
只要是没有遭到砍伐

几年的光景就是一棵倔强的树
树枝间挂着碗大的马蜂窝
树根下有老田鼠掘出的新家
叶如松针　干似龙蛇
面对苍天无牵无挂
盛夏　只为农家遮一方绿荫
隆冬　挺起一副桀骜不驯的骨架

在大洼作家群中，就对大洼的出色描绘及“大洼情结”的浓厚与强烈程度而言，刘小放无疑是最有代表性的。

他还写道：

大苇洼，你是我真正的祖宗
我的根就与你深古的芦根盘在一起
我就是你滋生的那管芦笛呵
带着一腔大洼的土腥和皴绿的胎记

何香久是一位激情四溢的作家，其早期的诗歌饱含了对家乡的热爱，对大洼的眷恋。他写大水、大风、大鼓、大洼、土炕、石碾，还有老枣树、古井、瓜棚、红荆。他在诗歌《大洼》中写道：

现代文明的返祖地带
大平原上毛发最浓密的一隅
芦苇　菖蒲　红蓼
这些汁水饱满的植物
它们顽强的根须
总是牢牢抓住
史前岁月
季节和阳光
肃立于它们的方阵之外
传书的鱼雁一年年少了
春消息却年年

乘着白毛子风的翅膀
如期归来
……
无边无际的绿连绵为城堞
腐叶覆盖的路细如草绳
只有红狐和猎户能辨认出它
那许多夜黑风高杀人越货男女私情的故事
总发生在这地方
……
在这里谋食的人都是好汉子
你得抡得动一手粗的钐秆
你得住得惯偎着长虫的地窨棚
你得拉得起三千斤苇坨的凌爬
那凌爬拉起来你不能歇一下脚力
让冰大坂在你脚底下
发出金属一样的声音
裂出二里地长的口子
喘一口气　带着血的腥味那才来劲
大洼里没有树
大洼里的人把自己的意志种下去
要想活得潇洒
就得比树更强悍更坚韧

诗中还原了大洼的历史，还原了大洼人粗犷的性格、艰辛的劳作。

祁胜勇写高粱，写家乡的父母、亲人，写飞翔的鹰、马群、村庄，他把其在故土上的灵感凝结在他的诗行里。他的《高粱熟了》这样写：

高粱熟了
高粱熟了的颜色常使我联想起一种血液
我父亲和母亲的血液
在炎阳下的田野里大片地渗出
美丽得使我的心

隐隐着疼
高粱熟了
朋友这很不容易
你不是农民的儿子你没吃过高粱你不知道
生我那年收成不好
就是高粱一口一口把我喂大的

蒋梦麟是个田园诗人，他描绘田园风光，表现返璞归真、怡情养性的情趣。他以灵动的笔触为家园留影，极力留住田园、大洼的美景，留住欢乐的童年。那些对家乡的思念和回味，那些透视着最底层芸芸众生生命意义的诗行，无不给人以崇高的内涵。他追求的诗意境界是一个洁净的世界，也是有良知的诗界不懈追寻的净土。

2. 小说

小说的作家阵营不断壮大，这片底蕴深厚的土地为他们立足地域特色、描绘风土人情提供了不尽的源泉。

小说作家群星灿烂，田松林、何香久、欧阳北方等组成了大洼文学的小说群体。

田松林出生于大洼边的扣村，以大洼人的题材写出诸多短篇小说，早期小说集有《黑船》《老洼》，近期笔记体短篇小说集有《蒲堂闲墨》。他用朴实的语言、细腻的描写，塑造了许多有血有肉、有情有义的活生生的大洼人物，如《苇淀中秋》中的黑嫚、《老洼》中的洼爷老玉山、《芦花飘飘》中的翠翠等，他们粗犷、豪放、机敏、憨直、富有牺牲精神，反映出大洼人的淳朴民风和性格特征。田松林的小说也开创性地竖立了现代大洼文学的旗帜，是现代大洼文学的创始人。

何香久先生 20 世纪 80 年代以大洼为题材，创作了诸多中短篇小说，他的《孤夜》《熬鹰》《翠桃》《红鱼》《大水》等篇目，或情节跌宕，或惊心动魄。

欧阳北方以其细腻的笔触和特有的灵感，创作了以大洼一个家族三代女性悲剧命运为核心的长篇小说《无人处落下泪雨》和以大洼人为题材的中篇小说《风中的芦苇》，成为大洼文学中最富实力的作家。

3. 散文

大洼文学散文作家较多，张强、阿涵、王福利、吴忠顺等形成了一个可观的群体，并且有着自己的风格。

张强的《洼风》由大洼的风引起对大洼的景色和生于斯的大洼人的描写，衬托出作者对大洼这片不可多得的湿地的忧思。

阿涵的《有关大洼的记忆》等篇章以流畅的笔触写出古老的大洼里，现代人与大洼的情感的衔接。

吴忠顺写了大洼里许多已经消逝的事物，试图用质朴的情感记录下将要遗忘的年代。因此，其散文更具有着史料图画般的珍贵价值。

4. 民间文学

民间文学大都由作家们收集整理而成。从文类上来说，其包括神话、史诗、民间传说、民间故事、说唱文学、民间小调等。大洼民间文学反映了大洼这片古老土地上孕育的积淀，是大洼人民长期生活的产物。如田松林整理的《小寡妇哭坟》一唱三叹。

> 小辛庄儿东大门儿，史家的闺女张家的人儿。张家出了个小寡妇儿，一声一声地哭男人儿。眼泪湿透了灵前土，点点滴滴箭穿心儿！我的那个天呀……
>
> 玉手钢针走银线，做出衣服给谁穿？鸡蛋合子姜丝鱼，端到桌上和谁吃？月上东墙星儿稀，谁与俺共枕说体己？我的那个天呀……
>
> 东屋的碾子西屋的磨，谁给俺牵驴拿簸箩？柳木扁担柏木筲，谁给俺挑水洗裹脚？一捆子韭菜两捆子葱，谁给俺上房打灶筒？我的那个天呀……

这首民间小调是这一带民间流传广泛、唱词哀怨悱恻感人、最具代表性的长篇民歌。

张华北的《神鞭赶水》、韩学行的《黑龙港的传说》，以及王金尧的《洼稀庄子传奇》等都具有一定的地域文学代表意义。

三、我的大洼生态散文

1. 大洼是我创作的源泉

20 世纪 60 年代初，少不更事的我随家人由川南来到北方，在渤海湾的大草洼旁生活下来，像普通的一棵芦草扎下根，一扎就是半个世纪。海边的这片草洼，亘古以来一切在这里繁衍生息的生物是最早的子民。历史上的荒寂保存了一片充满神奇的湿地。我在感受它的广袤和美丽的同时，与那些于此赖以生存的飞禽、鱼类、陆生动物、昆虫和万千植物相伴而生。

我忧郁它们生存环境的日益恶化，感愤它们作为地球生命一员被偏执的人类所蔑视和摧残。当少年时萌生的文学意识重新萌动时，我的笔很自然地把这些境况和感悟宣泄于文字中。我用激荡不已的激情去抒写这片湿地中的生态之美，抒写厚重的人文历史苍凉之美，抒写这方水土上的人性之美。

大洼是我创作赖以生存的湿地，它以无私的神韵给我以灵感，我以心中的底藏给予它倾心的回报。在我的笔下，我赋予那一苇一木、一鱼一蛇、一鸟一虫以对生存环境抗争的性格建构大草洼里生命的坚韧和神圣的价值。这种难以割舍的对大草洼的依赖，促成我大部分创作灵感的集成。只有把创作的根像芦根一样扎进这片深厚的泥土里，才可以把它作为独特的创作源泉。

2. 生态散文的意义

生态散文，在我国兴起于 20 世纪 80 年代初，其背景是全球经济迅速发展，生态危机日益加剧。作家在人类生态环境恶化的形势下，用笔讴歌自然的美好，谴责人类自身破坏生态的丑行，呼唤人类将自然环境作为人类赖以生存的母亲，善待自然、保护自然。他们在文章里倾注了对环境道德的忧思、对生态资源的担忧，同时，关注生命价值，寻求人与自然、人与社会、人与自我的和谐，这也就形成了生态散文的积极意义。

在生态散文中，你可放开眼界关注整个国家、整个世界的每一个角落，也可关注一个生态环境的角落，即某一地域的生态环境，窥一斑而知全豹。而后者更能集中笔墨、集中情感、集中思辨的力量投入。从这一意义来说，地域性生态散文更具有它的独特性和唯一性，正像哲人所说：世界上没有相同的两片树叶。

地域生态散文应是一种艺术的创造，除了具备散文应有的基本特征（精心的结构、美的意境、美的语言）外还要具有独特的地域性（这地域的特征是不可复制、独一无二的文学环境）和独自的思考（突出对地域生态的忧患意识）。散文的风格是一个作家区别于他人的独特之处，文学不能千篇一律，不能千人一面。

3. 我的大洼散文创作

对人类生态环境的关注，对这片大洼的钟爱，触发了我久已郁积的用最奇美、最真实、最激情的文字描写大洼的情感，那文笔细腻、内容涵富的大洼散文像泉水喷涌而出。这里，你能听到鸟儿的争喧、鱼儿跃水的欢歌；你能看到臻臻百草的劲舞、灵蛇婉曲的奋进。大草洼，是一个鲜活的世界，是一个生命的富藏，自然与人类在这里组成一个相生相伴的环境。

《大洼之草》是人类的生命之草，《大洼春景》是人类愧对自然的写照，《大洼治蝗》更是人类在生物灾害面前不断自省的记录，《鸿雁飞来》是缔造禽鸟灾难的人类昔日的再现。

2003 年，散文集《大洼如歌》出版。如果说，这之前我还只是凭感觉进行生态散文的创作，这之后我已着意地把自己纳入了生态散文作家的行列。

2007 年，散文集《大洼行吟》出版发行。这里有我关心的坚守大洼的麻雀，有固守冰原的大麻鳽，有劳顿一生的黄牛，有死于车轮的草兔。我赋予它们以人性，赋予它们以思想，让它们在这片大草洼里生生息息，构建生命的美丽。

2007年寒冬之时，我自费考察，背起行囊南下，在黄河口湿地看丹顶鹤在云水间畅翔，在黄海岸边盐城湿地听丹顶鹤在风中长唳。春来，我乘车北去，在辽宁双台河口、吉林向海和莫莫格湿地、黑龙江扎龙湿地和兴凯湖，看丹顶鹤的群舞，听丹顶鹤的组歌，追寻着它们的身影，记录它们精彩美好的传说。

幼年时期的艰难生活、青年时期的勇于吃苦，给予我坚强的意志——远行4000余千米、纵跨6省。2008年7月，这一国家创作专题如期完成。2009年，散文集《丹顶鹤的那些事儿》出版发行，这是国内第一部描写丹顶鹤的散文专集。

2008年，我的散文《秋声秋色里的大苇洼》荣获全国第三届冰心散文奖。当年，我被评为“沧州骄傲”十大新闻人物。2014年，散文集《丹顶鹤的那些事儿》获河北省第十二届文艺振兴奖。这是对我多年致力于这方水土上的散文创作成绩的肯定，也是对我的极大鼓励。

2013年，我的散文集《九秋》出版发行。这是我近年来结集的大洼生态专集精华本。

2017年，我的手记体散文集《父亲树》作为“冀版精品工程”首届原创精品图书由花山文艺出版社出版。书中抒写了父亲的大爱，诠释了父亲的责任，呼吁社会珍爱生命、关注血液病孩子。

目前，我共出版散文集7部、民间文学集1部，参与编辑整理《中国历代名家散文大系》等古籍整理3部，散文创作200余万字，获得全国、省市各种文学奖项20多个，散文选入全国、省市文学选集30多部。

地域生态散文最高美学价值，是以作家的忧患促进人们对生态环境系统的认识，加深人类对自身发展的崇高品质的追求，促进人类环境和谐。由此看来，生态散文作家肩负的责任非常重大。

为此，我寻求自己的创作思路和风格，立足于大草洼这片地域，选取题材，挖掘大量自然、历史、人文、社会沉淀，联系现实生活，以散文形式创作，追求、呼吁人与自然的和谐、人际的和谐、自我心灵的和谐，极力反映自然和社会中应展示的审美内容。大洼给予我坚韧的信念，也赐予我丰厚的宝藏，所以，我理解大洼似乎比别人更为深沉，我的笔下也就自然饱含了大洼的灵气。

4. 大洼文学的人文生态家园

中国作为幅员辽阔的多民族文明古国，诸多的文化类型组成了中华民族文化家园，如齐鲁文化、吴越文化、荆楚文化、巴蜀文化、燕赵文化等。文化是人类或者一个民族共同具有的符号、价值观及其规范。人文指人类社会的各种文化现象，指人类文化中先进的、科学的、优秀的、健康的部分。

大洼地域是大洼文学的人文生态家园，大洼文学各类作品不断涌现，作为地域文学扎根在富含营养的人文故土，具有强盛的生命力，也具有强劲的发展优势。大洼文学是大洼文化的组成部分，共同在大洼的文脉里生成和壮大。

大洼文学作为一个具有鲜明地域特色的文学现象，也将引起学术界更加广泛的关注，在文学的地域化与地域的文学化中成为一个典型。大洼文学将在开掘和拓展中不断被赋予新的内涵和美学价值。

河北童谣语言发展研究

韩丽梅　执笔

一、河北童谣的产生

我国童谣的历史十分悠久，可以追溯到两千多年以前。在《春秋》《国语》《战国策》等历史著述中，可以读到最早记载下来的童谣。在我国古代，童谣是指民间儿童念唱的歌谣。文献中对“童谣”还有其他称谓，如“童子歌”“孺子歌”“婴儿谣”“童儿歌”“小儿谣”“小儿语”“儒歌”等。

民间童谣最初伴随神话产生，传唱于儿童之口。那么究竟什么是民间童谣？韦昭注《国语·晋语》：“童，童子。徒歌曰谣。”杨慎《丹铅总录》：“童子歌曰民间童谣，以其出自胸臆，不由人教也。”民间童谣是由一代代人口耳相传的，带有浓厚的地方特色，诙谐幽默、音节和谐、形式简短，传唱在儿童之间的没有乐谱的歌谣。民间童谣的创作者未必是儿童，但不论是成人为儿童制作，或是本属于成人的歌谣，只要是被儿童所乐于接受或模仿，活跃于儿童口耳之间的，都可以将它视为民间童谣。

中国古代民谣可以按歌者分为童谣和民谣，但是我们几乎找不到古代童谣和民谣的更多的差别——因为童谣也被古人政治化、成人化而成民谣了。

中国是一个历史悠久的文明古国，童谣的创作与民间谣歌的创作在人类文明的初始阶段就开始了。人类自从有了语言之后，便在劳动中进行口头创作，这成为最原始的歌谣。他们借歌谣记录自己的劳动成果，表达自己征服大自然的愿望，并交流思想情感。有人认为《吴越春秋》中的《勾践阴谋外传》所记载的《弹歌》“断竹，续竹，飞土，逐宍（古‘肉’字，指禽兽）”是黄帝时代的歌谣。虽然无法确认其准确的年代，但它无疑是一首比较原始的猎歌，描述了原始部落的人们用削尖的竹器，飞尘激扬地追逐野兽的情景。《尚书·汤誓》“时日曷丧？予及汝皆亡”被认为是夏代民歌，相传是夏桀时人民反抗斗争的呼声。到了西周中晚期，便出现了官方收集整理的诗歌总集《诗经》。《诗经》中的“风”，便是流行于各诸侯国的民歌。这种民歌反映了下层人民的心愿，反映了各地的民间习俗，是一种便于歌唱、结构较为完整、艺术造诣较高的民谣。

古代统治者出于巩固其统治和满足其精神享受的目的，很注意采集民间歌谣。秦汉时期，中央设置乐府，其任务是制定乐章、乐谱，训练乐员和采集民间歌词。据《汉书·艺文志》载，汉朝时乐府采集民歌遍及黄河流域，大江南北。东汉哀帝时乐府人员达八百多人，其所收诗歌，一类为雅乐，专供朝廷祀祖宴享使用，一类为俗乐，即从各地采来的民歌。唐代乐府又有新发展，谓“新乐府”。宋朝郭茂倩编《乐府诗集》，把汉至唐的乐府诗分为十二类，其中搜集保存了许多珍贵的民间歌谣。

到了明代，随着俗文学的新发展，民歌出现了繁荣景象。明代的文人把民歌作为明代文学艺术的“一绝”称著于世。此时期的民歌多是城市中传唱的俗曲和情歌，也有一些反映封建压迫剥削，歌颂农民反抗斗争的歌谣，像李自成起义中流传的童谣、民谣都最值得称道，如“金江山，银江山，闯王江山不纳捐”。

清代文人继续明代文人的遗风，搜集民间通俗歌谣的风气更盛，保存下来的歌谣较明代为多。如清代郑旭旦辑的《天籁集》一卷和悟痴生辑的《广天籁集》是古往今来少有的儿歌专集。这些儿歌专集是成年人向儿童传授知识，训练儿童语言的，一般句子较短，语言简易流畅，适合儿童诵唱，也有不少反映社会生活某些侧面的内容。

清代末期北京无名氏曾集《北京儿歌》数十首，几乎同时，韦氏（意）也曾集《北京儿歌》数十首，然而歌词内容多有区别，说明其搜集面各有所侧重。

新文化运动之后，童谣专集更是层出不穷。特别是20世纪二三十年代，像朱天民的《童谣》《各省童谣集》，马克谈的《儿童歌谣》等收辑了不少童谣。其中我们可以见到不少古代河北童谣，以及现在依然流行的河北童谣作品。

因此，我们所理解的民间童谣是一种在民间广为流传、富有地方语言特色的口头文学作品。民间童谣所特有的文化性、生活性、审美性和开放性，不但易于孩子接受和理解，也有利于民族文化的传承和语言学习。

追溯童谣发展历史，便可查到人类文明初始的足迹。最近听到的一首流行歌曲，寥寥数语把童谣的诵唱形式、历史作用说得一清二楚：

“童年的歌谣，孩子的歌谣，能把嗓子喊哑的歌谣，可爱又可笑……”

"长久的歌谣，古老的歌谣，一部一样重复的歌谣，永远不会老。"

"传说的歌谣，车轮似的歌谣，从很远很远的过去驶上立交桥……"

现代的文明连接着遥远而粗俗的童谣，高度发展的科学技术伴随着沙哑的童稚的吵闹。

作为河北传统文化的一部分，河北传统童谣与邯郸的学步桥、唐山的彩瓷、武强的年画一同构筑河北文化的框架。河北童谣以本土白话为语言载体，以口耳相传、代代相传为传播纽带，再现了河北地区的风土人情，并在街头巷尾中广为传诵。轻快明朗的韵律，顶针排比的修辞，琐碎生活的叙述，真挚美善的追求，彰显着它深刻的审美价值内涵，并承载了燕赵人豁达、侠义、务实、诙谐的精神特质。

河北民间童谣的主要特点是语言浅白易懂，节奏感强，能诵能玩，声韵活泼自然，句式短小生动，想象奇特幽默。童谣教学有利于培养孩子纯正高尚的道德情操、美好的情感、良好的行为习惯，丰富和发展孩子的想象力以及语言表达能力。

二、河北童谣的分类

河北童谣按内容划分可分为三类：一类是政治类童谣；二是生活知识类童谣；三类是游戏类童谣。

（一）政治类童谣

政治类童谣褒贬捭阖，或颂扬清官循吏，或赞扬农民起义领袖，或反映近代人民反帝反封建的斗争，以及现代人民拥护共产党，反对地主压迫剥削等。在古代，有不少童谣是无情揭露、鞭挞封建剥削制度和贪官污吏的。

先秦时期就有"以古遒人徇路，采取百姓讴谣，以知政教得失"① 的做法。到了秦朝，政府就已经建立乐府机构，其目的是采集民间歌谣以了解民俗民情。汉代从汉武帝起，更将此形成一种固定的国家制度："自孝武立乐府而采歌谣，于是有代、赵之讴，秦、楚之风，皆感于哀乐，缘事而发，亦可以观风俗、知薄厚云。"② 民间歌谣很早已经被官方确定为"观风俗、知薄厚"的最基本的材料。官员下车伊始，"人人问以谣俗，民所疾苦"③。采集歌谣以观民风，成为历代官员最为重要的公事。古代官方何以如此重视民谣？因为这些歌谣几乎都与各代的官僚阶层、官僚制度、政治事件有关。民谣是民众对统治阶级最为直截的评判，可以说起着十分有力的民间自发性质的监察

① 《汉书》卷二二《礼乐志》第二颜师古注。

② 《汉书》卷三零《艺文志》第十。

③ 《汉书》卷六七《赵尹韩张两王传·韩延寿传》。

机制作用。

纵观我们所收录的河北童谣，歌颂帝王、清风廉明的官吏和具有民族气节、反抗外侮的英雄人物和历史事件居多，如收录在程英编辑的《中国近代反帝反封建历史歌谣选》中有代表的一首《义和团到前庄（河北）》：“孩子呀，别哭了，义和团到了前庄了。杀洋人，砍官兵，救穷的，济苦的，让咱们吃饱饭，让咱们有衣穿。”

和颂扬为主要内容的童谣相呼应的，是鞭挞气焰嚣张和贪婪凶残官吏的怨谣，其在风格上比颂谣来得更加质朴痛快。如在南朝宋刘敬叔《异苑》卷四中收录的《秦世谣》：“秦始皇，何（僵）〔强〕梁。开吾户，据吾床。饮吾酒，唾吾浆。飧吾饭，以为粮。张吾弓，射东墙。前至沙邱灭亡。”《异苑》是一部志怪小说集，此谣后有一段文字说明：“始皇既坑儒焚典。乃发孔子墓。欲取诸经传。圹既启，于是悉如谣者之言。又言，谣文刊在塚壁。政甚恶之。乃远沙丘而循别路。见一群小儿辇沙为阜。问云沙丘。从此得病。”这段说明虽系子虚乌有，但秦世谣歌却反映了当时人民痛恨秦始皇的情绪，预示了他的死亡。

为什么在童谣中包含着政治因素呢？这是一个值得深入思考的问题。

实际上政治童谣是一种形式特别的民间政治歌谣。政治童谣表面上谓之童谣，是就其外在形式和传播方式而言的，实际上它关注有关重要政治事件或人物，预言其未来结果。它常常被披上神秘的面纱，显得神异古怪，一时令人迷惑不解。比如东汉末年董卓横行时，就有一首“千里草，何青青。十日卜，不得生”的童谣，在《后汉书》中记载。这首童谣用了拆字的方法，“千里草”“十日卜”指的就是董卓，预言当时第一权臣董卓的结局，说他不得好死。最后童谣真的应验，显示出它的神奇。历史上，每当政局混乱或危急时期，这种童谣就流行天下，数量甚多。由于各种神秘因素的掺杂，关于政治童谣又有太多的谬论与误解，对于它的题材、内容和语言形式等问题的研究，仍处于空白状态。

河北省地理位置特殊，自古便是兵家必争之地。自元代以后，其又居于京畿重地，临近全国的政治中心，童谣成为当时底层人民抒发个人情感的主要载体。同时这类童谣记录下历史事件的一鳞半爪，也为历史史料提供了佐证。首先，我们来看载入《后汉书・五行志》中的《桓帝末京都童谣》：

> 白盖小车何延延。河间来合谐，河间来合谐！

意思大致是说，东汉顺帝阳嘉初年，封河间孝王子刘淑为解渎亭侯。淑卒，在苌嗣。苌卒，子宏嗣。桓帝死后，窦武立宏为灵帝。童谣中所指白盖子的奔丧车络绎不绝，原来是河间解渎亭侯来即位的。

南朝梁任昉《述异记》所记述的《冀州童谣》：

虎豹之口，不如饥人。

此谣篇题见清代史梦兰编著的《古今风谣拾遗》卷一。冀州，辖境相当于今河北省中南部、山东西端及河南北端。三国时治所在今河北衡水市冀州区。据《述异记》载："袁绍在冀州时，满市黄金而无斗粟。饿者相食，人为之语曰：'虎豹之口，不如饥人。'"这首童谣反映了袁绍在冀州时，冀州一带闹饥荒，民相食，人吃人，比虎豹都厉害。

参见《晋书·王浚传》中记载的《幽州民为枣嵩谣》：

十囊五囊入枣郎。

晋怀帝时，王浚率兵讨伐石勒，曾派其婿枣嵩督诸军屯于易水。后王浚阴谋篡位自立，自领尚书令，以枣嵩、裴宪为尚书。枣嵩贪财，搜刮无度，十囊五囊都进了他的腰包。王浚听说后，只是说说而已。这首童谣正是讽刺枣嵩贪婪受贿，搜刮民脂民膏的。

太平天国时期流传的河北童谣颇多，也不乏生动之作，如《义和团，起山东》：

义和团，起山东，不到仨月遍地红。孩童个个拿起刀，保国逞英雄。①

清末义和团运动从山东兴起，很快便席卷河北大地。这首儿歌表现了当时燕赵大地的少年儿童纷纷加入义和团保家卫国的情形，真实地反映了当时中华民族同外国侵略者的尖锐矛盾。

《大兵伤了好几万》则记录了北洋军阀混战的情况：

哦，马队步队洋枪队，机关枪，嘎嘣脆，曹锟要打段祺瑞；机关子枪，真有准儿，张勋要打吴小鬼儿（指军阀吴佩孚——本书作者注）；吴小鬼儿，真敢干，坐着飞机扔炸弹；一个炸弹不要紧，大兵伤了好几万。②

① 吴城编：《河北传统儿歌选》，河北人民出版社 1984 年版，第 2 页。

② 《河北传统儿歌选》，第 11 页。

《埋铁瓜》表现了抗日战争时期儿童团员埋设地雷炸鬼子的壮举：

公路上，树荫下，儿童团员埋铁瓜儿。铁瓜儿，不发芽，马蹄一踩就开花。轰隆隆，哗啦啦，炸得鬼子叫爹妈。

总之，政治童谣在中国古代，总是以国家或地区的重要事件或人物作为描述对象，而且预言其结局的。河北政治童谣就是以发生在河北地区的重要政治事件和人物为主要描述对象，并预言其结果的。由于政治童谣题材的政治性最为显豁，因而也有异常的社会敏感性，这在古代各种文体中是罕见的，所以政治童谣经常出现在历史上的特殊时期，和任何文学题材相比，其内容的敏感性、尖锐性皆有过之而无不及。

政治童谣的造作者有的来自民间，有的来自某种政治势力。造作者为了掩盖童谣的出处，多采用比较隐晦的语言和修辞方法，间接地表达造作者的政治主张。河北政治童谣在造作时用到以下几种修辞法：

（1）拆字法或字谜法。如《襄国童谣》：

古在左，月在右。让（讓）去言，或入口。

此童谣据《太平御览》一百六十一卷，为《晋书》逸文。“古在左，月在右”即“胡”字。“让（讓）去言”即“襄”字。“或入口”即“国”之繁体“國”也。西晋亡后，羯族人石勒，于 319 年称赵王，建都襄国，史称后赵。这首童谣用字谜组字的形式，预言襄国这个地方很快就要建立以胡人为首的国家。这是童谣常用的一种表述形式。

（2）谐音法。《北齐书 · 文襄纪》中的《魏武定时童谣》：

百尺高杆摧折，水底燃灯灯灭。

武定是东魏孝静帝年号（543—550）。“百尺高杆摧折”，这句据《隋书 · 五行志上》载：“五年神武崩，摧折之应。”“高杆”，喻指北齐神武帝高欢。高欢于武定五年（547）死。“水底燃灯灯灭”，《隋书 · 五行志上》作“水底燃灯澄灭”。灯、澄同音，这句指高欢长子高澄之死。高澄于 549 年遇盗被害而死，高洋代魏后，高澄被追谥文襄。这首童谣预言了北齐神武帝高欢和文襄帝高澄的死。

（3）特征法。用某人身上的身体特征指代其人。《北史 · 齐文宣帝纪》：《齐天保间童谣》：

马子入石室，三千六百日。

“马子入石室”：据《北史·齐文宣帝纪》云：“帝以午年生，故曰‘马子’；三台，石季龙旧居，故曰‘石室’。”意思是说高洋生于丙午年属马，故称“马子”。石室指石虎（字季龙）的旧居。“三千六百日”即十年。据《北史·齐文宣帝纪》载：“初，帝等祚，改年为天保。士有深识者曰：‘天保之字，为一大人只十，帝其不过十乎。’”预言高洋在位仅十年。这是一首预料齐文宣帝高洋死期的童谣，认为他在位不过十年。同时，这首童谣也从另一个侧面反映了人们对高洋的不满。

除此之外，我们考察到河北政治童谣中还运用了双关法、别名法、生肖法等修辞方法。这些方法有时是单用，有时合用，故听者难以一下意会童谣的意向所指，但是用特别怪异的方式、隐晦微妙的语言，表述对国家或重要人物前途的判断，则是一致的。童谣的语言形式，是被其内容决定的。这种特殊的语言，使童谣成为一种特殊诗歌样式。河北童谣是中国童谣的重要组成部分，丰富了中国童谣的内容与样式。

（二）生活知识类童谣

这类童谣没有什么政治含义，主要反映人民的生活、文化知识，成年人对儿童的语言训练，或是某地的风俗等。

童谣既不是居于庙堂之上的主流意识的反映，也不属于文人墨客的精英阶层创作，而是真正的大众创作，反映的是大众生活，体现的是大众意识。童谣的创作与传播与社会生活有着紧密的关系。创作、流传于河北民间的传统童谣，展现了河北民间普通百姓的生活状态、生活习俗及价值观等。

在中国古代社会，不合理的男尊女卑思想和不平等的婚姻制度给广大妇女带来了巨大的痛苦，这类思想内容在河北童谣中也有诸多记载。如童谣《井里开花十八朵》揭露了旧社会买卖包办婚姻制度下女孩子被婆家凌辱的悲惨生活：

井里开花十八朵，狠心的爹娘卖了我，一卖卖到沙河里。沙河里，人口多，十二个公，十二个婆，十二个小姑子指使我。夜里叫我纺棉花，白天叫我拾柴火，饥又饥，渴又渴，找个水桶打水喝，井又深，绳又细，捋得小手血滴滴，抬头看见放羊的。羊大哥，羊二哥，回去对俺爹娘说，卖宅子卖地快赎我。①

周作人在《儿歌之研究》中指出：“……人事之歌。其数最多，举凡人世情事，大

① 《河北传统儿歌选》，第23页。

抵具有，特化为单纯，故于童心不相背决。如婚姻之事，在儿歌童谣游戏中数见不鲜，而词致朴直，妙在自然。”①

朱天民的《各省童谣集》收集了一首河北童谣《野麻雀》：

麻野雀，就地滚，打得丈夫去买粉。买上粉来她不搽，打得丈夫去买麻。买上麻来她不搓，打得丈夫去买锅。买上锅来她嫌小，打得丈夫去买枣。买上枣来她嫌红，打得丈夫去买绳。买上绳来她上吊，急得丈夫双脚跳。

这首童谣是形容旧时那些不贤惠妇女总是故意挑剔，无事生非，对于别人总不满意，结果事与愿违。这类童谣各地都有，词句大同小异。

民众在长年累月的生产实践活动中，积累了生产经验，并通过口耳相传的形式将之传递给下一代。河北各地的普通民众从事着各种形式的生产劳动，这些极具地方特色的劳作生活，在河北童谣中同样有所体现，如童谣《卡船》表现的是白洋淀地区流行的捕鱼方式：

一根卡线长长，两把卡钩拴上。三更天里合合眼，四更天里去划桨。五更天里星星退，浪花送我来起网。早起网，快起网，收鱼的来了动手抢。②

在乡土中国，传统童谣是民众向儿童传承道德、知识和经验的重要载体，而关于生产活动知识和经验的传递又是其中一个极为重要的组成部分。此首童谣描述的是渔民的生活，又只取捕鱼生活中的一个小小的镜头做文章，充满了情趣，虽也透露出渔民生存的艰难，不过并不沉重。

童谣具有教化儿童的作用，其中必定会蕴含着积极向上的价值观，如河北童谣《奶奶夸我孝顺小儿》就通过孩子帮奶奶做各种家务的描写，表现出对老人的孝敬之心：

小板凳，三条腿，我给奶奶嗑瓜子儿。奶奶嫌我嗑得脏，我给奶奶煮面汤。奶奶嫌我煮得硬，我给奶奶剥花生。奶奶嫌我剥得慢，我给奶奶蒸米饭。大米饭，蒸得好，奶奶夸我孝顺小儿。③

---

① 周作人：《儿童文学小论》，儿童书局 1932 年版，第 51 页。
② 《河北传统儿歌选》，第 34 页。
③ 《河北传统儿歌选》，第 37 页。

母爱是永恒的主题，在河北童谣中也不例外。童谣《等儿长大多孝顺》就表达了母子情深、母慈子孝、知恩图报的主题：

秋风起，天气变，一根针，一条线，急得我娘一头汗。“娘呀娘，为啥忙?”“我给我儿做衣裳。”娘受累，不打紧，等儿长大多孝顺。①

总体而言，关乎社会生活的河北童谣涉及面广，覆盖时段长，跨越了传统童谣传播的整个历史。这类童谣并非专为儿童创作，其内容表现出强烈的成人化特征。

（三）游戏类童谣

儿童活泼爱动，他们做起游戏也时常口中念着歌谣。这类童谣为游戏类童谣。

如流行于保定地区的童谣：

盘脚盘，盘整年，正年正，烙大饼，大饼大，花饼花，一担茄子一担瓜，去掉谁？去掉他。

这类童谣没有任何政治意图，也没有明显的教育意义，但是这类童谣却显示了旺盛的生命力，活跃在孩子们的口头上。

又如明代杨慎《古今风谣》中记载的《元至正中燕京童谣三首》：

其一：牵郎郎，拽弟弟，打破碗儿便作地。

其二：阴凉阴凉过河去，日头日头过山来。

其三：脚驴斑斑，脚踏南山。南山北斗，养活家狗。家狗磨面，三十弓箭。上马琵琶，下马琵琶。驴蹄马蹄，缩了一只。

这三首童谣无多少政治意义，应是流传于燕京一代小儿玩耍之歌词。词中的大意是以生活习俗为内容。其第三首应是小儿围坐一起，将双脚伸出，边唱边点，唱落缩脚。至今中原地区有些农村仍有《盘脚童谣》，当与此相类。

传统社会儿童游戏多种多样，虽然没有现在的高科技游戏设施，却同样有趣。在千百年的发展历程中，各种游戏也形成了其独特的玩法，伴之形成的还有游戏过程中的歌谣。儿童在这些朗朗上口的歌谣声中嬉戏，更增添了一丝趣味。现代社会，这些

---

① 《河北传统儿歌选》，第39页。

游戏已经难觅影踪，但是通过游戏时念诵的童谣，却能寻出其中独特的童真童趣，如河北童谣《搂豆叶儿》：

小大姐儿，搂豆叶儿，一搂搂了个面甜瓜儿，拿到家去哄娃娃儿。哥一口，弟一口，别咬着孩子手指头。①

此首童谣借搂豆叶儿搂到面甜瓜，将一家兄弟姐妹相亲相爱的场景表现出来。

河北童谣《猫捉老鼠》是用于猫捉老鼠游戏时两个角色对答的歌谣，特别是这首歌谣还将气候和农时知识融入其中，可谓是一举两得。

一月一，早哩！二月二，砍青草儿。三月三，龙上天。四月四，龙摘刺。五月五，龙打鼓。六月六，看谷秀。七月七，掐着吃。八月八，大车小车往家拉。九月九，龙开口。十月十，龙着急。十一月，孙猴赶着猪八戒。②

踢毽子是常见的游戏形式，童谣《踢毽歌》将数字融入其中，配上押韵的句子，使得儿童在游戏中学习数字：

一个来俩，金钱卡；两个来仨，鸡毛扎；三四五，猫扑鼠；五六七，云里去；六七八，落莲花；七八九，交朋友；九十一，该你踢。③

三、河北童谣的艺术美

不同的地域由于生活习俗存在较大差异，童谣也具有不同的艺术风格。河北省地处黄河中下游流域，是中华民族发祥地之一，历史悠久，拥有灿烂的文化。受燕赵文化古朴民风的熏染，河北童谣体现出纯朴、清新、刚健、诙谐、优美的艺术风格。

童谣是民歌的一种，自然具有民歌的特征，因此它除了表现儿童生活外，民俗生活的方方面面，如逸闻趣事、婚丧嫁娶、四季农事等均在表现之列。如：

奶奶奶，明光光，开开后门洗衣裳。洗类白，浆类白，寻个女婿不成材，又

① 《河北传统儿歌选》，第 32 页。
② 《河北传统儿歌选》，第 78—79 页。
③ 《河北传统儿歌选》，第 94 页。

喝酒又打牌，好好日子过不来。

童谣反映民间生活、价值观，此童谣就是教育小孩子要好好地对待生活，不可懒惰，不可沉溺于喝酒和打牌，否则就没有好日子过。这样的生活训诫不仅在过去，即使在现在依然有其教育意义。又如：

拉大锯，扯大锯，姥姥门前唱大戏，接闺女，叫女婿，小外甥也跟去，一碗糕吃不饱，两碗糕撑不到唠。

此童谣流传甚广，它描绘出了河北当地农村赶集唱大戏的热闹景象，引发小朋友的吟诵兴趣。

童谣的创作者是一个很难确定的问题，有学者认定童谣是作家个人所做，在流传的过程中发生变异，以致后人不知出自谁人之手，一般将其视为无个人作者的民间歌谣。也有人认定童谣是在民间你一句我一句自发形成的，同时，一面传唱一面改动，所以很难找到一个最初的创作者。但是有一点是可以肯定的，童谣在儿童中流传，自然较多地与儿童生活、儿童兴趣有关，打上了儿童思想情感的烙印，如流传较广的童谣《小小子儿》：

小小子儿，坐门墩儿，哭着喊着要媳妇儿。要媳妇干吗？点灯说话儿，扇灯打喳喳儿。

这首童谣充满趣味性，仅六句，道出了小孩子对婚姻的理解和认识，符合低幼儿童的接受能力和思想情感，也勾画出一幅祥和温馨的生活场景图。

小黄狗，真不离儿，又看鸡鸭又看门儿，钻墙根儿，窜草堆儿，帮着小猫捉耗子儿，管正事，管闲事，它是我家小宝贝儿。

此童谣以轻松的儿话音塑造了“小黄狗”天真可爱、憨态可掬、乐于助人的形象，带领小朋友进入一个童话的境界。

童谣因为诞生于人们的口头哼唱之中，具有口耳相传的特点，这使其具有了节奏鲜明、韵律和谐、自然流畅、朗朗上口的天然音乐之美的特性。周作人说：“凡儿生半载，听觉发达，能辨别声音，甚感愉快。儿初学语，不成字句，而自有节调，及能言时，桓复述歌词，自能成诵，易于常言。盖儿童学语，先音节而后词意，此儿歌所由发生，其在幼稚教育上所以重要，亦正在此。”当孩子还在母亲的怀抱里的时候，自然不懂语言的内涵，更不会有自主的思维，但是他的听觉和感觉已经形成，通过母亲的哼唱，感知柔和的音调、轻快的节奏，从而带来精神的愉悦，如传统童谣《扑蚂螂》：

蚂螂蚂螂高，有人招。蚂螂蚂螂矮，没人逮。蚂螂蚂螂卖菜瓜，扫帚底下是你家。蚂螂蚂螂过河来，东边打鼓西边筛锣来。大筛小筛筛筛你婆婆脑袋。

这首童谣可以在儿童游戏时使用，明白如话，无明显的教育意义，追求的是单纯的音韵美和节奏感。前两句以“高”“招”为一韵，中间两句以“矮”“逮”为一韵，最后以“来”“袋”为一韵，音乐流畅，明快又不失单调，简洁工整又错落有致，这样的节奏给人一种回环利落、音韵谐婉的美感。再如河北童谣《爷爷给我送馒头》：

从西头，到东头，这边来了个小老头。穿着靴头，戴着帽头，腰里掖着个小斧头。上山头，砍木头，砍了这头砍那头。跟上山来个小丫头，拿着一篮小馒头。摔了一个小跟头，碰了丫头的花花头。小丫头，不啼哭，理理头，拾馒头，找到砍木头的小老头。小丫头，叫老头：“爷爷爷爷我给你送馒头。”

这首传统的儿歌中出现了 14 个“头”字组成的词语，在构成押韵的同时，也体现了较强的节奏感。一字韵中还有一种情况是，用依靠诗句句末字“儿化”，使诗句落音相近，形成一种特殊的押韵效果。

孩子具有丰富的想象力，鲁迅说过，孩子那惊人的想象力往往为成人所不及，因为他们更好奇，更渴望了解这个未知的世界，渴望从多种途径满足自己的好问、好想象的愿望。河北童谣以自己特有的方式给幼儿带来无尽的欢乐，滋养着世世代代的儿童，引领他们对美好事物的向往和探究。

四、河北童谣的语言特色及其艺术表现手法

童谣是在民间口语文化的基础上传承并发展的，属于民间的口头文学，具有民间文学的一般特点。因为童谣与口语紧密联系，所以很多童谣是需要用方言念诵的。河北童谣形式简洁轻松，没有太多拘束，有些仿佛是随口而出的简单的一句话，如“十囊五囊入枣郎”“高末”“将将朵朵”等。这些如果按照评价文人作品的标准来衡量，几乎不能算是文学作品，更谈不上押韵对仗，但是这些简短的话语或形象地概括了一

个重要事件，或模仿了一个人物的语气及语言特征，仔细体味，有画龙点睛之妙。

河北童谣的句式一般比较简单。虽然简短但意味深长。童谣单句的字数不等，但是以五言、七言为主，也有杂言的句式。

《隋书·五行志上》中记载了一首河北童谣："狐截尾，你欲除我我除你。"这首童谣在形式上体现了三言和七言的结合，同时也证明早在北齐时就产生了这种形式，后来则得到广泛应用。三三七句式中的三三两句可以视为一句，更具有早期人的口语习惯。三七相间的杂言句式被后来的童谣广泛使用，使其成为童谣的主要形式之一。比起整齐划一的七言诗歌，这种形式似乎更为灵活有趣。

童谣要想达到在儿童中广泛传播的目的，就必须做到押韵。但是现在有些河北童谣念起来不押韵，一个重要的原因是它们以书面语言的形式被记载下来，传播的区域离开了它们原来所在的方言区。

总之，河北童谣的语言特色及其艺术表现手法概括起来有如下几个方面：

第一，语言朴素自然、明快。虽说有些童谣经过文人们的润饰修改，但其中多数仍具有这一特点。

第二，通俗、流畅，易唱易念。童谣来自群众，通俗易懂，文辞流畅。

第三，句法不拘，形式灵活。童谣比起古诗词要灵活得多，句法不拘，可长可短，每首句子可多可少，非常灵活。

第四，常用隐喻、象征、双关、顶真等多种修辞方法，发人深省，加深其感染力。

第五，童谣唱念节奏常与游戏舞动相匹配。不少童谣具有适合儿童唱念玩耍的特点，宜于儿童一边唱一边玩耍。这使得童谣更宜于表现孩童的天真烂漫、朴素无华、爱说爱动、行动自由的情态。

五、河北童谣的突出特点——"童心美"

明末著名的思想家、文学家李贽提出的"童心说"，不仅是他个人核心的文学思想与艺术理论，也对整个中国古典美学与文学的发展具有极为深远的影响，其理论思维能力和艺术鉴赏能力在今天依然具有积极意义。李贽所说的"童心"，简言之为真心，即人的率真性情和自然本性。正如李贽所说："夫童心者，真心也。若以童心为不可，是以真心为不可也。夫童心者，绝假纯真，最初一念之本心也。若失却童心，便失却真心；失却真心，便失却真人。人而非真，全不复有初矣。童子者，人之初也；童心者，心之初也。夫心之初，曷可失也？"① 李贽的美学思想与文学批评理念，也正是以

① 李贽：《焚书·续焚书》，岳麓书社1997年版，第97页。

这种“童心”为基础逐步展开的。他认为只要具备“绝假纯真”的童心，作文便是自然之事，而天下所有的好文章，也正是因为具备了“童心”才成为“至文”。可以说，李贽的“童心说”对当时日益走向僵化的七子复古运动起到了很好的矫正作用，也让中国文学冲破程朱学派的禁锢，走向个性解放的道路。童谣从民间文学中来，有着悠久的发展与传播历史，它之所以能够历经岁月的冲刷而始终“活”在儿童的口头，归根结底就是因为其抒发了人类最为本真的情感，反映了人类亘古不变的生活追求。提及河北①童谣的美学特征，还是与李贽的“童心说”加以对照。事实上，河北童谣恰恰符合李贽提出的“童心说”，究其内涵，可以从这样三个方面着手，即内容真实、感情真挚、情趣美感。

（一）内容真实

简单地说，李贽的“童心说”就是要求人们表达自己的真情实感，体现在文学观念上，就是要求文学必须出自童心。“童心”也就是真心，即真实的思想感情。《童心说》提出：“天下之至文，未有不出于童心者也。”② 显然，李贽认为童心、真心是文学的第一生命，没有童心、真心就没有文学作品。这样，他把童心提高到了文学本体的地位上。河北童谣内容真实，不夸饰、不造作，以忠实的白描手法客观地描述河北人的日常生活、人情世故与精神面貌等社会文化生活的方方面面。如河北滦县流传的过年童谣：

二十三，祭灶天。二十四，写对子。二十五，做豆腐。二十六，割年肉。二十七，杀年鸡。二十八，蒸枣花。二十九，糊香斗。三十儿，耗油儿。初一，磕头儿。初二，顶牛儿。③

这是描写北方阴历年节时候风俗的童谣，它让我们看到了旧时河北农村的生活现实。在河北民间，一进腊月（农历十二月），特别是吃过腊八粥后，就有了年味儿。真正进入过年实质性准备阶段是从二十三祭灶以后，即俗话说的开始忙年。即使在春节，农家人还在辛苦劳作，只有在正月才能休息。通过这首童谣，我们对河北旧时生活有了更为清晰的认识：旧时人们的生活并不富裕，每天都要进行艰苦的劳作，才能换来节后的安闲。

---

① 这里所指的“河北”是一个相对宽泛的地域概念，就童谣的传播规律而言，虽其念诵与传唱无法划定严格的地域范围，但依然存在地域特色的差别。所以我们在这里所考察的就是一个相对宽泛但又有具体所指的地域——河北，考察其在特殊地理、历史特征的基础上创作、传唱与念诵的童谣之艺术风貌。

② 《焚书·续焚书》，第 98 页。

③ 朱天民：《各省童谣集》，商务印书馆 1931 年版，第 3 页。

河北童谣贵在直白如话，字里行间都渗透着真实的民俗生活内容。如《槐树槐谣》：

槐树槐，槐树底下搭戏台；人家姑娘都来了，我的姑娘还不来。说着说着就来了，骑着驴，打着伞，光着脊梁挽着纂。①

在河北民间，历来就有《三乡五里赶大集》《高搭戏台过庙会》的民谣。在旧时河北农村，搭台唱戏是民间最盛行的娱乐形式之一，集市和庙会千百年来从来没有间断过，并逐渐发展成不能忽略的民间生活内容。在农村树荫下搭戏台这样的主题内容自然走进童谣，儿童通过念诵，又使搭台唱戏这类民俗生活内容得到展现与传承。

河北童谣内容真实，虽然看似平白无奇，但真实的内容本身就能说明许多问题，如《一棵白菜》。

一棵白菜就地黄，三岁小孩没了娘。跟着爹爹受好过，但怕爹爹娶后娘。后娘娶了三年整，生个儿子叫孟良。母亲做的龙须面，孟良吃稠俺喝汤。端起碗，泪汪汪；搁下碗，想亲娘。后娘问俺："哭么哩?"俺说："碗底烧得手心慌。"②

这首童谣叙说了遭受继母虐待的痛苦心情，谴责的是后母的凶恶。从深层挖掘，导致后母虐童的根源在于男权占统治地位的社会现实。这类"后母"型主题的童谣南方北方都有，只是文辞稍有差异。

周作人在《儿歌之研究》中指出："……人事之歌。其数最多，举凡人世情事，大抵具有，特化为单纯，故于童心不相背决。如婚姻之事，在儿歌童谣游戏中数见不鲜，而词致朴直，妙在自然。"③ 在中国古代男女不平等的夫权社会，不合理的男尊女卑思想和不平等的婚姻制度给广大妇女带来了巨大的痛苦，这类思想内容在河北童谣中也有诸多记载。如：

小红油布鞋红线锁，狠心的爹娘卖了我，十二公，十二婆，十二小姑管着我，头不教梳，脚不教裹；跳河去，河又远，跳井去，井又深。扒着井沿骂媒人：挣了钱，打药吃，挣了银子买供吃。家前巷后走一遭，看见娘家杨树梢，杨树梢上

① 高殿石：《中国历代童谣辑注》，山东大学出版社 1990 年版，第 355 页。

② 《各省童谣集》，第 3 页。

③ 《儿童文学小论》，第 51—63 页。

聒聒叫，想俺爹娘谁知道？①

旧时女孩嫁人都是听凭“父母之命，媒妁之言”，婚姻不能自主，此童谣中的小姑娘身穿小红油布鞋被父母卖到夫家，在夫家受到种种虐待。她对爹娘的想念和对媒人的怨恨，无疑是她对不合理的婚姻制度的强烈控诉。同样题材的童谣，再如河北三河的童谣：

酸枣，酸枣棵棵，树叶，树叶多多。金盆洗，银盆卧，长大了，说婆婆。十个翁，十个婆，十个小姑管着我，挑芽菜，喂鸡鹅，挑泔水，喂猡猡。井台高，看见娘家大树梢，井台矮，看见娘家大白鹅，一年三百六十天，不来接接我。②

这首童谣记述了新媳妇为张罗一家大小饮食生活而忙碌不停，想家又不能回的辛酸。河北童谣敢于忠实生活，敢于揭露现实的精神令人钦佩。又如：

丝瓜儿，两头坏，做了媳妇难上难，冰冷水，晚秋天，淘米在井边，小叔子，钢锥眼，瞪眼把人看，看我偷米不偷米？偷盐不偷盐？③

在这里，童谣深刻反映了嫁为人妇的女子在寒冷的深秋到井边淘米，遭人监视的生活窘境。河北童谣作为生活最真实的一面镜子，以其平白、朴素却又饱含控诉的语言客观描述了生活真实。

（二）感情真挚

李贽认为，文学的本质是人的真性情。明代以后，大量回归儿童本体的童谣被发现并记录，童谣开始以儿童为中心，成为真正的由儿童“口自言，文自成”。最早对神学童谣观进行批判的明代学者杨慎曾指出：“童子歌曰童谣，以其言出自胸臆，不由人教也。”④ 河北童谣的创作与传播不仅使创作者与传播者的真实情感得到释放，同时在传播者与接受者那里实现了情感的共鸣。可以说，童谣在创作、传唱和聆听的各个环节都实现了真实情感和真性情的融合。先看河北宣化童谣《亲外甥》：

---

① 朱介凡：《中国儿歌》，台湾纯文学出版社有限公司 1977 年版，第 169 页。
② 《中国儿歌》，第 169 页。
③ 《中国儿歌》，第 220 页。
④ ［明］杨慎：《丹铅总录（卷二十五）》，浙江古籍出版社 2013 年版，第 46 页。

花红轮车就地滚，我是舅舅的亲外甥。舅舅让吾家里坐；舅母见吾黑愤愤。不吃你茶，不喝你酒；拿起马鞭就是走。走在小路上，逢着小姊姊。小姊姊，切豆腐，切破手，告舅舅。舅舅不是好舅舅，鼻梁洼里炒豆豆。①

这首童谣讲述的是平民百姓家外甥去舅舅家探亲做客的事情。外甥来了，在舅舅与舅母的“家里坐”与“黑愤愤”之间产生复杂而微妙的情感。这类童谣带有浓厚的生活气息，反映了世态的炎凉与人情的厚薄。河北童谣恰恰表达了人的真性情，从而比一些颂德的文学作品来得真实。正如李贽在《读律肤说》中指出：“盖声色之来，发于情性，由乎自然……”② 再如河北保定的童谣：

老母儿爷，亮堂堂，开开门，洗衣裳，洗得白，浆得白，寻了个女婿不成材，又喝酒，又斗牌，气得老母起不来。

这首童谣真实而率真地反映了一类男子只顾喝酒打牌而不管家庭的社会现象。与之相类似，如河北柏乡的童谣：

月亮地，明光光，开了后门洗衣裳，洗得白，浆得光，打发弟弟上学堂，念诗书，作文章，旗帜插在大门上，你说排场不排场？

此首童谣意在劝诫儿童念诗书，作文章。

河北童谣还具备浓厚的人情味，如河北顺平县童谣《野麻雀》：

麻野雀，尾巴长，娶了媳妇忘了娘，把娘背在山后边，把媳妇背在炕头上，做下饭，你先尝，吾往山后边看咱娘。咱娘变个屎壳郎，哭一场，叫一场，免叫旁人论短长，亲戚朋友来吊孝，他们流泪我暗笑，瞒着阎王不知道。③

这首童谣通过男子对老娘与媳妇的不同态度，意在传达对不孝子的不满情绪。在这些童谣文本中，童谣的始作者莫不以其诚实真挚的创作态度形象生动地展现了生活现实，抒发了日常最真挚厚重的情感，不造作，不夸饰，很好地诠释了“童心者，真

① 《各省童谣集》，第 5 页。
② 《焚书·续焚书》，第 132 页。
③ 《中国儿歌》，第 81 页。

心也”这一概念的本质内涵。

由此可见，河北童谣的“童心美”不仅是指童谣思想内容的坦白、真实，还体现在客观、真实而率真地表达真挚情感，表现在它对社会现象、家庭生活和个人遭遇等的真实反映与评价。正是由于这份真实，河北童谣才具有了一份难得而强烈的真挚与质朴。

（三）情趣美感

李贽“童心说”要求艺术创作必须具备“最初一念之本心”，这种最初之心实质上就是未经尘世污染的自然心性，也可以理解为一种自然、洒脱的情趣与天性。河北童谣的情趣美与李贽的“自然”观一样，是民众对童谣的念诵与接受过程中获得的情感与趣味的满足与愉悦，使“传统的反对雕琢、文饰的含义，扩大为对从内容到形式的一切清规戒律的否定”[①]，实现了一种“发乎情性，由乎自然”的美学精神。因此，我们在河北童谣中看到了许多在传统的精英文学中难以出现的人物形象及其情感欲望的表达。且看河北唐县童谣《野雀哳哳》：

野雀哳哳，赶到家家，腿又短，脖又长，杀了我，不如杀羊。羊就说：白日吃了一天，黑夜饿一宿，杀了我，不如杀马。马就说：备上鞍子上涿州，杀了我，不如杀了牛。牛就说：七月耕，八月犁，杀了我，不如杀了驴。驴就说：背上碾磨呼噜噜，杀了我，不如杀猪。猪就说：吃了你的糠，喝了你的浆，杀了我，不心慌。[②]

此首童谣意在向儿童介绍农家常见的农畜。在这首百余字的短小童谣中，描述了羊、马、牛、驴、猪五类家畜的形象，不仅清晰地介绍了它们在农家生活中发挥的作用，还表现了他们在命运面前的沉着与镇定，英雄般心甘情愿地用身躯来回报主家的恩情，表现出大义凛然的意趣。

在河北童谣中经常出现动物物象，一方面是因为这种物象与儿童天然接近，另一方面是因为通过对动物不同外貌、神态特点等惟妙惟肖的刻画，以形写神，情趣盎然。如河北童谣《小黄狗》：

小黄狗，真不离儿，又看鸡鸭又看门儿，钻墙根儿，窜草堆儿，帮着小猫捉耗子儿，管正事，管闲事，它是我家小宝贝儿。

① 陈碧娥：《李贽“童心说”的美学内涵》，《渝州大学学报》（社会科学版）2001 年第 2 期，第 78—82 页。
② 《中国儿歌》，第 218 页。

在这首童谣中，一语道破了小黄狗最鲜明的性格特征——管闲事儿，而这一管，让人联想到小黄狗活泼轻盈、窜来窜去的神态。再如童谣《高高山上一棵麻》：

高高山上一棵麻，两个蝍蟟儿（知了）往上爬，我问："蝍蟟儿（知了）扒怎的？""嗓子干了要吃茶。"①

这首童谣形象地展现了一幅生动的图画，夏日好奇活泼的儿童与知了之间有着神奇的对话，说知了唱歌唱久了要吃茶，通过寥寥数语就勾画出一种和谐神通的情趣。在精神层面上，童谣在儿童与物象之间搭建了一座沟通的桥梁，通过童谣的念诵让人们也见到表达得如此自由与自然、洒脱、富有灵气的韵味。

童谣往往不拘泥于"文以载道"的传统文本精神的自然表达，他们在童谣中自由言说成人不屑言说或者不曾言说之事，自由宣泄他人不敢表达的感情。再如河北沧州民间流传的童谣：

小白白鸡，打呼噜，谁来了？二姑夫。捎来的嘛？捎来的肉。快着刷锅快着做，吃饱了，喝足了，把二姑夫打跑了。

这首儿歌用"小白鸡，打呼噜"起兴，引出了故事主角——二姑夫。二姑夫带来了肉，一家人团聚，气氛热烈，传递儿童的真诚朴实的欢乐。待酒足饭饱后还要将二姑夫打跑，让人忍俊不禁。整首童谣洋溢着生活的气息，充斥着平常百姓合家团聚的欢乐与真诚，最后用打跑二姑夫做结，让人在温暖的氛围中开怀一笑。

清人刘毓崧在《古谣谚·序》中所言："谣谚皆天籁自鸣。直抒已知。如风行水上。自然成文。言有尽而意无穷。"② 河北童谣所展现出来的生机勃勃的人性景观，让童谣与念诵者之间产生情感与精神自然天成，"言有尽而意无穷"的情趣美。再如以下河北东光童谣：

我有几句话，说起来颠锤倒打，上言不答下语，东葫芦扯到西架，有一天是星期八，闲来无事活忙杀。朝北走，上南洼，割麦子，拾棉花。十三点钟才回家，手走路，脚发麻。尘土飞扬泥滑滑，阴天出太阳，晴天降雪花，大风下，大雨刮，

① 高殿石：《中国历代童谣辑注》，山东大学出版社1990年版，第342页。
② ［清］杜文澜辑：《古谣谚》，中华书局1958年版，第1页。

慢慢走，跑到家。抱熟了饭煮娃娃，累的屁股上长头发。渴了吃干饭，饿了就喝茶，撑得我活饿杀。张着嘴哭妈妈，大放悲声笑哈哈。①

这首童谣属传统艺术形式中的颠倒歌，每种物象的选取随机而成，情节之间也无严谨逻辑的约束，插科打诨间凑成谐趣，自然天成。又如河北张家口童谣《高粱穗》：

高粱穗措措，里儿有你哥哥，哥哥出来卖菜；里儿有你奶奶，奶奶出来抽烟；里儿住着大官，大官出来行礼；里儿住着红公鸡，红公鸡出来打鸣儿；里儿住着红虫儿，红虫儿出来晒盖子，一晒晒了七八块子。②

此首童谣每种物象的选取没有实际的含义，而且物象之间没有严格的逻辑关系，但是却在随意点染和信手拈来之间，任性自由，而意趣隽永。

由此可见，河北童谣具备了内容真实、感情真挚、情趣美感的美学特征，皆因由儿童之“真心”使然，这也让河北童谣能够符合李贽所提出的“童心美”的理念，从而上升到“至文”的高度。只有个体生命的自然展现，只有真性情的自然流露，才能产生引人入胜的自然美感。在河北童谣宝藏中蕴藏着生活故事，河北童谣所展现的美学内涵，不仅包含内容的丰富与厚重、感情的真实与质朴，还包含了人类生动的语言、出奇的行为而产生的幽默与情趣。河北童谣的美学品位与美学价值值得我们深入研究。

六、河北童谣的发展前景与价值

河北童谣作为河北民间文学的一部分，有着自身的发展轨迹，它始终保持着不同于其他文学体裁的相对独立的通俗灵活的形式，保持着童谣特有的叙事简洁、语言朴素的风格特征，保持着童谣关注政治社会现实的基本内涵，并在此基础上，与时俱进，有所发展。

随着课题研究的深入，我们越来越觉得适合孩子们传唱的童谣太匮乏了，真正优秀、能够被孩子们广为传唱的童谣并不多见。2013 年 3 月 21 日世界儿歌日，著名作家王全仁谈到，童谣就是儿童的生命，在儿童的成长中是不能缺少的。的确，只要有孩子的地方就会有童谣的传唱、传播，我们呼吁创作者创作越来越多的宣传正能量的童谣。

河北有着悠久的历史文化，世代丰厚的文化资源滋养着这一片广阔的平原土地。

① 《中国儿歌》，第 290 页。

② 周乐山、汤增扬：《小学生歌谣》，广益书局 1933 年版，第 121 页。

河北童谣在新的文化环境下正大踏步地前进。2012 年，由中央宣传部、中央文明办、教育部、团中央、全国妇联开展的第三届全国优秀童谣评选活动揭晓，邯郸市峰峰矿区张强的作品《怕冷的小猫》荣获二等奖，这是作者继《橘子船》《伞》分别在首届和第二届全国优秀童谣评选获奖后，第三次问鼎全国大奖。

《怕冷的小猫》：

小猫怕冷不敢叫，出门戴上小手套。要是感冒怎么办？老鼠见了吱吱笑，围着小猫看热闹！

他的这首童谣属于现代作家创作的新型童谣，蕴有新时代文明风尚，融生活知识、生活情趣于一身，代表了河北童谣在新的文化环境下的新发展与新趋势。作者采用了拟人的手法，充分利用了猫和老鼠天敌的关系，进行构思与创作，有情节、有趣味，深得儿童喜欢。

2011 年 4 月，在中央宣传部、中央文明办、教育部、团中央、全国妇联组织开展的第二届优秀童谣征集活动中，河北青县籍作家韩雪创作的童谣《秋天是个大果盘》入选全国第二届优秀童谣百首候选作品。

《秋天是个大果盘》：

秋天里，百果鲜，苹果红彤彤，梨子黄灿灿，枣儿满天星，葡萄玛瑙串，西瓜滚绣球，柿子挂灯盏。要问秋天像什么？秋天是个大果盘。

该童谣运用想象，将秋天常见的几种水果做了精心的描绘，画面感强烈，充满了对生活的热爱与向往。

七、结语

河北童谣作为河北民间文学的分支，用质朴、直白的语言记载着河北地区几千年来的历史事件、人文风情，展现了其最基本的美育教化、情感祈求的功能。从表达形式来看，它以区别于传统诗歌的民间话语展现其真挚素朴的野性美和稚趣横生的趣味为审美特征；从表达内容来看，描写对象多是发生在河北地区的历史事件、重要人物以及河北的风物，兼有人情世事的针砭，传达了河北平原居民固有的旷达、朴实的乡土审美情怀和生活追求。河北童谣的广泛传播，有助于本地区儿童从小树立起美好、善良的人格品质，实现民众对真善美人生观、道德观、世界观的追求。

在新的文化形势下，面对现有童谣内容滞后和“灰色童谣”双重冲击的尴尬局面，河北童谣应该坚持从传统出发，以广博的河北文化为源头，不断地更新与传承，不断地吸收新鲜的元素，加大前进的步伐。

从文化生态学的角度对河北童谣传播进行研究，不仅是对河北民间艺术的保护，更是对当前学术界有关童谣研究视角的开拓。

哈 哈 腔

马英新 执笔

一、哈哈腔简介

哈哈腔，又叫“喝喝腔”“合儿腔”“柳子调”“拉拉调”“合合腔”“一道沟”“小秧歌”“四根弦”等。哈哈腔的形成时间大约是明末清初，是河北地方戏曲中比较古老的剧种，流行于河北大部及山东东北部的农村。在世世代代口头传承的历程中，哈哈腔形成了鲜明的艺术特色和音乐风格，在地方戏曲的舞台上占有了一席之地。由于哈哈腔根植于当地人民的生活，同人民群众的生活、工作、文化、教育、宗教、习俗等都有着紧密联系，所以吸取到了大量的当地语言。这些语言贴近生活，通俗易懂，又不乏生动活泼，表现力极强，带有鲜明的地方民歌色彩，人民群众都非常喜爱。

哈哈腔有将近200个独有剧目，其中传统剧目有100余个，这些剧目往往以民间生活为内容，地域特色鲜明，喜剧风格突出。基本剧目以小旦、小生、小丑为主，《王小打鸟》《三拜花堂》《皂袍记》《闹花园》《卖水》《卖画》等都是比较有代表性的剧目，此外还有从梆子移植过来的《全忠孝》《乌玉带》等和一批优秀的现代剧《接闺女》《高山流水》等。这些剧目语言通俗易懂，内容贴近生活，乡土气息浓厚，深受村民的欢迎。

哈哈腔的唱腔属于板腔体，有头板、二板、三板、四板、尖板、安板、导板、搭调、拨子、流水板、哭板等十余种基本板式。哈哈腔的核心板式是流水板，在戏中使用最多。哈哈腔常用的传统曲牌有100余支，唢呐牌子有30余个，常用的有“大开门”“小开门”“水龙吟”“紧中慢”“万道金光”等，多从京剧、河北梆子和冀鲁民间音乐中吸取而来，主要用于烘托舞台气氛、伴衬人物动作。

在流传过程中，受地域差异的影响，哈哈腔逐渐形成了东、中、西三路，这三路受当地语言和民俗的影响，各自形成了不同的艺术特色和音乐风格。东路哈哈腔的流行区域在山东省的无棣、乐陵、宁津一带，中路哈哈腔的流行区域主要是河北省沧州、衡水地区，而西路哈哈腔则主要流行于保定地区和廊坊的部分地区。

二、哈哈腔的语言特点

（一）方言化唱法

哈哈腔在演唱时，有些字词明显采取的是方言化的唱法，如“鸳鸯戏水”的最后一个字“水”，哈哈腔在演唱时是要加儿化音的，口型就好像是在吹口哨一样。再如“云彩”的“云”字听起来就像“鱼儿”的连读形式；“花骨朵”中的“朵”字听起来就像“堆儿”的连读形式；“新媳妇”这个词语中，“媳妇”的“妇”字，听起来就像“芬儿”的连读形式。这种方言化的唱法使哈哈腔听起来较为独特，贴近当地语言习惯的方言发音使听众感到十分亲切。

（二）口语化唱词

哈哈腔算得上是民间口头文学的一种，它的内容植根于民间，它的唱词取自于当地人民群众的生活语言。由于这种生活语言往往带有非常明显的口语化特征，所以哈哈腔的唱词也比较口语化。口语化的唱词往往会形成鲜明的节奏。声音语调的轻重缓急、自然的间歇停顿、唱词的灵动活泼、十足的韵味会使听众感觉朗朗上口，同时也更加有利于哈哈腔的传唱。唱身边的人，唱身边的事，用口语化的语言，也正是因为如此，哈哈腔才始终被人民群众所接受、所喜爱，才会被世代传唱。

（三）多用虚字与语气助词

哈哈腔的唱词是七字、十字的上下句式，有时也采用长短句式，上、下对偶句是基本单位。哈哈腔的唱词中有时还要加上衬字，因此垫用了较多的虚字和语气助词，如“衣呀嗬”“哈哈嗬”“哎嗨嗨”等，“哈哈腔”名称的由来或许与此有关。

（四）韵律优美与节奏灵活

人民群众的生活语言是有韵律的，有节奏的，因此也赋予了哈哈腔优美的韵律和灵动的节奏。生活语言的语气决定了唱腔的抑扬顿挫，而人民群众的丰富情感则决定了唱腔的长短缓急。哈哈腔在唱腔上广泛使用多种形式的变奏法与技巧，如紧缩、拓宽、打散、分支派生板式，逆行、倒置、移音、变调、鱼咬尾、连环扣、改头、改尾、改中间和节奏上的“黑、红、抢、闪”，以及弹性极大的催、撤等，来增强哈哈腔唱腔的韵律美和节奏感。

2006 年 5 月 20 日中华人民共和国国务院批准了文化部确定的第一批国家级非物质文化遗产，共计 518 项，其中河北 31 项，哈哈腔作为传统戏剧的第 6 项被列入国家级非物质文化遗产名录，这是国家对哈哈腔的肯定与褒奖。哈哈腔凝聚了人民群众和艺术家的无穷智慧，是中国戏曲的重要组成部分，它以其独特的艺术形式记录了社会的历史变迁和人民群众生活的方方面面。哈哈腔作为中华民族优秀传统文化的组成部分，值得我们不断传承并发扬光大，然而在新的时代背景下，哈哈腔的传承正面临着危机，从业人员越来越少，处境越来越困难，及时对哈哈腔进行保护并传承是我们的重要工作，也是保护和传承中华民族优秀传统文化的重要工作。

河北梆子

马英新　执笔

一、河北梆子简介

（一）起源与发展

河北梆子是中国梆子声腔的一个重要支脉，它是河北省最具代表性的地方剧种，迄今已有近200年的历史，主要流传于河北、北京、天津、内蒙古、东北等地。河北梆子的传统剧目保留有500出之多，《大登殿》《杜十娘》《斩子》《教子》《蝴蝶杯》等优秀剧目至今仍在流传。河北梆子那高亢、激越、慷慨、悲忍的曲调感染了老老少少几代人。

20世纪二三十年代，河北梆子曾一度走向衰落，河北梆子班社纷纷解体，河北梆子艺人生存境地窘迫。新中国成立后，河北梆子全面复苏，河北梆子剧团纷纷成立，优秀剧目层出不穷，河北梆子重新在中国戏剧舞台上大放异彩。20世纪80年代后期，河北梆子开始走向世界，不仅《挡马》《宝莲灯》《哪吒》《钟馗》等被拍成了电影，而且还将古希腊悲剧《美狄亚》进行了移植改编，在希腊、法国、中国香港等地引起了强烈反响。20世纪90年代初，河北省内河北梆子剧团已达40多个，位居其他剧种、剧团数之首。在新的时代背景下，河北梆子虽然受到了一定的冲击，但仍继续保持着发展的势头。

（二）特点

河北梆子兴起于河北农村，表演者大多是农民，观众更是绝大多数是农民，所以说河北梆子是农民的艺术结晶，河北梆子与农民有着紧密的联系和深厚的感情。河北梆子以农民的视角去反映社会历史和农民生活的方方面面，内容贴近真实生活，感情深厚真挚，深受人民群众喜爱。

此外，河北梆子曲调高亢激越、婉转悠扬，十分独特。河北梆子的唱腔属于典型的板腔体，主要板式分为慢、中、快、散四类。河北梆子包括文场、武场两部分。在文场中，舞台表演最常使用的乐器是板胡、笛子、笙这三大件乐器；在武场中，舞台表演则主要使用板鼓、大锣、小锣、铙钹、梆等乐器。

（三）流派

在河北梆子的发展历程中，曾出现过三个大的流派，即直隶老派、山陕派、直隶新派。每种流派都有其各自的特点，都对河北梆子的发展都起到了很大的作用。

直隶老派成长于农村，有南北之别，南派以上海为中心，而北派则以京、津为中心。文武兼备、唱做并重是直隶老派的特点，也就是说文武不分，唱文戏的演员也会演武戏，演武戏的演员也会唱文戏，只不过文武演员各有自己的专长而已。

山陕派是由山陕艺人形成的。在念白上，与直隶老派相比，山陕派不免带有较为浓重的山陕口音。在唱腔上，与直隶老派相比，山陕派的特点是凄凉、悲壮、哀怨、酸楚。在表演上，与直隶老派相比，山陕派特别推崇特技，比如翎子功、翅子功、发缕功、髯口功、椅子功、跻功等。

直隶新派是在直隶老派的基础上发展起来的。直隶新派发展迅猛，并逐渐成为河北梆子的主流，现在流行的河北梆子正是直隶新派的延续。直隶新派以女演员为中心，以文戏为主，不像山陕派那样推崇特技。此外，直隶新派善于革新，唱念以直隶语音为标准。

（四）代表性剧目

河北梆子的代表性剧目有《蝴蝶杯》《秦香莲》《辕门斩子》《江东计》《南北和》《打金枝》《杜十娘》《三上轿》《双锁山》《乌玉带》《辛安驿》《花田错》《罚子都》《喜荣归》《赶斋》《打柴得宝》《观阵》《作文》《疯僧扫秦》《春秋配》《二堂舍子》《芦花记》等。

（五）行当角色

河北梆子分为生、旦、净、丑四行。生行分胡子生、小生、武生三类；旦行分青衣、花旦、武旦、老旦、彩旦五类；净行分大花脸、二花脸、武花脸、零碎花脸四类；丑行分文丑、武丑两类。

二、河北梆子的语音特点

（一）字韵

河北梆子在韵辙和平仄声上十分讲究，唱词就像对联一样，上下句对应成双，上句多押仄声韵（也可不押韵），下句押平声韵。在河北梆子的大段唱词里，很少出现中间变换辙韵的情况。

（二）字音

河北梆子在念白上对字音的准确性要求很高，“尖”“团”要分明，白口要有音韵性、节奏感，要控制好抑、扬、顿、挫。另外，河北梆子十分讲究喷口的技巧，演员必须要把喷口唱出来。此外，讲究夯音技巧也是河北梆子的特点之一。夯音以丹田之气为根基，演员要在极短的时间内急促收缩小腹，猛烈支撑胸廓，气息强烈冲击声带，发出坚实、浑厚、短促的强顿音，感觉就好像是大咳一声似的。如果演员没有把这个夯音唱出来，就不会得到听众的认可。

（三）声调

河北梆子以北京方言为主，主要有阴平、阳平、上声、去声四种声调。

（四）发声方法

河北梆子讲究“以气带声”，也就是说，讲究利用气息冲击声带，使声带产生振动，从而发出声音。发声方法分为以下两种：

1. 共鸣音

共鸣音包括五种，即胸音、喉音、口音、鼻音、脑后音，需要依据高音和字音区别使用。

2. 真嗓、假嗓和真假嗓

真嗓又叫“本功嗓”，假嗓又叫“背功嗓”，真假嗓又叫“混合声”。气息通过声门，使声带全部振动或使声带的全段边缘振动，从而发出声音的是真嗓。气息吹开声带的一段，使声带的边缘部分振动，从而发出声音的是假嗓。真嗓发出的声音，音调较低，音色宽厚；假嗓发出的声音，音调高，音色尖亮；而真假嗓则因为介于真嗓和假嗓之间，所以发出的声音既尖亮，又有一定的宽度。

三、河北梆子的用词特点

河北梆子绝大多数取自于民间，农民演给农民看，所以在唱词的用词选择上就会带有非常鲜明的农民用词的特点，总体表现为用词直白、朴实，通俗易懂，展现了农民直率、朴实的性格特点，并且在河北梆子中各种人物角色的用词特点都带有这种农民特色，不管他是农民，还是帝王将相，也不管他是土财主、穷教师，还是文人墨客、名门闺秀，各种阶层的人物使用的都是农民的语言。比如读书人吕蒙正就曾这样说道：“他把那整个的元宝往我家扔，散碎的银子我也不嫌。院内的骡马无其数，架上的金鸡赛凤鸾。我把这风流日子过几天，不枉我吕蒙苦读诗篇。”

四、河北梆子的句式特点

在河北梆子中，唱句的格式是有一定要求的。河北梆子是齐头句式，上下两句对应成双，以七字句和十字句为主。七字句的分逗一般是二二三，十字句的分逗一般是三三四。一般情况下，如果上句为二二（过门）三，那么下句就是二（过门）二三。与之相反，如果上句为二（过门）二三，那么下句就是二二（过门）三。

在新的时代背景下，河北梆子受到前所未有的冲击，快节奏的生活和丰富的影视艺术形式使人民群众对河北梆子的兴趣越来越低，河北梆子剧团的数量正在逐渐减少，演员和创作人员等河北梆子艺术工作者也日趋减少，河北梆子的传承和发展遇到了困难。可喜的是，2006 年 5 月 20 日，河北梆子经国务院批准列入第一批国家级非物质文化遗产名录。河北梆子艺术工作者得到了极大的鼓舞，创作了很多的优秀作品，其中河北梆子现代戏《李保国》于 2017 年 1 月 18 日在石家庄人民会堂首演成功。在近两个半小时的演出中，观众聚精会神，数度哽咽。这说明以河北梆子的形式呈现李保国精神更容易让老百姓接受，也更容易在老百姓中间传播。河北梆子积淀了中华民族深厚的历史、文化与情感，我们相信河北梆子必将在中国戏曲舞台上继续唱响并发扬光大。

河北运河沿河方言调查研究

河北师范大学调研组　李小平　执笔

一、绪论

京杭大运河是世界上里程最长、工程最大的古代运河，对中国南北地区之间的经济文化的发展与交流，特别是对沿河地区经济文化的发展起了巨大作用。河北是京杭大运河入京的必经之地，运河河北段流经的县市由南而北依次为邢台下属的临西县、清河县，衡水下属的故城县、景县、阜城县，沧州下属的吴桥县、东光县、南皮县、泊头市、沧州市区、沧县、青县，以及廊坊下属的香河县，共计 13 个县市。京杭大运河也是邢台、衡水两市与山东省的界河。此外，河北邯郸市所辖的大名、馆陶为卫运河流经地区，元代大运河裁弯取直前，卫运河即大运河的永济渠，漕运发达，裁弯取直后也仍作为运河的支流发挥着重要作用。本课题拟对河北京杭大运河沿河方言进行系统摸查，在比较的基础上考察运河在方言传播中的作用，将方言的共时描写、比较与历时演变紧密结合起来。

（一）选题依据

1. 研究动态

总体来看，尽管近些年河北方言研究取得了长足的进步，但河北方言的研究盲点还比较多，与相邻的北京、山东、山西方言研究相比，仍有较大差距。在河北方言加速被标准语同化的今天，河北方言研究的基础工作——田野调查和方言事实的挖掘亟待推进。

具体到本课题，上述河北京杭运河沿河各方言点普遍缺乏全面深入的专门调查研究，仅在一些文献中有简单描写或在专题性研究中涉及，其中重要的研究成果有：20 世纪 60 年代出版的《河北方言概况》和《河北方言词汇编》；80 年代后，钱曾怡等的《河北省东南部三十九县市方言概况》（1987）概括介绍了包括大部分沿河方言在内的

39个方言点的主要语音特点，李旭（2008）对河北中南部方言语音的研究中涉及上述沿河方言的材料仍多依据钱曾怡先生的调查，刘淑学（2000）、李巧兰（2007）、李小平（2011）在有关河北方言入声、儿化、持续态助词等专题研究中涉及上述一些方言点的相关情况，吴继章、唐健雄、陈淑静主编的《河北省志·方言志》（2005）从语音、词汇、语法三个方面对河北方言进行了全方位的介绍，沧州市区方言作为10个方言代表点之一有较为详细的音系介绍和基本词汇表。以上研究成果和一些县市志及少量硕士学位论文可为本课题提供一些材料和参考，但总体而言，河北运河沿河方言的研究比较薄弱，尤其是在词汇和语法方面。如李行健先生主编的《河北方言词汇编》（1995）调查面广、收词多，但难以保证具体方言点的调查细致深入，有可能遗漏一些有个性的词语，方言中使用频率高、稳定性强的副词、连词却基本未收录，语法现象更是缺乏系统调查。

地理因素对方言的影响历来为语言学家所重视，其中河流尤其是大河往往既有阻隔作用又有连通作用，对方言的影响更加复杂。在曹志耘（2011）确立的汉语方言六种地理分布类型中，长江因其流域地区的方言在很多语言特征上表现出的共同特点构成了一种重要的地理分布类型——“长江流域型”，又因其阻止了北方汉语的特征越过“秦淮线”向南扩散和南方方言进入北方中原地区构成了另一种重要的地理分布类型“长江线型”。王临惠（2002），莫超（2009），贡贵训（2011），李永新（2011），芦兰花（2011），邢向东、王临惠等（2012）分别对汾河、洮河、淮河、湘江、湟水、秦晋两省黄河流域的方言进行了研究，研究结论普遍认为河流是不同方言之间相互影响、相互渗透的自然条件。上述研究为本研究提供了众多可资借鉴的思路和方法。

京杭运河作为为漕运而开凿的人工河，在贯通南北交通、促进经济文化交流、孕育运河城市的同时，同样也促进了方言的接触和发展。周振鹤、游汝杰（1986）曾提及运河兴衰对扬州方言的影响，日本学者岩田礼（2009）明确指出汉语方言词语在北方的传播包括京杭大运河和黄河两条路线（均包括其沿岸的陆路）。受政治、文化和人口迁徙等因素的影响，汉语方言的传播总体上是一个“北方化”的过程，但方言的接触与输出不可能完全是单向的。岩田礼（2009）认为明代以后，江淮方言词逆向传播，影响京师地区，而明清时期正是运河漕运最为繁忙的时期，运河及其沿岸陆路是江淮方言词北上的最重要通道。张树铮（1996）曾提到“关于明清时期的山东方言，还有必要提到两件事。一是明清以来运河区域商品经济的发展对方言的影响。外地商人不仅带来了他们的商品，而且还带来了他们的方言，这对当地的汉语是产生了一定影响的。现代山东方言一个突出的事实是，沿运河两岸地区不区分‘滋雌思’和‘支吃诗’两类声母，这无疑是与运河地区的独特经济环境和居民成分构成有关的，也就是说，是受外地商人所说的南方方言影响的结果"①。谭汝为（2014）明确指出漕运文化对天津的妈祖文化以及方言、饮食和文学都产生了很大的影响。一些运河沿河城市或临近运河的城市的方言志、县市志客观上也能反映出运河对当地方言的影响。如：张鸿魁《临清方言志》（1990）将临清方言分东西两片，两片的界线正是由东南向西北穿境而过的京杭大运河；董绍克《阳谷方言志》（2005）将阳谷方言划分为阳谷镇片、小运河片和徒骇河片三个片；《台前县志》将台前方言大体分为东、西两区，东区正是大运河流经地区。

在河北沿河方言中，经过对文献的细致爬梳，我们有如下发现：据《临西县志》及车慧（2010），临西东片位于运河边上的河西镇和单屯乡，[ts、tsʰ、s] 和 [tʂ、tʂʰ、ʂ] 不分，一律读成 [ts、tsʰ、s]，而东片其他乡镇和临西西片的方言都有舌尖后音声母。故城县政府所在地的郑口镇明清时期为京杭大运河畔的渡口，有"小天津卫"之称，据《故城县志》，中古知庄章组声母字今在郑口话中分为 [ts]、[tʂ] 两组，其中声母为 [ts] 组的字多于临近的乡镇。据《吴桥县志》，吴桥"县内各乡镇的语音也互有差别，如城关镇和周围几个乡（笔者注：靠近运河）虽然有舌尖后音，但把应该读为 zh、ch、sh 的声母习惯上大都读为舌尖前音 z、c、s，铁路沿线几个乡则读作 zh、ch、sh"。《沧州市志》把沧州方言分为东片和西片，沧州市区、沧县、青县、黄骅、海兴、盐山、孟村、南皮、东光、吴桥、泊头为东片，献县、肃宁、河间、任丘为西片。从地图上我们不难看出，东西片的划分恰好是以运河为界的：运河流经的县市及其以南的县市都属于东片，运河流经县市以北的县市属于西片。据钱曾怡（1987），北京开口呼零声母字在衡水和沧州两市的读音情况基本上也是以运河为界，北部运河以东黄骅、沧县、盐山、东光、孟村、海兴、南皮、吴桥 8 个方言点加中部的景县、衡水、冀县（今衡水市冀州区）、枣强、故城读 [ŋ]，北部运河以西的青县、任丘、河间、肃宁、献县、交河（今泊头市）、阜城、武邑读 [n]。据我们自己的调查发现，山东运河沿线济宁、聊城、临清等方言中表示"……的时候"、先行和假设的虚词"可/呵"在河北境内只分布在运河沿线及邻近区域；另外，吴桥、故城等地处置式中的介词可以是"连"，与山东运河流域方言具有一致性，而在运河流域之外的其他河北方言中很少见。"天西"表下午、"姑娘"义为姑姑，这些词语也主要见于沿河方言。据此，我们认为，京杭大运河对沿河方言的影响应是客观存在的，但对于这种影响基本缺乏系统考察和专题研究，目前可见的只有一篇硕士论文（张琳琳，2013）对山东运河流域方言的一些语法现象进行了考察，但缺乏和其他省份沿河方言的比较，与省内其他方言

① 张树铮：《山东方言历史鸟瞰（下）》，《古汉语研究》1996 年第 3 期，第 90 页。

的比较也较粗疏。

在临近大运河北端的河北省境内，沿河方言能在多大程度上受到上游山东和江苏境内方言的影响？影响的地域范围有多大？沿河方言相较于邻近方言，有无总体性区别特征？河北沧惠片方言与保唐片方言的分布状况是否受到运河的影响？同时还应考虑，京杭大运河现作为河北邢台、衡水两市与山东省的界河，河流与行政区划重合的情况对两岸方言有多大的影响。由于河北沿河方言事实材料欠缺，这一系列问题的解答都有赖于对河北运河沿河方言的进一步深入调查。

2. 本课题的学术价值和应用价值

（1）有利于推进河北方言和汉语史的研究。近些年，河北方言研究的价值日益受到重视，但河北方言研究仍存在较多盲点。河北运河方言普遍缺乏全面细致的调查，尤其是词汇语法方面的调查。本研究首次以京杭大运河为经，以方言接触、方言比较为纬，串联起十余个沿河方言点，通过详细的田野调查，一方面提供更多的方言材料，一方面了解运河对河北方言的影响，将河北沿河方言的研究置于河北方言、官话乃至整个汉语方言历史演变的大背景下进行考察，推进河北方言整体研究及汉语史研究。

（2）有助于冀鲁官话的总体研究。钱曾怡《汉语官话方言研究》（2010）指出："无论从地理还是从语音事实来说，冀鲁官话都是与北京官话最为接近的官话方言（笔者注：东北方言归入北京官话）。因此，冀鲁官话的研究对于共同语的研究自然具有更为重要的意义。但是，同样也是因为冀鲁官话与北京官话比较接近，对它的研究往往被人有所忽略。"① "由于冀鲁官话主要分布在河北和山东两省，过去的研究主要由两省分别进行，因此冀鲁官话的总体研究还很薄弱，尤其需要加强。"② 我们所调查的运河沿河方言除香河方言外都属于冀鲁官话，其中大部分方言点都与山东相邻。运河是河北、山东两省的界河，本研究在调查的基础上将冀鲁两省运河沿岸方言进行比较，将河北沿河方言与相邻河北方言进行比较，有助于将冀鲁两省的冀鲁官话研究结合起来，有助于讨论冀鲁官话沧惠片和保唐片的分布及成因。

（3）有助于运河文化的发掘与保护。2014 年 6 月 22 日，中国大运河（即京杭大运河）项目成功入选世界文化遗产名录，成为中国第 46 个世界遗产项目。大运河的成功申遗对大运河的保护提出了新的课题。运河方言是运河非物质文化的重要组成部分，本身就是保护对象。同天然河流不同，尽管京杭大运河在历史上曾发挥过重要作用，但 19 世纪中期以后由于黄河改道、海运兴起和津浦铁路开通等原因，山东济宁以北的运河停航，运河河北段受气候、降雨、上游水库拦蓄、农田灌溉等因素影响，水文状

① 钱曾怡：《汉语官话方言研究》，齐鲁书社 2010 年版，第 168 页。
② 《汉语官话方言研究》，第 169 页。

况严重恶化，大运河兴盛时期所具有的“南北贯通”的作用已不复存在，通航时期对沿线方言所产生的影响随着时间的流逝也逐渐弱化，尤其在普通话日渐普及、方言加速萎缩的今天，对河北运河方言的调查比较是对方言历史痕迹的保护性抢救。本研究尤其是对运河方言词汇的调查有助于发掘方言中所蕴含的历史文化信息，增进方言区人民对运河历史文化的了解和热爱，从而增强其对运河的保护意识。因而本研究虽属基础研究，但具有一定的应用价值。

（二）研究内容

1. 研究对象

本研究以河北京杭大运河沿河方言为主要研究对象，方言调查点包括临西县、清河县、故城县、景县、阜城县、吴桥县、东光县、南皮县、泊头市、沧州市区、沧县、青县等 12 个县市。笔者在细致爬梳文献的基础上概括运河沿河方言的特点，并选取具体项目调查描写，比较其与上下游方言、邻近方言的异同。

2. 总体框架

本研究主要有以下三个方面的内容：

（1）河北运河沿河方言语音调查研究。分专题重点调查分析知系字声母、古影疑母开口呼洪音、蟹摄见系二等字的今读等，并关注方言语音系统的变化。

（2）河北运河沿河方言词汇调查研究。经过细致筛查，全面掌握河北沿河方言的现有文献，明确异同，对比他省运河沿河方言文献查缺补漏，并在进行预调查的基础上设计有针对性的调查表。重点调查《河北方言词汇编》及县市志中缺漏、相异的词语和其他省运河沿河方言特征词，以及漕运有关的方言词语。调查结果列成词表并加以比较分析，对有特点的词语联系其他方言和近代汉语语料进行分析。

（3）河北运河沿河方言语法调查研究。分专题重点调查处置式、比较句、可能补语、虚词“可/呵”等。

（三）本课题研究的基本思路、具体研究方法

1. 基本思路

对河北京杭大运河香河除外的 12 个沿河方言点进行系统摸查，在比较的基础上考察运河在方言传播中的作用，将方言的共时描写、比较与历时演变紧密结合起来。

2. 具体研究方法

（1）文献考证法与田野调查相结合，注重调查方法和程序。首先，在细致梳理、比较方言文献的基础上，初步筛选调查项目；其次，借助有利条件通过录音获取大量日常语料进行进一步筛查；再次，选取少量方言点预调查，根据调查情况进一步修订调查方案；最后，正式实施田野调查。

（2）多维比较法。本研究从多个不同的维度进行比较：县域内选取临靠运河的方言点和远离运河的方言点进行多点对比调查；河北沿河方言之间进行横向比较；河北沿河方言与上下游方言之间进行纵向比较；河北沿河方言与邻近河北方言及山东方言进行比较。

二、京杭大运河河北沿河方言语音研究

大运河沿河地区的方言除廊坊香河方言属北京官话区外，其他都属于冀鲁官话区。方言学界一般将冀鲁官话区分为三片：保唐片、石济片、沧惠片。上述运河沿河各方言点都属石济片和沧惠片，其中临西、清河、故城、吴桥属石济片聊泰小片，景县、阜城、东光县、南皮县、泊头市、沧州市区、沧县、青县属于沧惠片黄乐小片。《汉语方言官话研究》认为，总体来看，石济片与沧惠片的特点“比较接近，区别较小”①。由此可见，河北运河沿河地区的方言具有较强的内部一致性。而相比于邻近河北地区的方言，河北运河沿河方言具有一定的特点，我们力图通过考察去发现运河沿河方言点的内部共性及特点。

（一）京杭大运河河北沿河方言音系研究

1. 京杭大运河河北沿河方言的声母

京杭大运河河北运河沿河方言的声母有很强的一致性，我们主要关注其中与普通话不同或存在内部差异的方面。

（1）声母的总体情况。

据《河北省志・方言志》第四章第一节，除香河外的12个沿河方言点中，清河、临西、故城、景县、东光、南皮、泊头、沧县、青县等9个方言点都是22个声母（包括零声母，下文关于方言音系中声母的数量都包含零声母），阜城、吴桥、沧州市区是23个声母。其中［p pʰ m f ts tsʰ s t tʰ n l tʂ tʂʰ ʂ tɕ tɕʰ ɕ k kʰ x ǿ］21个声母是一致的，声母数量的差异在于清河、临西方言无［ʐ］声母，有［ŋ］声母；故城、景县、东光、南皮、泊头、沧县、青县方言无［ŋ］声母，有［ʐ］声母；阜城、吴桥、沧州市区方言既有［ʐ］声母，又有［ŋ］声母；沧州市区方言有［ʐ］声母和［v］声母。

我们又考察了其他一些文献中对运河沿河方言点声母的描述。各方言点县志对声母的描写与《河北省志・方言志》是基本一致的。钱曾怡（1987）对河北东南部39个县市的调查显示，故城、吴桥、青县都有［ŋ］声母。车慧（2010）将临西方言的声母定为23个，与《河北省志・方言志》相比，多出了［ʐ］声母。张晓锐（2016）将清

① 参见《汉语官话方言研究》，第157页。

河方言的声母定为 23 个，与《河北省志·方言志》相比，多出了［ʐ］声母。高倩（2011）、白园园（2014）将南皮方言声母定为 24 个，与《河北省志·方言志》相比，多出了［ŋ］声母和［v］声母。马媛媛（2011）将青县方言的声母定为 23 个，与《河北省志·方言志》相比，多出了［ȵ］声母，张媛媛（2018）将青县方言的声母定为 25 个，在马媛媛 23 个声母的基础上又多出了［ŋ］声母和［v］声母。2017 年，笔者对故城方言进行了细致调查，将声母定为 25 个，与《河北省志·方言志》相比，多出了［ŋ］声母、［v］声母和［ȵ］声母。对比之下，我们可以看出，从音类来看，运河沿河各方言的声母之间及其与普通话声母之间的区别主要集中在古日母字，古影疑母开口呼韵母字，古微母、疑母、影母、云母合口洪音字今读上，并且尽管有的文献与《河北省志·方言志》对声母的处理存在个别出入，但比较后我们发现，这些差别并不是对语言事实的认识和描写有误，而是音位分合处理的问题。如清河方言中，古日母字只有一个“日”字今声母读［ʐ］，所以《河北省志·方言志》及《临西县志》都没有将［ʐ］单独列为一个声母。故城方言中，声母［ȵ］与［n］是互补的关系，［v］声母与零声母、［ŋ］声母与零声母都是互补的关系，并且古影疑母字拼今开口呼韵母时有的前面有辅音［ŋ］，有的极不明显，因而是分是合只是音系处理的问题，没有对错之分。

据钱曾怡（1987），河北沿河各方言点中，除临西县部分乡镇分尖团外，其余各方言点都不分尖团。

综上所述，总体看来，河北运河沿河方言声母无论是音类还是音值都与普通话差异较小，对声母处理的差异主要集中在古日母字，古影疑母开口呼韵母字，古微母、疑母、影母、云母合口洪音字今读上。此外，虽然运河沿河十几个方言点都既有舌尖前声母［ts tsʰ s］，又有舌尖后声母［tʂ tʂʰ ʂ］，但多数方言点中具体哪些字读舌尖前声母［ts tsʰ s］、哪些字读舌尖后声母［tʂ tʂʰ ʂ］与普通话并不一致，即古知庄章组字在运河沿河方言中的演变情况并不相同，具体情况需进一步考察。

（2）声母的具体差异。

如前所述，河北运河沿河方言声母主要的具体差别在古日母字、古影疑母开口呼韵母字、古知庄章组字今声母读音上，古微、疑、影、云母合口洪音字今读虽有差异，但没有别义作用，不加讨论。

①古日母字的今读情况。

据钱曾怡（1987），止摄以外的多数日母字，运河沿河方言中沧县、东光、南皮、景县、青县、交河、阜城、吴桥 8 个方言点都读为［ʐ］声母，这也是河北中南部各方言点中最常见的情况，故城、清河、临西读［l］，如“让＝浪”。另外，“润”“闰”“软”等少数字在大多数地方读零声母，“日”在清河、临西读同止摄字“二”。

②北京话今开口呼零声母字在方言中的读音情况。

钱曾怡先生（1987）把古影疑母开口呼韵母字即北京话今开口呼零声母字在河北中南部的读音情况分为三类："（1）是北部运河以东黄骅、沧县、盐山、东光、孟村、海兴、南皮、吴桥八点加中部的景县、衡水、冀县、枣强、故城、清河、南宫、巨鹿、平乡、广宗、威县、邱县、鸡泽、临西及邯郸、肥乡共二十四点读［ŋ］。（2）南部的曲周、馆陶、广平、成安、临漳、大名、魏县七点读［ɣ］。（3）北部运河以西的青县、任丘、河间、肃宁、献县、交河、阜城、武邑八点读［n］。［ŋ］与［ɣ］两种读音的分界完全与山东方言吻合。"① 从中可以看出，沿河方言中，北部运河以东的沧县、东光、南皮、吴桥、景县、故城、清河、临西 8 个点北京话开口呼零声母字读［ŋ］，北部运河以西的青县、交河、阜城读［n］，划分恰是以运河为界的。

③知庄章三组字声母今读。

运河沿河大部分方言点，知庄章组字声母两分，最主要的规律是：庄组、知开二、章组开口止摄以及知章两组遇摄以外的合口为一套，与精组洪音相混，读舌尖前音［ts $\mathrm{ts^h}$ s］；知开三、章组止摄以外的开口，知章两组遇摄合口为另一套，读舌尖后音［tʂ $\mathrm{tʂ^h}$ ʂ］。

2. 京杭大运河河北沿河方言的韵母

京杭大运河河北运河沿河方言的声母有很强的一致性，我们主要关注其中与普通话不同或存在内部差异的方面。

考察《河北省志·方言志》第四章第二节，我们会发现，除香河以外的运河沿河各方言点韵母数量在 37 至 40 之间，以 38 个韵母最为多见，韵母数量的差异主要在于单元音韵母［o］、［ər］、［ɛ］及少数特殊韵母如［ʯ］、［ʯə］、［ɯ］、［uɑu］的有无上，整体一致性较强。从音值上看，古咸深山臻摄舒声韵今读有的带鼻韵尾，有的是鼻化，个别方言点如东光方言深臻摄韵母既无鼻韵尾，也无鼻化，这是比较明显的区别。

下面我们具体来看一下韵母的一些主要特点：

止摄日母开口字"儿耳二"在青县、沧县、吴桥、东光、南皮、泊头、阜城、景县 8 个方言点中读［ər］，故城、清河、临西方言中读为自成音节的［ɭ］。

故城、阜城、景县方言中有［ʯ］韵母，古遇摄合口三等和臻摄合口三等入声知章组字及深通摄入声日母字"入、褥、辱"，普通话今韵母读音同遇摄合口三等庄组，都为［u］韵母，故城、阜城、景县方言这两部分字读音不同，庄组读［u］，如"助、锄、梳"，其余的读为舌尖后圆唇元音［ʯ］，如"猪、书、出、辱"。上述三个方言点

① 钱曾怡：《河北省东南部三十九县市方音概况》，《方言》1987 年第 3 期，第 174 页。

还有少量古入声字，如“弱、说、热”等读［ɥə］韵母。

河北运河沿河方言韵母的最大特点是沧县、吴桥、泊头、南皮、东光、景县、阜城、故城、临西等9个方言点古蟹摄开口二等见系字韵母读音为“［iai］/［iæ］”，与假摄开口三等精组字的韵母不同。在《河北省志·方言志》列出的126个方言点的韵母表中，除上述9个沿河方言点，还有盐山、海兴、孟村、广宗、威县、馆陶、大名7个方言点，具有同样的特点，而盐山、海兴、孟村、广宗、威县、馆陶、大名7个方言点都紧临运河沿河县市，大名、馆陶等地也曾经是运河流经地。普通话和河北其他方言中，古蟹摄开口二等见系字韵母读音与假摄开口三等精组字的韵母读音相同。河北运河方言的这一特点与山东方言一致。

此外，运河沿河方言在儿化韵、文白异读方面也存在许多共同点，受条件所限，我们不再一一进行分析。

3. 京杭大运河河北沿河方言的声调

通过考察文献和进行田野调查，我们将运河沿河各个方言点的声调总结如下，如表1所示。

从表1中可以看出，除属于北京官话区的香河方言外，其他运河沿河方言点中，沧州市区、沧县、青县3点有三个调类，阴平都为曲折调，上声都为高平调，去声都为降调，调值基本一致。其余方言点都为阴阳上去四个调类，阴平基本为曲折调，阳平基本为高降调，去声基本为降调。除去沧州市区、沧县、青县3个方言点在调类上的差别，各县方言在调类及调值方面差别较小，而三调方言和四调方言的分布也是以运河为界的。

表1 河北大运河沿河各方言点声调表

方言点	调类			
	阴平	阳平	上声	去声
临西	33	53	55	312
清河	45	52	44	31
故城	214	53	55	313
景县	324	53	44	31
阜城	212	53	44	31
吴桥	213	54	44	31
东光	213	53	34	31
南皮	324	54	35	41
泊头	213	54	44	31

续表

方言点	调类			
	阴平	阳平	上声	去声
沧州市区	213	55（上声）		42
沧县	213	55（上声）		41
青县	213	55（上声）		31
香河	55	35	214	51

注：表中各点声调均来自《河北省志·方言志》，我们也将其与其他一些材料或自己的调查结果进行了对照，总体差别不大，较为可信。如故城方言阴平我们在调查中发现声调起始部分较平或微降，时间短暂，整体为升调，我们记作 24，在音系说明中加以描述，与记作 214 只是处理的不同。因此，为表述方便，我们统一采用《河北省志·方言志》的记录。

（二）京杭大运河河北沿河方言语音的发展变化

随着社会的发展和普通话的大力普及，我国越来越多的人学习和使用普通话，甚至有的人成为“无方言族”。在这种情况下，方言不断受到普通话的影响，一些方言中出现了明显的代际差异，一些方言特征受普通话发音的影响正在发生演变，有的与普通话趋同，有的已经消失。

河北运河沿河区域地处华北平原，与北京、天津相去不远，属于汉语共同语基础方言的中心地区。该区域交通便利，不同地区之间经济文化往来非常密切，加之河北省全省的推普工作做得非常好，在这样的条件下，运河沿河方言肯定会受到普通话的影响。由于临西方言语音的文献比较丰富且有一定的时间层次，便于我们考察其语音发展变化的情况，所以下面我们主要以临西方言为例考察河北沿河方言语音的发展变化情况。

1. 临西方言的分区情况

临西方言内部存在差异。据《临西县志》载，临西方言在 20 世纪 90 年代分为东片、西片和北片（仅水波乡）三小片。东片以县域东部的河西镇话为代表，西片以中部的县城临西镇话为代表。东片基本不分尖团，[tʂ tʂʰ ʂ] 全部读为 [ts tsʰ s]。西片和北片分尖团，其中西片话尖团区分严格。唐建雄（1995）将临西方言划为东、西两片。车慧（2010）说明了东、西两片的范围：位于京杭运河边上的河西镇、单屯乡、大刘庄乡、老官寨乡、水波乡、东枣园乡属于东片，其他乡镇属于西片。分尖团是东片话和西片话划分的主要语音标准，但是曹永巧（2016）指出：“近二十年来，临西方言发生的变化较大，东片 [tʂ tʂʰ ʂ] 混读为 [ts tsʰ s] 的范围大大减缩，仅存在于县境东部的河西镇；西片分尖团的范围也急剧萎缩，尖团合流的趋势十分明显，90 年代东片话与西片话的特征目前仅存于县境的最东边和最西边。”①

2. 临西方言具体语音项目读音的变化

（1）日母字读音的变化。

曹永巧（2016）调查发现，临西西片方言中，古日母字读音发生了一定的变化，形成了新、老派的区别。

日母止摄开口三等字“二、儿、耳”临西话老派读为［ʐ］声母，新派读为［ər］，读音与普通话一致。

普通话［ʐ］声母字，老派读为边音［l］；新派既可以读［ʐ］，也可以读［l］，如“人、热、肉、日”的声母既可以是［ʐ］也可以是［l］，［ʐ］、［l］为自由变体。“日”字中年人读为［ər］韵零声母字，与“二”同音。

（2）尖团音的变化。

曹永巧（2016）对临西方言西片尖团音的发展变化情况进行了细致的调查。临西方言中，见晓组今细音字声母腭化的过程已经完成，尖团音的发展变化是对精组细音字而言。调查发现，从地域的角度来看，临西方言尖团合流的进程由东向西逐步推进，临西东片已完成合流，西片还在进行，西片内部，中部地区尖团合流的速度快于西部地区。从方言使用者的角度来看，临西中西部地区老派基本尖团分立，新派有的尖团相混，有的已经不分尖团，尖团已经合流。如，西片老派中，酒≠九、七≠欺，而新派尖团已经相混，“酒、七”的声母已腭化为［tɕ tɕʰ］。

通过简要考察临西方言的变化情况，我们可以看到，运河沿河方言明显受到了普通话的影响，这种影响涉及了声母、韵母、声调及语流音变等各个方面，形成了方言的新老派差异。并且我们相信，随着人们的代际更替，普通话对方言的影响速度会越来越快，方言的变化会越来越明显。因此，详细调查记录方言是我们语言文字工作者义不容辞的责任和义务。

三、京杭大运河河北沿河方言词汇调查研究

词汇作为语言三要素之一是一种语言或方言中词和语的总汇，和社会发展变化联系密切。语言接触最容易在词汇中留下痕迹，对方言词汇进行考察能够在一定程度上反映该方言地域的历史文化。

由于时间等因素的制约，我们主要通过对已有方言文献如《河北方言词汇编》、

① 曹永巧：《河北临西方言尖团音今读调查研究》，河北大学硕士学位论文 2016 年。

《河北省志·方言志》、沿河各方言点县市志等的爬梳，辅以个人调查，对比山东邻近方言点的词汇材料及《汉语方言大词典》，力图发现运河沿河方言的特点、共性及差异。

（一）运河沿河方言特殊词语的分析研究

1. 运河沿河方言中的古语词和古语素

河北省地处华北平原，是中华民族的发祥地之一，素有燕赵大地之称，有着悠久的历史和灿烂的文化。河北运河沿河各方言点多处于冀鲁两省交界处，交通便利，运河漕运促进了方言接触，但现代沿河方言中仍保留了一些古语词和古语素。如：

舁 举。《说文解字·舁部》："共举也。"后引申出"抬、扛"之义，如《三国志·魏志·钟繇传》："时华歆亦以高年疾病，朝见皆使载舆车，虎贲舁上殿就坐。"①蒲松龄《聊斋志异·陈锡九》："意料女必死，遂舁归锡九，意将待女死以泄其愤。"沧州市区把举说成舁，也可表示"扛"的意思。

稙 庄稼种得早或成熟得早。《说文解字·禾部》："早种也。从禾直声。"段玉裁《说文解字注》："此谓凡谷皆有早种者。鲁颂传曰：先种曰稙，谓先种先孰也。释名曰：青徐人谓长妇曰稙长。禾苗先生者曰稙。取名于此也。"现阜城方言将庄稼生长期短，早熟的品种叫"稙"，如"稙谷子"。

悖晦 亦作悖悔，糊涂；昏聩。如《醒世姻缘传》第六十回："哎呀！你小人儿家只这们悖晦哩！"《儿女英雄传》第二四回："师傅，你这话从何说起？你今日大清早起，想来不醉！便是我合你别了一年，你悖悔也不应悖悔至此！"现沧州市区、景县、东光等地将"因年老而糊涂，做错事情"称为"悖晦"，如："他这上了岁数，老悖晦了。""怎么你也悖晦了，这么要紧的事儿都忘咧。"

腌臜 脏，不干净。元王实甫《西厢记》第二本第二折："腔子里热血权消渴，肺腑内生心且解馋，有甚腌臜？"又有"卑鄙、丑恶"义，常用于詈语，如《水浒传》第三回："呸！俺只道那个郑大官人，却原来是杀猪的郑屠，这个腌臜泼才，投托着俺小种经略相公门下做个肉铺户，却原来这等欺负人！"还可以表示"恼人的；令人不快的"，如金董解元《西厢记诸宫调》卷三："自家这一场腌臜病，病得来跷蹊。"运河沿河方言中，故城、吴桥、东光、青县等地都有"腌臜"一词，主要表示因人或物厌恶、气恼的心理感受，如："他屋里又乱又臭，腌臜死了。"故城也表示脏，如："这个地方儿真腌臜。"

不逮 不如，比不上。《书·周官》："今予小子，只勤于德，夙夜不逮。"宋苏轼

① 词语引文例句一般来自《汉语大词典》和国学大师网，不再一一注出，下同。

《代张方平谏用兵书》："而况所在将吏，罢软凡庸，较之古人，万万不逮。"今沧州市区、沧县方言中仍使用"不逮"。如："他不逮你能干，你日子过得多好。"

蹀躞 《汉语大词典》第十卷［P516］第一个义项为"小步行走"，如唐权德舆《从叔将军宅蔷薇花开太府韦卿有题壁长句因以和作》："环列从容蹀躞归，光风骀荡发红薇。"沧州方言引申出"来回走，奔忙"之义，进而引申出"献殷勤"的意思，如："他净在领导跟前儿蹀躞。"

恩养 《汉语大词典》第七卷［P10100］释为"爱护养育"，如《东观汉记·齐武王刘縯传》："章少孤，光武感伯升功业不就，抚育恩养甚笃。"晋葛洪《抱朴子·行品》："无忠信之纯固，背恩养而趋利者，叛人也。"元无名氏《小尉迟》第一折："有宇文庆是养爷，幼小里将我来恩养的成人长大。"沧州市区方言中仍使用"恩养"一词，义为"养育人或动物"。

生忿 忤逆。《汉语大词典》第七卷［P11102］释为"忤逆"，如元关汉卿《哭存孝》第二折："俺割股的倒做了生忿，杀爹娘的无徒说他孝顺，不辨清浑。"清河方言中仍使用"生忿"一词，义为"不孝顺"，如："他这样儿对爹娘可是生忿。"

胎孩 亦作"台孩"，河北运河沿河景县、沧州、青县等地有"胎孩"一词，义为舒服，如："你看他躺沙发上，多胎孩。"《汉语大词典》［P3487］：形容气宇轩昂，精神焕发，如金董解元《西厢记诸宫调》卷三："都不到怎大小身材，畅好台孩，举止没俗态。"《醒世姻缘传》第十九回："（小鸦儿）在那酒炉上点起灯来，拿到跟前看了一看，只见唐氏睡得那样胎孩。"此处的"胎孩"宜释为"安详，自然可爱"。《汉语方言大词典》［P4320］"胎孩"第二个义项为"自在；舒适"，见于冀鲁官话天津方言，例为"我这儿忙得要命，你倒挺胎孩"。

2. 与地名有关的特殊词语

湾 据《辞源》（第3版）［P2525］，本义为河水弯曲处，如："树似新亭岸，沙如龙尾湾。"（北周庾信《庾子山集·望渭水》）后经引申指海湾向内弯曲适于泊船的地带，如胶州湾等。在南方一些地方，"湾"还可以指村庄。我们调查的河北运河沿河各方言中，故城、景县、泊头、吴桥、东光、南皮等地都把大坑或池塘称为湾。《汉语方言大词典》（P6296）"湾"字条下，第一个义项为"大水坑；水坑"，见于冀鲁官话的山东淄博、济南、利津、桓台，河北沧州；胶辽官话的山东临朐、荣成；晋语的河北邯郸。举例为蒲松龄《聊斋俚曲集·禳妒咒》第二四回："那汗流成了～儿，又没人倒倒班儿。"《水皮词》："（庖牺氏）鼓弄着百姓结网打净了～。"第二个义项为"池塘"，见于冀鲁官话的山东寿光，胶辽官话的山东蓬莱。由此可见，指称坑塘的"湾"主要分布在山东、河北两省。据《河北省志·方言志》，"湾"在河北省内主要分布在运河沿河等南部邻近山东的方言点。临西县河西镇有一个村子叫郑湾，据《临西县志》[P98]，郑湾村乃明朝弘治年间由郑姓立村，因村内有一个大湾而得名。

在此附带说一下，北方较少以江称水名，但临西县东枣园乡有一村子名汪江村，此村名与运河及语言文化有关。据《临西县志》[P99]，汪江村乃明初王、李、汪等姓自山西洪洞县迁至此处，东傍卫运河立村，因王姓人兴财旺居为首户而取村名王家庄。卫河此处河道淤浅，船只行至此处常搁浅，习称“王家浅”，因漕运避讳，清光绪年间，临清知州陈命新改村名王家江，简称王江，以图水多好行船的吉利，后演变为汪江，但临西百姓仍称该地为“王浅儿”。

疃 初见于“町疃”，义为舍旁空地，后有“村庄、屯”义，多用于地名。如唐代唐彦谦《夏日访友》诗中有云：“孤舟唤野渡，村疃入幽深。”再如陆游《入蜀记》：“自出城，即黄茅弥望，每十余里，有疃数家而已。”

运河沿河方言中，有四个方言点的地名中有“疃”：泊头有夹疃、北疃，故城有吕疃、前孟疃、后孟疃，临西有赵疃、洪疃头，沧县有町疃、十户疃。

据《河北省志·方言志》，河北省很多县市都有以“疃”命名的村镇，如涿州西疃，文安鹿疃，大城长芦疃，定兴三家疃 [$ts^{h}uan^{213}$]，清苑白疃、王家疃 [$ts^{h}uan^{214}$]，蠡县贾疃，望都任家疃 [$ts^{h}uan^{22}$]，定州布自疃 [$ts^{h}uan^{35}$]，灵寿护驾疃 [$t^{h}uæ^{33}$]，献县石疃，冀州东疃。此外，满城胡町读为胡疃 [$t^{h}an$]，蠡县刘町读为刘疃 [$t^{h}an^{213}$]。除此之外，还有邢台巨鹿张王疃，广宗王疃、北淤疃、南淤疃等。由此可见，河北方言中的“疃”在北京官话、冀鲁官话、晋语中都有，分布还是比较广泛的。

普通话中“疃”音 tuǎn。河北方言中“疃”有三种读音类型：一类是声母为 [ts^{h}]，韵母为合口呼韵母 [uan]，如定兴三家疃 [$ts^{h}uan^{213}$]、清苑王家疃 [$ts^{h}uan^{214}$]、望都任家疃 [$ts^{h}uan^{22}$]、定州布自疃 [$ts^{h}uan^{35}$]；一类是与普通话读音基本一致，声母为 [t^{h}]，韵母为合口呼韵母，我们只看到灵寿护驾疃 [$t^{h}uæ^{33}$] 一例；一类是声母为 [t^{h}]，与普通话一致，韵母为开口呼，无 [u] 介音。除上述几个例子外，其余的“疃”基本都读为 [$t^{h}an$]。

《汉语方言大词典》[P7337]“疃”字条下，只有一个名词义项“大地主的土地”，见于冀鲁方言山东。《山东方言研究》列举了山东胶东地区含“疃”的大量村名，并认为“用得如此普遍，则唯有胶东地区”①。但从我们的统计来看，“疃”在河北的分布也是很广泛的，其读音形式也值得进一步研究。据我们了解，方言中“疃”音 [$t^{h}an$] 可能是由于“疃”与“滩”音近，字形上“疃”替代了“滩”，但还是保留了“滩”的读

① 《山东方言研究》，第 144 页。

音。据《临西县志》，临西县老官寨乡赵疃村乃明末赵姓自威县赵村迁入立村，因分八块落居，起初名为赵八团，后连为一体，因地处沙滩改称赵滩，演写为今名。临西摇鞍镇乡洪疃头村乃明朝洪姓迁至朱家河（此河已无）西岸滩地立村，故名洪滩头，后演为今名。

拨 南皮县有许多村子以“姓氏+数字+拨”的形式命名，我们统计了一下，王寺镇有罗四拨、温五拨、郝五拨、鄢四拨，叶三拨乡有叶三拨、贾九拨、陈六拨、于十拨、马四拨，段六拨乡有段六拨、王环五拨、肖九拨、何七拨、肖十拨、刘八拨，刘夫青乡有邢八拨、李八拨、詹八拨、戴九拨、邢九拨、赵九拨，汤庄乡有张三拨、曹八拨、姚九拨、朱八拨、侯九拨、季九拨、万九拨、白九拨。另外，还有小三拨、大三拨、大七拨几个村子，这样的村名比较少见。据《南皮县志》，自元末到明初，中原各省屡遭战乱，加之黄河多次决口，出现了有田无人种、有路无人走的惨状。为恢复河南、淮北、河北的经济，明太祖、明成祖先后从山西、山东等地移民到上述地区。又据《南皮县志》第三章聚落中所附的南皮县村名考，上述名为“××拨”的村子，都是明初通过移民形成的村子，村名中的姓氏即为迁入百姓姓氏，数字即为迁入的批次，“拨”即为表批次的量词，如：“刘八拨　明永乐年间，刘氏奉诏从山东省即墨县迁居此地安家立村，因系第八批移民，遂取村名刘家八拨，后简称刘八拨。”“大三拨　明永乐年间，第三批移民由山东即墨县迁居此地立村，因邻近王寺，故名王寺三拨，后为区别村北部的三拨，改名为大三拨。”上述村子的移民大部分来自山东即墨和山西洪洞，少部分来自江苏南京和安徽。“拨”作为村镇名称很直接地反映了当地的移民历史。

坞 据《汉语大字典》［P458］，“坞”主要有三个义项：小障蔽物，防卫用的小堡，亦称“庳城”；四面高中间凹下的地方：山～，花～；水边建筑的停船或修造船只的地方：船～。河北村镇中，以“坞”相称的并不太多，运河沿河县市中，清河县连庄镇有杨豆坞、张豆坞、尹豆坞、李豆坞，沧县崔尔庄镇有孙崇家坞、大崇家坞、刘崇家坞。河北运河沿河地区皆为平原，村名中的“坞”不会是“坞”的第二个义项。据《沧县县志》，孙崇家坞乃明初孙姓迁入此地靠近朱家河占地立村，因为此处是官家停泊粮船之地，所以结合其姓氏取村名为孙存粮坞，后演变为孙崇家坞。大崇家坞、刘崇家坞的命名与此相类，只是当初迁至大崇家坞的有张、刘等不同姓氏之人，故村名中未显示姓氏，后人俗称大崇家坞。可见沧县村名中的“坞”用的是第三个义项，这与其靠近运河的地理特征也是相符的。据《清河县志》，相传隋末农民起义领袖窦建德死后葬于今清河连镇，当地人称窦建德之墓为窦坞。据《杨氏族谱》载，明永乐年间，杨氏祖先由山东莱州府昌邑县迁至此处定居，因临近窦坞并结合姓氏得名杨窦坞，后演变为杨豆坞。张豆坞、尹豆坞、李豆坞之得名也与此相同。由此可见，清河县几个村名中的“坞”并非像沧县村名中的“坞”一样表示船坞的意思，而是指因修墓而形成的小障蔽物，接近于“坞”的第一个义项。有意思的是上述带“坞”的村名都经过了“谐音替换”，如果不是查考文献史料，已经无法从字面上去推测其名称由来。

圈 临西县尖冢镇有四个村子分别叫作赵圈村、常圈村、李圈村、初圈村。据《临西县志》，常圈村乃明初常姓自山西洪洞县迁此立村，因处于卫运河堤埝半环状弯内而得名，赵圈村、李圈村村名来历同常圈村。初圈村也是明初褚氏自山西洪洞县迁入立村，同样因处卫运河堤埝半环状弯内得名褚家圈，简称褚圈，后演化为初圈。

3. 与独特的社会历史文化有关的词语

两乔（儿） 也作两桥（儿）。对于亲姊妹的丈夫，河北省内通行的说法是连襟和挑担，承德地区也叫“连桥”。据我们的调查，临西、清河方言叫作两乔（儿），东光也称“连桥儿”，青县、沧州市区也叫“连腿儿”。“两乔（儿）”源于三国时期乔公两女大乔、小乔分嫁孙策、周瑜的历史典故。据《河北方言词汇编》，河北方言中还将连襟称为挑船（儿）、担船、一条船、一条杠、一刀拉不断等，名虽不同，来源则曲折相通。两乔（儿）的说法在山东分布广泛，在河北主要分布在与山东相邻的地方。

拿王伦 《临西县志》方言部分所收词条“拿王伦”指当地的一种棋类游戏，又名“九连棋”“憋死牛”等。此游戏主要流行于鲁西临清、阳谷一带，游戏名称源于清代历史事实。清乾隆年间，鲁西发生了由王伦领导的农民起义，因农民军与清军的战斗主要发生在山东临清，因而王伦起义又名临清起义。临清明清时为运河沿岸南北水陆要冲，起义一度截断了通往京师的漕粮运河动脉，因而清政府派大员前往督战围剿，最终占领了临清土城，王伦自焚而亡。据说“拿王伦”棋盘的结构，便是模仿了当年临清街道布局。河北邢台临西县，紧邻山东，1964 年以前一直属山东临清，1965 年始成立临西县，归属河北。在临西，这种棋类活动也叫作“拿王伦”。过去，人们在劳作之余或闲暇时间，常就地取材，随手画出棋盘轮廓，用小土块等作为棋子，两人对弈。随着社会的发展，娱乐项目越来越丰富，设施越来越完善，玩这种游戏的人越来越少，几乎已经绝迹。

老猫儿 运河沿河方言中，哄孩子入睡或吓唬哭闹不听话的小孩儿时常提到“老猫儿”一词，如：“噢，噢，睡觉觉，老猫儿来了我打它。”“别哭了，再哭老猫儿来抓你了。”大人如是说，孩子如是听，实际上大人、孩子都不太清楚“老猫儿”是什么或有什么来源。有的地方称“老猫儿”为“老猫猴”或“老麻胡”，关于其来源，流传较广的是一个与运河有关的民间故事。隋朝末年，隋炀帝开挖大运河，任命大将麻叔谋为开河都护。麻叔谋凶残暴虐，害得沿河百姓怨声载道。麻叔谋爱吃羔羊肉，沿河姓陶的三兄弟，为人歹毒，为使运河绕开他家祖坟，残忍地以孩童之肉替代羔羊肉献给麻叔谋。麻叔谋吃上了瘾，答应陶家三兄弟使运河绕开他家祖坟，但要求他们要源源不断地给他送小孩儿肉吃。于是陶家三兄弟疯狂地偷小孩儿孝敬麻叔谋，有时甚至明抢，沿河一带不知丢了多少小孩儿。麻叔谋因吃了许多小孩儿，眼睛变得通红，加之本身相貌丑陋，变得像妖怪一样狰狞。人们求告无门，只好把自己的孩子藏起来，孩子一哭，大人就唬道："还哭，红眼老麻胡来了。"久而久之，有的地方就演变为老猫儿了。

《汉语方言大词典》[P1661]"老猫儿"一词的第三个义项是"也叫麻胡，想象中一种专吃小孩的动物"，见于中原官话河南商丘，如："别怕它，别怕它，老猫儿来了我打它。"除河南外，安徽淮北、宿州，江苏徐州，山东西南及河北邢台、邯郸、衡水、保定等地也都有此说法，分布地域主要是在运河流域。

坐小椅子的 《汉语大词典》[P2791]收"坐红椅子"，释义为"谓考试名列最后。旧时考试，张榜公布名次，榜末例用红笔一勾，故称"。举例为《李宗仁回忆录》第二章："现在考试又两次坐红椅子，使我分外觉得难为情。"由此可知，此说法是因榜末最后一名名字上红钩儿的形状就像椅子的拐角，因此将最后一名戏称为"坐红椅子"或"坐小椅子的"。又如《镜花缘》第六七回："紫芝把脸红一红道：'舅舅还说不屈，单单把我考在红椅子上！我还要同舅舅不依哩。'"据《山东方言研究》，现山东新泰、济南、利津、金乡等地将考试最后一名称为坐红椅子，莱州叫"坐小椅子"，沿河方言中，南皮将考末名称为"坐小椅子的"。

张美花 《临西县志》方言部分收"张美花"一词，释义为"知识浅薄，好显露自己，遭人讨厌的女人"。起初，我们猜测此词是"专名代泛称"，应来源于当地的典故，后经我们调查，当地人一般说"张摆花"，有时直接说"张花"，还有人说"王花"，无人知其来源。我们猜测这个词有两种可能：一是临西方言有"白话[·xuə]"一词，义为"闲聊、吹牛"，"摆花"即为"白话[·xuə]"的谐音，然后冠以常见之姓，表示某一类人，后缩减为"张花"或"白花"。另一种可能是"张"有张扬之意，"摆"有"显摆"之意。

尔 理睬。清河、故城、景县、泊头等方言中用"尔"表示搭理、理睬之意，如"他不讲理，你别尔他"。《河北方言词汇编》[P593]"不答理"词目下一种说法是"不耳"，主要见于天津和沧州地区。《汉语方言大词典》[P1320]"尔"第一个义项为"理睬"，见于冀鲁官话山东平邑方言和晋语山西忻州方言，例为"我真不尔你""我没有尔他"等。[P1717]"耳"第一个义项也为"理睬"，见于晋语、西南官话、吴语、湘语、赣语等。"尔"与"耳"应为同一个词，只是用字的不同。

（二）河北运河沿河方言词汇调查

由于时间等因素的制约，我们无法对河北运河沿河方言词汇进行全面调查，只能在爬梳文献的基础上对少数词语进行重点调查。

1. 河北运河沿河方言词汇调查研究现状

李旭在《河北方言研究的历史和现状》（2008）中指出，河北方言词汇研究相对薄弱。目前来看，这种情况仍未有大的改观。近些年，相比于河北方言语音和语法研究，河北方言词汇研究依旧较少。具体到河北运河沿河各方言点，迄今为止没有一个方言点有方言志或方言研究专书出版，也没有一篇期刊论文或硕博论文针对运河沿河某一方言点或几个方言点的词汇进行专门调查研究，有关河北运河沿河方言的词汇研究，主要文献是李行健先生的《河北方言词汇编》（1995）、《河北省志·方言志》（1995）中的相关部分。总体来看，关于河北运河沿河方言的词汇研究不够细致深入，还有一些词语有待进一步调查分析。

2. 调查条目的确定

一方面受调查条件的限制，一方面为提高调查效率，我们依据现有文献对调查条目进行了严格筛选。

根据对文献的考察，我们认为对沿河方言的动词、形容词、副词、连词调查较为薄弱，并且通过前期的预调查，我们发现有些常用词的方言说法及分布情况还不明确。基于此，我们首先确定了筛选条目的标准：一是常用词；二是加强对动词、形容词、副词、连词的考察，这些词具有很强的稳定性，不易因社会生活的变化及随之而来的物品的消替而变化，也较少有城乡差别及行业差别，这些词也是方言词汇调查中容易遗漏的词；三是与普通话差异明显、有地方特点的词。

依据此标准，具体的筛选程序是：首先，细致考察沿河各方言点的县市志。各县市志方言部分撰写水平不一，词汇部分搜集呈现的词语数目多少不一，我们先进行对比，把各方言点都收录且说法相同的词目先予以筛除，各方言点都收录但存在差异的词目，如为常用词，就收录进来，并通过我们的调查加以确认：一是确认县志上有特点的说法是否确实存在；二是明确这种说法在其他方言中是否存在。只有部分方言点收录的常用词目也收录进来，调查其在其他方言点的分布情况。其次，根据前期预调查，梳理《河北方言词汇编》《河北省志·方言志》，以及邻近的河北、山东方言点尤其是运河沿河方言点的方言材料如《河北盐山方言研究》《德州方言志》《临清方言志》《聊城方言志》《阳谷方言研究》《山东方言研究》《山东方言词典》中的方言词，相互比较，筛查常用词语，看其在河北运河沿河方言中的存在情况。最后，通过比较，我们筛选出 200 余个调查条目，并在临西、清河、故城、景县、吴桥、泊头、东光、南皮、沧县、沧州市区、青县 11 个方言点进行了调查。

3. 调查方式

关于多方言点的方言词汇调查，一般多是提供普通话的词语或说法，请发音人给出相应的方言说法。这样做对于调查者比较方便，但是对发音人要求就很高，要求发音人即使在缺乏具体语境的情况下也能较快地反应出方言说法，而现在很多发音人都不可避免地受到普通话的影响，有的词语可能已换用普通话说法，不一定能回想起方言说法。此外，这样调查也容易遗漏一些有方言特色的说法。因而本次调查我们在细致梳理文献、充分摸底、合理筛选词目的基础上，采取了下面的调查方式：先给出一个方言词，然后注明词义，如有必要给出例句，从而使语境具体化，使词义更加豁显；然后调查这个方言词在所调查的方言中是否存在，如果不存在或除了此词还有其他说法，再请对方给出其方言中的说法或其他的说法。这样调查，如果发音人方言中有此方言词，通过前面的引导，发音人能很快做出反应，不会因一时没想起来而出现疏漏；如果发音人方言中没有此方言词，在例句的引导下，也比较容易想起相关的词语。

4. 河北运河沿河方言词汇调查表

我们将调查的结果整理如表 2 所示。由于时间和人力限制，表中仅为初步的调查结果，也未能标注国际音标，有的还需进一步核对考察，仅供参考。

表 2　河北运河沿河方言语汇调查汇总表

释义	临西	清河	故城	景县	吴桥	东光	南皮	泊头	沧县	沧州市区	青县
太阳照射的地方	太阳地儿	爷儿爷儿地儿	太阳地儿	太阳地儿	太阳地儿	太阳地儿	太阳地儿	太阳地儿	太阳地儿	太阳地儿	太阳地儿
月亮照射的地方	月亮地儿	月亮地儿	月亮地儿	月亮地儿	月亮地儿	月亮地儿	月亮地儿	月亮地儿	月亮地儿	月亮地儿	月亮地儿
中间	当中间、当不间儿	当间	当中	当央	当阳	当（么）间	当（么）间	当（么）间	当（么）间	当（么）间	当（么）间
街上	当街	当街	当街	大街上	大街上	当街	当街	当街	当街	当街	当街
院子	当院	当院	当院	当院	当天家	当院	当院	当院	当院	当院	当院
池塘、水坑	水洼儿、坑	湾	湾	湾	湾	湾	湾	湾	坑	坑	坑
河岸	河沿儿	河沿	河沿	河沿	河沿	河沿	河沿	河沿	河沿	河沿	河沿儿
今天	今儿个	今儿	今儿	今儿可	今儿	今个儿	今门儿	今儿个	今儿个	今儿个	今个儿
头一天	夜儿个	夜来可	头个儿	头个儿	夜来可	夜来可	夜了个	夜了个	头个儿	头个儿	头个儿
大前天	大前日个	大前来可	大前儿可	大前日儿可	大前儿	大前日儿	大前了个	大前儿了个	大前了个	大前了个	大前儿个儿
白天	白天	白下	白下	白下	白天	白一儿	白下	白上	白下	白下	白天
下午	天西	过晌	过晌	过儿晌	过儿乎	过活＝	过晌午	等起晌	过晌	过晌	后晌儿
下午过半	半天西	半过晌	半过晌	半过儿晌	半过儿乎	半过活＝	过晌午	傍黑	黑么浅	黑么浅	后半晌儿
黄昏	黄黑儿	头天黑	头天黑	合黑儿	黑吧前溜	傍黑儿	黑	傍黑儿	傍黑儿	傍黑	傍黑
晚上	黑家	哄上	哄上、黑下	哄上	哄上	哄上	哄上	哄上	哄上	哄上	后上
黄昏以后	黑家	无	无	合滴哄上	黑吧前溜	无	合滴哄上	傍黑	黑天	黑天	无
现在	这	这	这会儿	现大晚儿、现今晚儿	这会儿	这会儿	这会儿	这么咱	这么前个	这么前个	现在
以后	望后	赶往后	往后	敢往后	以后	落儿后儿	落儿后儿	往后	往后	往后	以后
什么时候	多咱，哪会儿	多咱	多咱、嘛时候	嘛前儿	多么前儿	多么前儿	多么前儿	多咱	嘛时候	多前，多咱	嘛时候

续表 1

释义	临西	清河	故城	景县	吴桥	东光	南皮	泊头	沧县	沧州市区	青县
姑母	姑姑	姑姑	姑	姑	姑	姑	姑娘	姑姑	姑	姑	大姑（比爸爸大）、老姑（比爸爸小）
外婆	姥娘	姥娘	姥娘	姥娘	姥娘	姥娘	姥娘	姥姥	姥娘、姥姥	姥娘、姥姥	姥姥
伯父	大爷	大爷	大爷	大爷	大爷	大爷	大大	大爷	大爷	大大、大爷	大伯（bai，一声）
伯母	大娘	大娘	大娘	大娘	大娘	大娘	捻捻	大娘	大娘	大娘、娘娘	大娘
连襟儿，亲姊妹的丈夫	挑担、一担挑、两桥	连襟儿、一担挑	连襟、一担挑	两乔儿	连襟	连乔儿	连乔、连腿儿	连襟、一担挑儿	连襟	连襟、一担挑	连襟儿、连腿儿
叔叔	叔叔	叔叔	叔叔	叔	伯伯	伯伯	伯伯	伯伯	伯伯	伯伯	老伯
父亲的姑	姑奶奶	姑奶奶	姑奶奶	姑奶奶	姑奶奶	姑奶奶	姑奶奶	姑奶奶	姑奶奶	姑奶奶	姑奶奶
表示排行最小的	小	小	小	老	老	老	老	老	老	老	老
女孩儿、女儿	妮儿	妮儿	小妮儿、小闺女	小闺妞儿、闺女	闺妮儿	闺妮儿	丫头	小丫头	丫头	丫头	闺（gun，一声）女
老太太	老嬷儿嬷儿	老嬷儿嬷儿	老嬷儿嬷儿	老嬷儿嬷儿	老嬷儿嬷儿	老嬷儿嬷儿	老嬷儿嬷儿	老嬷儿嬷儿	老婆儿	老婆子	老婆儿
小偷儿	小绺	绺子	小绺	小绺儿	小偷儿	小偷儿	小偷儿	小偷儿	小偷儿	小偷儿	小偷儿、贼
强盗	老缺儿、老砸儿	老砸儿	老砸儿、贼	老砸儿	土匪	老砸儿	贼	抢东西的	抢东西的	抢东西的	强盗
额	页勒盖	页勒盖	页勒盖	页勒盖	页勒盖	页勒盖	页勒盖	页勒盖	页勒盖	页拉盖	页拉盖
屁股	腚	腚	腚	腚	腚	腚	腚	腚	屁股蛋子	屁股蛋子、腚垂子	屁股蛋子、腚垂子
眼屎	眵马糊	眵马糊	眵马糊	眵马糊	眼刺	眼眵	眵马糊	眵马糊、眼刺儿	眼粑粑	眼刺	眼刺

续表 2

释义	临西	清河	故城	景县	吴桥	东光	南皮	泊头	沧县	沧州市区	青县
耳垢	耳碎	耳碎	耳碎	耳碎	耳碎	耳碎	耳碎	耳碎	耳碎	耳碎	耳碎
鼻涕	鼻疔	鼻净	鼻疔	鼻子	鼻	鼻子	鼻子	鼻子	鼻子	鼻子	鼻子
手腕儿	手脖子、手脖儿	手脖子、手脖儿	手脖子、手脖儿	手脖子、手脖儿	手脖子、手脖儿	手脖子、手脖儿	手腕子	手腕儿	手腕儿	手腕儿	手腕儿
脖子	脖颈子	胳颈子	脖子	胳拉绷	脖子	脖梗子	脖梗子	脖梗子	脖梗子	脖梗轴子	脖梗子
膝盖	胳拉拜	胳拉拜	胳拉拜	胳拉拜	胳拉拜	脖棱盖儿	胳拉拜儿	胳拉拜儿	拨拉盖儿	拨拉盖儿	拨拉盖儿
大腿和小腹相连的地方	掖折儿	掖折儿	掖折儿	掖折儿	大腿根儿	大腿根	大腿根	大腿根	大腿根	大腿根	大腿根
大脚趾和脚掌相连处突出的地方	脚孤拐	脚孤拐	脚孤拐	脚孤拐	脚孤拐	脚孤拐	脚卡巴	脚卡巴、脚孤拐	脚孤拐	脚孤拐	脚孤拐
乱毛（含贬义）	毛尾	毛尾	毛尾	毛尾	毛尾	毛尾	毛尾	毛尾	毛尾	毛尾	毛尾
妇女挽在头上的发髻	纂	纂	纂	纂	纂、揪儿	揪儿	揪	揪儿	揪儿	揪儿	揪儿
身体不舒服	不得劲儿	不得劲儿	难受、不得劲儿	不得劲儿	不得（dei）劲儿	不得劲	难受	难受	不好受	不好受	不舒坦
肿	肿	肿	肿	膀	肿	膀	肿、膀	肿	肿	肿	肿
水泡、血泡	泡	水泡	扑撩	扑撩	泡	撩泡	撩泡	撩泡	撩泡	撩泡	撩泡
病态	柴	蔫儿	蔫儿	柴	弱	蔫儿	蔫儿	病怏怏	蔫儿	蔫儿	蔫儿
用秤称量	约	约	约	约	约	约	约	约	约	约	约
全部买下	包圆儿	包圆儿	包圆儿	包圆儿	包圆儿	包圆儿	包圆儿	包圆儿	包圆儿	包圆儿	包圆儿
值	值	值	值	搁	搁	搁	搁	搁	搁	搁	搁
旅途中用餐	垫么	垫么	打尖	打尖	打尖	打尖	吃饭	吃饭	打尖	打尖	打尖

续表 3

释义	临西	清河	故城	景县	吴桥	东光	南皮	泊头	沧县	沧州市区	青县
降价、跌价	贱	拉钱	拉钱	拉钱	贱	便宜	落钱	落钱	落钱	落钱	跌了
出嫁	娶	娶	出门儿	娶	娶	娶	娶	娶	出门子	出门子	出门子
用絮棉搓成的约尺长的棉条，然后纺成线。也比喻形状如此的东西，如面不儿、泥不儿	布绩	布绩	布绩	布绩	布绩	布绩	布绩	布绩	布绩	布绩	布绩
圆形馒头	馍馍	馍馍	馍馍	馍馍、饽饽	馍馍	馍馍	馍馍	馒头	饽饽	饽饽	馒头
方形馒头	馍馍	馍馍	卷子	花卷儿	卷子	卷子	卷子	卷子	卷子	卷子	卷子
饺子	饺子	饺子	饺子	饺子	饺子	饺子	饺子	饺子	饺子	饺子	饺子
用玉米面等面粉煮成的粥	黏粥	白粥	黏粥	黏粥	黏粥	糊嘟	黏粥	黏粥	薄的	薄嘚	粥
油条	麻糖	麻糖	炸馃子	炸馃子	馃子	炸馃子	炸馃子	馃子	馃子	馃子	馃子
凉面	冷面	凉面	凉面	凉面条	凉汤	冷汤	冷汤	冷面	过水面	过水面	凉面
热面条儿	面条	热面	热面	热儿	面条	热汤	热汤	热汤	热面汤	热面汤	热面汤
红薯	山药	红薯	山药	山药	山药	山芋	山芋	红薯	红薯	红薯	红薯
酱油	酱油	酱油	青酱	青酱	青酱	青酱	青酱	青酱	青酱	青酱	酱油
醋	醋、忌讳	醋、忌讳	醋、忌讳	醋	醋	忌讳	醋、忌讳	醋	醋	醋、忌讳	醋
做饭时，炊具或干粮上的蒸馏水	汽馏水	汽馏水	汽馏水	汽馏水	汽馏水	汽水儿	轮锅水	轮锅水	轮锅水	轮锅水	轮锅水
衣服口袋	衣裳兜儿	兜兜	布袋	布袋	布袋	布袋	兜	裤袋	布袋	布袋	口袋

续表 4

释义	临西	清河	故城	景县	吴桥	东光	南皮	泊头	沧县	沧州市区	青县
床单	被单儿	被单儿	被单儿、炕单子	被单儿	炕单子	被单儿	被单儿	被单儿	被单儿	被单儿	被单儿
抹布	搌布	擦桌子布	搌布	搌布	搌布	搌布	搌布	擦桌子布	擦桌子布	擦桌子布	擦桌子布
堵塞器皿口儿的圆形物体	塞儿	塞子	塞子	椎儿	塞儿	塞儿	塞儿	瓶塞儿	瓶塞儿	瓶塞儿	瓶塞儿
筷子	筷子	筷子	筷子	筷子	筷子	筷子	筷子	筷子	筷子	筷子	筷子
硬币	钢镚儿	钢墩儿	毛嗑儿	钢镚儿	钢镚儿	钢墩儿（钢镚）	钢镚	钢镚	钢镚	钢镚	硬币
麻雀	家雀儿、老罩儿	老罩儿	小小儿、家雀儿	家雀儿	家雀儿	老家雀儿	家雀儿、家赶	家雀儿	家雀儿	家雀儿	家雀儿
鸽子	鸽子	鸽子	鹁鸽	鸽子	鹁鸪	鹁鸪	鹁鸪	鸽子	鹁鸪	鹁鸪	鸽子
蚂蚁	蚂蚁	米蚌	米蚌	米蚌	米蚌	米蚌	米蚌	米蚌	米蚌	米蚌	米蚌
蜻蜓	蜻蜓	蜻蜓	蚂螂	蚂螂	蚂螂	蚂螂	蚂螂	蚂棱	蚂螂	蚂螂	蚂螂
母猪	海棠	海棠	母猪	海棠	母猪	母猪	母猪	母猪	海棠	海棠	母猪
蝉	吗记溜	姐喽	姐了	姐了儿	姐了儿	小小儿	小小儿	唧了	唧了	唧了	唧了
蝉的幼虫	吗记溜	姐喽爬	姐了儿爬爬	姐了儿龟儿	姐了儿龟儿	泥摸周儿	小小蛋儿	知了猴	知了猴	唧了猴	姐了儿猴儿
蝙蝠	夜马虎	檐边虎	檐边虎	夜马虎	夜马虎	夜马虎	夜马虎	夜马虎	檐白虎	檐白虎	檐巴虎子
弯腰	锅腰	锅腰	锅腰	锅腰	锅腰	虾腰	锅腰	毛腰	毛腰	毛腰	毛腰
扶	招	招	招	招	扶	招	招	扶	招	招	抓
摆弄、整治（略含贬义）	拾为	摆楞	摆楞	撕为	摆楞	摆楞儿	摆楞	捯饬	捣鼓	捣鼓	捣鼓

续表 5

释义	临西	清河	故城	景县	吴桥	东光	南皮	泊头	沧县	沧州市区	青县
摆弄、整治	摆划（轻声）	摆愣	摆愣	摆划（huai，轻声）	摆楞	摆划	摆划	拾掇	拾掇	拾掇	拾掇
1. 挠：~痒痒；2. 挎：~篮子	扢	扢	扢	扢	扢	扢	扢	扢	扢	扢	扢
扔	扔	扔	扔	扔	扔	扔	扔	扔	拽	拽	拽（阴平）
折	撅（阴平）	撅	撅	撅	撅	撅	撅	撅	撅	撅	撅
1. 放、添加；2. 用、靠	着	着	着	着	着	搁	搁	搁	搁	搁	搁
把蒜薹从蒜苗上拔下来	提	无	杓	杓	杓	杓	杓	薅	薅	薅	薅
走	转转	走	走	趔	走	走	趔	走	趔	趔	走
踩	踩	踩、扁	踩、扁	踩、扁	踩、扁	踩、扁	踩、扁	踩、扁	踩、扁	踩、扁	踩、扁
动弹	顾拥	顾拥	顾拥	顾拥	顾拥	顾拥	顾拥	顾拥	顾拥	顾拥	顾拥
1. 下衣过于宽松向下脱落；2. 身体不能支撑，瘫软倒地	出溜	出溜	出溜	噜丢	噜嘟	沦蹲	噜嘟	噜嘟	掉、瘫	掉、瘫	掉、瘫
用筷子夹取食物	夹、抄	抄	搛	夹	夹	搛	搛	搛	敆	搛	搛
把熟的食物蒸热	熥	熥	熥	熥	熥	熥	熥	熥	熥	熥	熥
做（稀饭、粥等）	馇、做	奏	馇、做	馇、做	馇、做	馇、做	馇、做	馇、做	盛	盛	做
烙（菜饼）	摊	摊	塌	塌	摊	烙	烙	烙	烙	烙	烙
照样描画	替	替	替	替	替	替	拓	拓	拓	拓	拓

续表 6

释义	临西	清河	故城	景县	吴桥	东光	南皮	泊头	沧县	沧州市区	青县
用较细的针脚缝	扦	扦	扦	扦	扦	扦	扦	扦	扦	扦	扦
把衣服、被褥的表、里及夹的棉絮缝在一起	繚	繚	繚	繚	繚	繚	繚	繚	繚	繚	繚
虐待，折磨	折磨	折掇、折弄	折掇、折弄	折掇、折弄	拾掇	折掇	折腾	折弄	折弄	折弄	折弄
涂抹、擦去	迷	迷	迷	迷	擦	迷	擦	擦	擦	擦	擦
拉	搟	搟	扽	扽	扽	扽	搟	扽	扽	扽	扽
用碗、勺等器皿舀、盛东西	扻	扻	扻	扻	扻	扻	扻	扻	扻	扻	扻
整理，把东西拿到一起，一头对齐	类	类	类	类	对	码	对	类	码	码	码
装订	缉	订	订	缉	缉	订	订	缉	揍	揍	订
1. 焯水；2. 接触很凉的水产生的感觉	1. 过；2. 炸（阳平）	炸	炸	1. 焯；2. 炸	炸	炸	炸	炸	炸	1. 焯水、焯；2. 炸	1. 焯水、焯；2. 炸
烤	熥熥	烤	烤	炙	烤	炙	炙	炙	虚虚	虚虚	烤
藏	藏	藏	藏	藏	掖	抬	藏	藏	掖	掖	掖
把长在细物上的东西撸下来	勒	勒	勒	勒	勒	勒	勒	剥	撸	撸	撸
欺骗	勒	瞅	糊弄	勒	糊弄	蒙	糊弄	糊弄	糊弄	糊弄	骗
站	站	站	站	立	站	立	站	站	立	立	站
遮挡	挡	挡	影、挡	影	影	影	影	影	影	影	挡

续表 7

释义	临西	清河	故城	景县	吴桥	东光	南皮	泊头	沧县	沧州市区	青县
追赶	追	追	撵	追	撵	赶	赶	追	撵	撵	撵
拦路抢劫	短道儿	劫道儿	短道儿	短道儿	劫道儿	劫道儿	拦道	劫道	劫道	劫道	劫道
抖动	别抖搂（腿）/冻得打嘚嘚	抖搂	打抖搂	和挛	打抖搂	抖索儿	颤达	抖咯	哆嗦	哆嗦	哆嗦
说话、闲聊	拉呱儿	拉呱儿	拉呱儿	拉呱儿	拉呱儿	拉呱儿	唠嗑	说话	扯闲篇	扯闲篇	扯闲篇
向长辈告发	告	告	告	告	告	告送	告诉	告诉	告	告	告
骂	骂	呲	撅、卷	撅、卷	撅、卷	撅、卷	撅、卷	撅、卷	撅、卷	撅、卷	撅、卷
拍手，鼓掌	拍呱儿	拍呱儿	拍呱儿	拍呱儿	拍呱儿	拍呱儿	拍呱子	拍呱儿	拍呱儿	拍呱儿	拍呱儿
提别人短处	降骂、鹅么	切着	茄降	茄个、茄降	茄降	茄降	茄跟、茄降	背后说坏话	茄跟	茄的、茄根	茄的
留神、小心	留神、小心	留神、小心	留神、小心	吕觑、搭觑	吕觑	吕觑	吕觑	吕觑	吕觑	吕觑	吕觑
出谜语	猜闷儿	出个闷	猜闷儿	泼闷儿	猜闷儿	泼闷儿	猜闷儿	猜闷儿	泼闷儿	泼闷儿	泼闷儿
把鼻子往上皱	重鼻子	皱鼻子	皱鼻子	犟鼻子	皱鼻子	皱鼻子	皱鼻子	皱鼻子	倔鼻子	倔鼻子	皱鼻子
迷信说法，命相会给别人带来厄运，义同“克”	克	妨	妨	妨	妨	妨	妨	妨	妨	妨	妨
能办而不办，以此要挟人	搪	搪	拿搪	拿搪	拿搪	拿	拿	拿	拿搪	拿搪	拿
吵架、打架、闹别扭	革气	革气	革气	革气	置气	革气	革气	革气	革气	革气	置气
顶撞	顶撞	顶	顶	怼	顶	顶	顶	怼	顶	顶	顶
估计	相么着	掂着	目量	目量	目量	目量	目量	掂量	估摸着、目量	估摸着、目量	估摸
挑剔并发作	炸毛	刺毛	炸毛	起毛	起毛	蹿火儿	毛	炸毛	奓翅儿	奓翅儿	急了

续表 8

释义	临西	清河	故城	景县	吴桥	东光	南皮	泊头	沧县	沧州市区	青县
严厉训斥	熊	熊	熊	熊	熊	熊	说	数落	吼	吼	刺（cer，一声）
批评、训斥	吵	熊	吵	吵	吵	吵	骂	说	嚷	嚷	刺（cer，一声）
摸黑儿	摸瞎乎儿、摸黑儿	摸胡儿	摸瞎乎儿、摸黑儿	摸瞎乎儿	摸瞎黑儿	摸黑儿	摸黑儿	摸黑儿	摸黑儿	摸黑儿	摸黑儿
1. 报答或效劳；2. 投合心意，讨人喜欢	填欢	无	无	填欢	无	无	填欢	无	填乎	填乎	无
舒适、得意，不能做定语和状语	恣儿	恣儿	恣儿	恣儿	恣儿	恣儿	恣儿	恣儿	恣儿	恣儿	恣儿
舒服、得意，不能做定语和状语	得劲	好	韵	韵	韵	韵	韵	韵	韵	韵	好臊
害羞	嗔	嫌嗔	害臊	害臊	害臊	害臊	害臊	害臊	臊	臊	臊
嫌、感觉	害（阳平）	觉么着、嫌	害	害（阳平）	嫌	觉着、嫌	觉着、嫌	嫌	嫌	嫌	嫌
爱好、热心	好	热、热络	好、喜欢	稀罕、愿意、喜欢	好	稀罕	爱	爱、喜欢	爱、喜欢	爱、喜欢	爱、喜欢
剩下	闪	闪下	闪	剩下	剩下	闪下	闪下	剩下	闪下	闪下	剩下
1. 食物变质； 2. 食物变质后发出的气味儿	澌闹	馊	澌闹、馊	馊	馊	澌闹	发澌	发澌	馊	馊	馊了、味了
食品稍微变质的味道	咯	馊	酸了	咯	味儿	味了	味儿	糠了	味儿	味儿	味儿
枣子不新鲜、霉烂	浆包	捂了	浆包	僵巴	浆包	僵巴	烂	浆包	浆包	浆包	浆包

续表 9

释义	临西	清河	故城	景县	吴桥	东光	南皮	泊头	沧县	沧州市区	青县
客气（多用于酒席）	作假	作假	作假	作假	客气	拘束	客气	不好意思	见外	见外	见外
1. 稀；2. 糊状物失去黏连性	稀、澥	稀	稀、澥	澥、稀	稀	稀	澥	稀	稀	稀	薄（bao，二声）
1. 布、纸之类东西不平；2. 收缩、缩水	扂出	鼓出	鼓出	鼓壮	皱巴	缩水	缩水	鼓出	皱巴、缩	皱巴	皱巴
健康（多用于少年儿童）	铺实	皮实	壮实	泼实	皮实	皮实	皮实	壮实	壮实	壮实	壮实
老人身体硬朗	壮实	硬邦	硬邦	硬朗	硬邦	硬邦	硬邦	硬邦	结实	结实	结实
瑕疵，多用于器具、衣物、水果等	霸见、鈚	鈚	鈚	鈚	鈚	鈚	鈚	鈚	鈚	鈚	无
货真价实，地道	实着	实着	真着	真着	真着	真着	真着	真着	地道	地道	地道
精神不振	蔫儿	蔫儿	蔫儿、茶	茶	蔫儿、茶	蔫儿	茶	茶	蔫	蔫	带死的样
1. 动物行走快，不易捕捉；2. 指人反应快，不易使其就范	滑唰	精	精、机灵	猖	精	猖	精	精	精	精	快
头脑反应慢，不清楚，能力不强	鲁笨	迂	迂	迂	迂	迂	迂	迂	迂	迂	门乎
做事拖拉、磨叽	磨叽	序磨	肉、磨叽	肉、磨叽	肉、磨叽	豫么	豫么	磨蹭	磨叽	磨叽	肉
拖	偎	偎	偎、拖	偎	曳	拖	拖	拖	拖	拖	拖
怪癖，态度生硬	奸，拐孤	拐孤	拐孤	拐孤	拐孤	拐孤	拐孤	拐孤	拐孤	拐孤	死相
小气、吝啬	抠门	奸	奸	抠门儿	奸	奸	奸	奸	抠	抠	小气

续表 10

释义	临西	清河	故城	景县	吴桥	东光	南皮	泊头	沧县	沧州市区	青县
小气、奸算	小家事不拉地	奸人	小气、缩	奸	小气	缩	缩	缩	阴	阴	小气
小孩乖巧听话	听说、听话	听说、听话	听说、听话	听说、听话	听说、听话	听说、听话	听说、听话	听说、听话	听说、听话	听说、听话	听说、听话
调皮	皮	皮	皮	皮、捣蛋	调猴	皮	皮	调猴儿	调猴儿	调猴儿	调猴儿
因年老而糊涂，经常做错事	老了，糊涂了	老了，糊涂了	老了，糊涂了	悖晦	迷糊	老了，糊涂了	悖晦	老了，糊涂了	老了，糊涂了	悖晦	老糊涂
1. 衣服布料因穿用已久而宽松变薄或失去弹性；2. 人穿着肥大，不利索，不整洁	出绦	懈	懈	懈	懈	没松紧	松	松	松	松	松
爱显摆	张摆	谝	谝	谝	显	显	谝	炫耀	显摆	显摆	显摆
不随俗，表现特殊，贬义	相	相	相	相	隔路	别扭	别扭	别扭	格色	格色	格色
愣	二甲	愣	彪	彪	彪	彪	彪	彪	虎	虎	愣
有工夫、有时间	有工夫	有空儿	迭的	迭的	有空儿	有空儿	迭的	闲工夫	迭的	迭的	有空儿
差	该	差	差、该	差	差、该	差、该	该	欠	该	该	缺
指身体动作敏捷	滑帅	滑帅	麻溜儿	麻溜儿	溜活	利索	利索	麻利	伶俐	伶俐	利索
1. 应有尽有；2. 考虑问题、办事全面周到	全唤	全唤	全唤	全唤	全乎	全乎	全唤	全乎	全活儿	全活儿	全乎
1. 形容说话絮叨；2. 因重复而厌烦	1. 絮叨，磨叨；2. 烦	絮叨	俗	俗	絮叨	絮叨	絮叨	念叨	俗	俗	年

续表 11

释义	临西	清河	故城	景县	吴桥	东光	南皮	泊头	沧县	沧州市区	青县
说话与当地人不同，但还能听懂	侉	侉	侉	侉	侉	侉	侉	侉	侉	侉	无
言行失度，不得体	贫	贫	嘲叨	嘲叨	嘲叨	嘲叨	嘲叨	哨叨	哨叨	哨叨	没着
1. 因过分老实而受欺负；2. 因做出不应有的让步而吃亏	1. 尿包；2. 瞎，砸	孙	孙	孙	窝囊	孙	孙	孙	㞞	㞞	熊，老实
做事迟缓	磨叨	慢腾腾	慢	慢憨	磨叨	慢憨	磨叽	肉	肉	肉	肉
嘴馋	馋	馋	尖馋	尖馋	馋	尖馋	尖馋	馋	馋	馋	馋
1. 多；2. 舒服	1. 多，丰收；2. 得劲	多	1. 多，丰收；2. 得劲	胎孩	1. 多；2. 得劲	1. 多；2. 得劲	1. 多；2. 得劲	1. 多；2. 得劲	1. mei（四声）；2. 美	胎孩	胎孩
差劲儿、低劣	疵毛	疵毛	疵毛	疵毛	疵毛	疵毛	疵毛	疵毛	疵毛	疵毛	疵毛
不正经	穷腚	穷腚	不正经	没正洛的	没正格的	没正格的	穷腚	吊儿郎当	没正格的	没正格的	没正格的
蔬菜水果新鲜多汁	支生	支生	支生	支生	支生	支生	支生	支生	支生	支生	支愣
（粥等）稀	稀	稀	稀	稀	稀	薄	薄	稀	薄	薄	稀
（粥等）稠	黏	稠	稠	糨	糨	糨	糨	糨	糨	糨	糨
（瓜果成熟的）批	茬	茬	茬、喷儿	茬、喷儿	茬	喷儿	茬	茬	茬	茬	茬
量词，一小截、一小段	截儿/段儿	一骨节	一骨节、一把轨儿	一骨节	一骨碌	一把轨儿	一把轨儿	一段	一块	一块	一骨碌儿
一直，总是	紧着	一个劲	老	老是	老是	紧个	老是	老是	老是	老是	老是
1. 完全被动地承受；2. 坐等（责备、惩罚）、坐享（现成）	1. 偎；2. 赌	赌	赌	赌	赌	赌	赌	赌	赌	赌	赌

续表 12

释义	临西	清河	故城	景县	吴桥	东光	南皮	泊头	沧县	沧州市区	青县
1. 莫非、大概是；2. 情理明显，理所当然	敢情	敢情	敢情	敢是/敢子	敢是	当么着	敢是/敢子	敢是	敢是/敢子	敢是/敢子	敢是
故意、成心	竟心	得意儿	得意儿	得意儿	得意儿	得意儿	成心	成心	成心	成心	成心
1. 特别；2. 特意、专门	1. 特别；2. 提另	得意	1. 特别；2. 提另	提另	提另	提另	成心	单另	提另	提另	特别
四处、到处	沿达哩	遥达哩	遥达哩	各处	各处	到处	各处	各处	各处	各处	蛮是了
任意、随便	随便	可劲儿	敞着壳儿地	敞着壳儿地	敞着壳儿地	敞着壳儿地	敞着壳儿地	敞着怀的	敞着怀的	敞着怀的	敞开
比不过，又不是	伴不得	又不是	伴不得	伴不得	伴不得	伴不得	伴不得	伴不得	比不得	比不得	比不得
只是、只不过	只不过	只不过	就是	一不得	就是	就是	一不得	一不得	只不过	只不过	只不过
怪不得	怨不得	怨不当	怨不当	怨不当的	怨不当的	怨不当的	怪不得	怨不当的	怨不当的	怨不当的	怨不得
不但	浪吧/浪不	不但	要不得（要本儿）	要不得（要本儿）	要不得（要本儿）	要不得（要本儿）	不光	要不得（要本儿）	不光	不光	不光
哪怕，就算是	就算	哪怕	就算、哪怕	马非儿	就算	就算	就是	那不低	奏是	奏是	就算
不管、无论	脆	随	脆	甭管	甭管	甭管	甭管	甭管	甭管	甭管	甭管
因为	拥	拥为	拥故	拥故	拥故	拥故	拥故	为嘛	拥乎	拥乎	因为
除非	要不	除非	除非	除非	除非	除非	除非	除非	除非	除非	除非
正	济之	既之、济着	既之、济着	既之、济着	紧周（轻声）	既之、济着	既之、济着	既之、济着	既之、济着	既之、济着	正
只要	要是	但凡	但是	但凡	但凡	但是	但凡	求起	但子	但子	只要
既然	既然	但凡	既然、自凡	自凡	自凡	自凡	自凡	但凡	既然	既然	既然
反正	反之	反之	反正	混现	反着	反正	反正	反正	反正	反正	反正

续表 13

释义	临西	清河	故城	景县	吴桥	东光	南皮	泊头	沧县	沧州市区	青县
1. 你的；2 你们	恁	恁	你	你	你	恁	恁	恁	恁	恁	你
那，比“这”远，但现场能看到，看不到的用“那”	那	那	那	那	那	乜	乜	乜	那	那	那
别的	旁的	旁的	旁的	旁的	旁的	旁的	旁的	旁的	旁的	旁的	旁的
自己	自个	己个	己个	己个	个人	己个	己个	己个	己个	己个	自个（ge，三声）
样儿、种	样儿	行子	户儿	户儿	户儿	户儿	户儿	户儿	户儿	户儿	样儿
在	在、从	在、从	在、从	在、从	在、从	在、从	在、从	在、从	在、从	在、从	在、从
在列举成分后表示“等等”	伍的、么的	伍的	伍的、嘛的	伍的、嘛的	伍的、嘛的	伍的	伍的	伍的	伍的	伍的	嘛的

四、京杭大运河河北沿河方言语法调查

（一）构词法

词是由语素构成的，构词法主要研究由两个或两个以上语素构成的合成词的构造方式。和普通话一样，河北运河沿河方言主要有三种构词方法：复合法、附加法和重叠法，但通过这些方法构造出来的合成词与普通话却存在一些区别。

1. 复合法

对于普通话和汉语方言来说，复合法都是最主要的构词方法。复合构词的基本方式都是并列式、限定式、支配式、补充式、陈述式。复合法是方言差异最小的构词方法。虽然使用相同的构词方法，但河北运河沿河方言中的复合词与普通话还是不尽相同。下面我们举例进行简要说明。

（1）词形不同。

河北运河沿河方言中有些词的意义与普通话词语相同，但词形不同，主要有下列几种情况：

①河北运河沿河方言中的复合词，在普通话中是单纯词。

河北运河沿河方言（方言点）	普通话
冰凉、冻凉（各方言点）	冰
云彩（各方言点）	云
霜雪（东光）	霜
长虫（各方言点）	蛇
听说（各方言点）	乖

②普通话中是复合词，在河北运河沿河方言中是单纯词。

普通话	河北运河沿河方言（方言点）
闪电	闪（各方言点）
牙齿	牙（各方言点）
水桶	筲（各方言点）
屁股	腚（各方言点）
寺庙	庙（各方言点）
熟悉	熟（各方言点）
田地	洼（沧州市区）

③都为复合词，音节数量不同。

a. 河北运河沿河方言为多音节复合词，在普通话中是双音节复合词。

河北运河沿河方言（方言点）	普通话
格拉拜儿、髆拉盖儿（各方言点）	膝盖
拨拉牛、嘎拉牛（各方言点）	蜗牛
夜马虎、檐边虎（各方言点）	蝙蝠
扫帚星（各方言点）	彗星
慌忙星（临西）	金星
晌午饭（临西、清河、故城）	午饭
抹打眼（景县）	黄昏
胡日白（沧县、沧州市区）	胡说

b. 河北运河沿河方言为双音节复合词，在普通话中是多音节复合词。

河北运河沿河方言（方言点）	普通话
砟子（各方言点）	无烟煤
痄腮（各方言点）	腮腺炎
白油（沧州市区）	花生油
墓生儿（临西、清河、泊头、青县等）	遗腹子
双巴儿（临西、清河）	双胞胎

④音节数量与构词方式相同，语素不同。

河北运河沿河方言（方言点）	普通话
爷狗（泊头）	公狗
风圈（临西）	月晕
地动（东光）	地震
耳碎（临西、清河）	耳屎
车脚（沧州市区）	车轮
花销（各方言点）	开支

⑤构词语素相同，语素排列顺序不同。

河北运河沿河方言（方言点）	普通话
捣鼓（临西、清河）	鼓捣
连牵①（清河）	牵连

（2）意义不同。

河北运河沿河方言中有些词词形与普通话词语相同，但表义不同，主要有下列两

① 清河方言中，“连牵”义为做事拖泥带水，与普通话词语“牵连”的一个义项“拖延”意义基本相同。

种情况：

①词义范围不同。

同一词语，河北运河沿河方言的含义比普通话外延更广。如：

	河北运河沿河方言（方言点）	普通话
外甥	姐妹的孩子；外孙（各方言点）	姐妹的孩子
鼻子	嗅觉器官；鼻涕（沧州市区）	嗅觉器官
妈妈	母亲；乳房（各方言点）	母亲
光棍	单身汉；蛮横不讲理的人（临西、南皮）	单身汉
肉	人和动物体内接近皮的部分的柔韧的物质；性子慢，动作迟缓（各方言点）	人和动物体内接近皮的部分的柔韧的物质
捂眼	牲畜拉磨时带的遮眼布；遮挡住眼睛（沧州市区、青县）	遮挡住眼睛

②词义所代表的事物不同，同一词形，普通话指甲事物，河北运河沿河方言则指乙事物。

	河北运河沿河方言（方言点）	普通话
皮子	行为不正当的男人（临西）	皮革或毛皮
个子	棺材（清河）	人的身材或动物身体的大小
梨膏	块儿糖（临西）	用梨汁和蜜制成的膏，可止咳
忌讳	醋（临西、沧州市区）	对某些言行有所顾忌

2. 附加法

附加法是汉语中一种重要的构词方法，它是指通过词根语素附加词缀语素的方式构成附加式合成词。与普通话相比，河北沿河方言的附加构词法构词能力更强：首先词缀更丰富，既有一些与普通话相同的词缀，也有一些不同于普通话的词缀；其次，通过附加法除了能构成大量的名词，还能构成不少动词和形容词，并且这些词的使用频率往往是比较高的。

（1）前缀。

河北运河沿河方言的前缀不如后缀发达，构成的多为名词和形容词。

①名词前缀。

a. 老-。

河北运河沿河方言中，作为前缀的“老”可以跟普通话一样附在名词性语素之前构成“老师、老鼠、老乡、老板”等名词，此外还可以附在动词性、形容词性语素之前构成名词，常表示具有某种性格、外貌特征的人或不务正业的人，一般具有贬义。如：

沧州：老赶（乡巴佬） 老疙瘩（排行最小的子女） 老生子、老末（最小的孩子）

景县：老雀（麻雀）

临西：老砸、老缺（强盗） 老半（作风不正当的女人） 老闷（不爱说话的人） 老蔫儿（精神不振作的人） 老小（妾） 老鼻子（许多） 老抠（舍不得花钱用物的人） 老罩（麻雀）

清河：老杂、老攫（土匪）

青县：老生子（排行最末的子女）

据《山东方言研究》，“老”作为前缀的这种用法分布于济宁、聊城、临清等地方言中，都是运河沿河方言，与河北运河沿河方言这一方面具有连续性。

b. 二-。

“二”与名词性、动词性语素组合构成名词或形容词，表示具有某种不佳性格的人或其性格特征，一般含有贬义。此处是“二”作为前缀构成的名词。

临西：二猛、二急眼、二青头、二红砖、二拼子（不冷静、鲁莽的人）

清河：二股眼（眼花看不清，不辨真假） 二鸡眼（门外汉） 二红砖（不冷静、鲁莽的人） 二大个子（侏儒）

东光：二猛（形容人性格暴戾，不懂事理，做事没准头儿） 二愣八蛋（冒失、做事不加考虑）

南皮：二六八蛋（蛮干、是非不分、不知好歹）

青县：二把刀（技术不熟练的人） 二五眼（质量能力差） 二半膘子（傻气、做事莽撞的人）

上述方言中还有少量“二”在词首的形容词，也多含有贬义。

清河：二猛（鲁莽）

南皮：二虎（不精明） 二呼（犹豫不决）

沧州：二胡（愣头愣脑）

青县：二乎（傻气、糊涂）

此外，故城、景县、阜城等方言中，“家东、家西、家南、家北”表示“东方、西方、南方、北方”或“东边、西边、南边、北边”，“家”意义虚化，只有成词的作用，可看作前缀。这和山东德州方言的用法是一致的。

②形容词前缀。

在河北沿河各方言点中，有些形容词可以通过前加特定的修饰成分，表示程度高。

以清河方言为例，据张晓锐（2016），这种构词法中的前缀通常是由“齁”“稀”“溜”“黢”“焦”“精”“透”等充当，例如：

齁咸　稀甜　溜酸　溜平　溜直　溜圆　黢黑　黢紫　焦黄　精瘦

精湿　精细　透圆　透肥　透红　煞白　邦硬　冰凉　生硬　喷香

其中，“溜”在清河方言中，只可用来修饰“圆、长、直、平、滑、酸”六个单音节形容词，表示程度的加深。

[1] 这小闺女儿眼睛溜圆，长哩真俊。

[2] 这闺女辫子溜长。

[3] 你看他画哩这线儿，溜直。

[4] 看这小媳妇儿把床铺哩溜平溜平哩。

[5] 雪这么厚，让车一轧，路上溜滑溜滑哩。

[6] 这葡萄溜酸溜酸哩，没法吃。

“精”只可以跟“瘦、细、馋、湿、薄”这 5 个形容词搭配，表示程度高。可以看出“精”搭配的对象指向一端，限于消极意义的形容词。

[7] 孩子尿炕了，把被子尿得精湿。

[8] 他长哩精瘦精瘦哩。

[9] 大冬天哩，这孩子穿得精薄。

[10] 这个棍儿精细。

[11] 这孩子精馋，跟八百辈子没吃过东西哩一样。①

“精”不能限定动词和动词短语，不可与否定副词“不”连用。

清河方言中，“透”可以与“圆”“红”“肥”三个词搭配，“黢”与“黑”“紫”两个词搭配，而其他词只能和一个形容词搭配。

这些特定的修饰成分组合能力较弱，只能固定修饰某个或某几个形容词，有的已经凝固成词，如“黢黑、煞白、冰凉”等。对于这些表示程度的特定修饰成分，学界有的认为是副词，与形容词组合构成的是状中短语，有的认为是前缀，构成形容词的一种生动形式。我们认为这些修饰成分与形容词的组合基本固定，组合能力较弱，组合以后有的已经固化成词，我们倾向于将其视为形容词前缀。

我们把上述前缀加形容词的形式称为形容词的 BA 式。BA 式还可重叠为 BABA（的/哩）式，表示程度更高，这样，形容词本身为原级 A，BA 式为比较级，BABA（的/哩）式为最高级。仍以清河方言为例：

① 上述例句参考张晓锐《河北清河方言程度表示法》，河北师范大学硕士学位论文 2016 年。

A（原级）	BA（比较级）	BABA（最高级）
咸	齁咸	齁咸齁咸（哩）
甜	稀甜	稀甜稀甜（哩）
圆	溜圆	溜圆溜圆（哩）
黑	黢黑	黢黑黢黑（哩）
瘦	精瘦	精瘦精瘦（哩）

［12］他好把菜炒得齁咸（挺咸），今天这菜更是齁咸齁咸哩（极咸），把卖盐的打死□［læn²］。

［13］这个西瓜长得溜圆（比较圆），咬一口，稀甜稀甜哩（非常甜）。

少数 BA 式还可以重叠为 BBA 式，也表示程度高，程度等级介于 BA 式和 BABA 式之间，如“溜溜圆”“喷喷香”“邦邦硬”等。

其他沿河方言点中的情况与此相类，就是在前加成分的数量及组合对象方面略有参差。

《山东方言研究》指出，“山东方言的形容词有结构形式多样的生动形式，它们不仅可以表达丰富细腻的语义内容，而且具有很强的描写作用，是山东方言中极具地方特色的语言现象”①。根据我们的考察，河北运河沿河方言也具有这一特点。

（2）后缀

河北运河沿河方言中的后缀比较丰富，可以构成大量的名词、动词和形容词。

①名词后缀。

a. -子。

河北沿河方言的后缀“子”，比普通话后缀“子”更高产，表示的语法意义也更复杂。

第一种情况是河北运河方言是“子”尾词，普通话用不同词形表示。仅以临西、泊头、东光、沧州、青县为例：

临西：乡庄子（农村） 滚坨子（碌碡） 戏匣子（收音机） 尿憋子（夜壶） 羯子（公羊） 大黑瞎子（黑熊） 地豆子（马铃薯） 馃子（油条） 斗子（棺材）

泊头：凿打木子（啄木鸟） 曲车子（蚯蚓） 蝎虎溜子（壁虎） 树栽子（树苗） 电棒子（手电筒） 钢镚子（硬币） 胰子（肥皂） 当家子（本族）

东光：凿打木子（啄木鸟） 夜猫子（猫头鹰） 当家子（同姓人） 对点子（同名人） 对帽头子（合得来） 电驴子（摩托车）

---

① 《山东方言研究》，第 265 页。

沧州：拨拉牛子（蜗牛） 蛤啦虫子（蚯蚓） 牤牛蛋子（小公牛） 猪秧子（小猪） 洋柿子（西红柿） 包麻子（蓖麻） 戳子（图章） 要子（捆庄稼的短绳） 黑个蝇子（雀斑） 指盖子（指甲） 腚垂子（屁股） 发疟子（疟疾） 起子（苏打） 褯子（尿布） 衣包子（胎盘）

青县：一抻子（好多天） 拖拉子（拖拉机） 压井子（小真空井） 指盖子（指甲） 当家子（同族人） 耳掴子（耳光）

第二种情况是“子”附在各种性质的词根后面构成指称人的名词，所构成的词一般含有贬义，多用于背称。

指称具有某种身体缺陷的人。除常见的“瞎子、聋子、瘸子、拐子、秃子、麻子、胖子、瘦子、疯子”外，如：

临西：半吊子（心眼儿少，有点儿傻气，做事莽撞的人）

清河：秃舌子（大舌头） 锅腰子（驼背） 半憨子、半吊子（缺心眼的人）

景县：锅腰子（驼背）

东光：锅腰子（驼背）

指称具有某种特殊经历或身份的人。如：

青县：带犊子（随母改嫁的孩子） 老生子（排行最末的子女）

清河：儿猫蛋子（对小男孩儿的贬称） 丫头片子（对小女孩的贬称）

最常见的是指称具有某种不佳品行的人。如：

临西：败胎子（败家子） 皮子、夷子、柴孩子、二流子（不正当的男人） 二拼子（不冷静、鲁莽的人） 穷腚眼子（好显露自己、遭人讨厌的男人） 尖巴子（指爱占小便宜、耍小聪明的人）

泊头：碎嘴子（指说话唠叨） 杵窝子（腼腆，见不得人） 行子（1. 指人、物，含贬义；2. 有时相当于古汉语“……者”的含义）

东光：二流子（游手好闲者） 嘞沫子（吝啬鬼） 黏糊浆子（形容人蠢笨、不灵活、不开窍儿） 贱八残子（形容人品行恶劣或形容物质量极差） 叫花子、花子（乞丐） 眼钱子（爱财者）

沧州：犟眼子（特别犟的人） 嘎杂子（机灵爱出鬼主意的年轻人） 搪郎子（生活不严谨、干活儿不踏实的人） 贱不残子（破烂残缺的物品，有时指被挑选剩下的人） 碎嘴子（爱唠叨的人） 小家子（小气、斤斤计较的人） 凿打子（固执己见、刨根问底的人） 饥荒篓子（惹是生非、爱闹事的人） 瞎头子（做事不恰当）

青县：犟眼子（很固执的人） 拍拉板子（邋遢、不利索的人） 嘎杂子（爱出坏主意的年轻人） 扯子（乱开玩笑、做事不规矩的人） 落道帮子（不务正业的人）

搪郎子（干活儿不踏实的人）

后缀“子”还可构成少量其他词性的词：

沧县：打总子（总括、最后结束）

东光：作瘪子（为难） 捅娄子（惹事） 老鼻子（许多）

临西：溜沟子（奉承）

青县：断顿子（没饭吃）

b. -头。

沿河方言中，后缀“头”除了像普通话中一样构成“石头、砖头、斧头、拳头、里头”等合成词外，还经常可以构成两类名词。

一是附在动词性词根语素后构成名词，多表示值得这样做或需要这样做的事物，“头”一般儿化，读轻声，构成的词比普通话中多，如：

想头儿 逛头儿 笑头儿 洗头儿 买头儿 输头儿 指望头儿 打扫头儿

二是附在各种性质的词根语素后，表示具有某种性格或经历的人，一般含有贬义，如：

临西：肉头（办事不利索、畏缩胆怯的人） 夹鱼头（腼腆不出头的人） 孙头（呆头呆脑的人） 废头（窝窝囊囊的人） 力巴头（笨手笨脚、技术不精、做事不得法的人） 憨头（傻子） 二婚头（再婚妇女） 杠头（爱抬杠的人） 刺儿头（不好惹的人）

清河：夹缸头（腼腆、怕见人的人） 柴头（言行惹人讨厌的男人） 肉头（不爱说话的人） 二婚头（再婚妇女） 绝户头（无儿子的人）

阜城：摸索头（办事磨蹭）

东光：孙头（1. 窝囊，语意更重；2. 极其窝囊的人） 废头（窝囊无用的人） 离把头（外行，不能胜任工作） 蒙头（不明事理，糊涂）

沧州：诸钩头（说话生硬的人）

青县：刺儿头（遇事刁难，不好对付的人）

后缀“头”还可以构成形容词，此时“头”读为轻声，如：

临西：暄头儿

青县：肉头（软和）

c. -包。

后缀“包”常用在形容词性词根语素后，表示具有某种性格或言行特征的人，含有贬义。

临西：㞞包（软弱无能的人）

南皮：尿包（没本事的人） 孬包（没本事、没能力）

沧州：孬包（指人懦弱） 尿包（指人没本事、怕事） 现世包（总出丑丢脸的人） 意思包（指人很爱美）

“包”还可以作为后缀构成形容词，“包”读轻声。如：

清河：暄包（1. 不瓷实；2. 不实在）

景县：浆包（枣等水果水分减少，变得干皱）

d. -蛋。

后缀“蛋”附在词根语素后表示具有某种言行特征的人，含有贬义。如：

沧州：黏糊蛋（做事不利索、不爽快的人） 糊涂蛋（头脑不明白、不清楚的人）

东光：哗啦蛋（不会过日子的人）

②动词后缀。

我们判断一个语素是后缀的一个重要依据是该语素读轻声，意义虚化。

a. -达/打/哒。

动词后缀“达”书写形式不一致，建议统一为“打”。该后缀常用于动作动词后，构成的动词常重叠或构成“一 V”格式，如“磕打磕打”“拍打拍打”“一磕打”“一拍打”等，有动量较小、动作比较轻松随意的意味。

临西：嗞打（训斥，上对下，长对幼） 磕打（将物体在较硬的物体上不用力地碰撞） 摔打

清河：呲打（训斥）

景县：斥打（用严厉的话责备人）

泊头：扫达（四下看） 溜达（散步、闲步）

吴桥：溜达（散步）

东光：呲哒（严厉地批评指责，多用于长辈对晚辈）

沧州：呲达（叱责） 呼打（用扇子扇衣服） 洒达（四下里看）

青县：訾打（申斥）

b. -巴/把。

动词后缀“巴”书写形式不一致，建议统一为“巴”。该后缀与后缀“达”一样常用于动作动词后，构成的动词常重叠或构成“一 V”格式，如“洗巴洗巴”“捆巴捆巴”“剁巴剁巴”“一剁巴”“一捆巴”“一洗巴”等，有动量较小、动作比较轻松随意的意味。此外，还可以构成一些词义与词根语素义差别较大的词。如：

清河：捋巴（1. 按摩；2. 把东西捋顺） 拉巴（抚养、培养）

东光：支把（1. 为某项工作做准备；2. 打架）

南皮：卡巴（跟人过不去）　拉巴（帮助、扶持）　切巴（埋怨、揭短）　戗巴（激将）　夹巴（椭圆、不方正）

沧州：切巴（埋怨、揭短）　拉巴（扶持）　戗巴（激将）

c. -拉/啦。

动词后缀“拉”书写形式不一致，建议统一为“拉”。该后缀常用于动作动词后，表示没有节奏的动作行为。如：

吴桥：码拉（排列物体）

南皮：列拉（斜视人，以示不满）　划拉（抚摸）

故城：扒拉（扒）

临西：数拉（批评，一般指当面指责）

清河：扑拉（把灰尘拂去）

青县：扑拉（用手展平）

沧州：咧拉（哭泣）　划拉（以手聚拢东西）　呲拉（晾晒）　扑拉（用手展平）

d. -愣。

清河：白楞、斜楞（用眼斜视人）　呲楞（1. 干事不抓紧，磨时间；2. 事情没干成）

东光：格愣（脾气乖戾，做事不合情理）

吴桥：逗楞（引逗）　劝楞（鼓动）

e. -磨/么。

动词后缀“么”书写形式不一致，建议统一为“么”，含该后缀的词常有动作不断重复、持续时间较长的意味。

临西：嘟么（手按在一个地方来回推拉）

清河：抠么（抠）　转么（转来转去）

东光：腻磨（缠磨着）　纳磨（思考）

南皮：腻磨（缠磨着）

吴桥：怨么（埋怨）

f. -喽/搂。

故城：提喽（提）

吴桥：抵搂（提）

g. -溜。

清河：提溜（提）

景县：提溜（用手携物）

h. -古/咕。

清河：喳咕（挑拨是非）

南皮：戳古（挑拨是非）　作咕（玩弄）　摆咕（摆弄）

i. -查。

词缀“查”在沿河各方言点都有分布，含有该后缀的动词多具有动作粗率随意的意味。仅以临西、清河为例，如：

临西：爬查　扒查　刮查　撕查　划查　抠查

清河：库碴（用刀将木棍等削光滑）　抠查

③形容词后缀。

河北运河沿河方言形容词后缀主要是“乎”“巴”“愣”，它们可以附在单音节形容词性、动词性及少量名词性词根语素后面，构成双音节形容词，多用来描述事物的状态。

a. 单音节后缀。

Ⅰ. -乎/糊。

运河沿河各方言点都有一些带“乎”后缀的形容词，如：

热乎　温乎　软乎　黏糊　乱乎

后缀“乎”一般附在形容词性语素后，表示比形容词词根语素 A 弱的程度，构成的形容词还可以受程度副词的修饰限制。仍以清河方言为例：

［14］这黏粥放这么半天了还挺热乎哩。

［15］他办事儿忒黏糊，咱别等他□［læn²］。

上述词语中的“乎”还可以儿化，儿化后表示程度量更低一些，语气更为亲切轻松。

［16］这个料子摸着挺软乎儿。

此外，南皮方言有两个带有“乎”后缀的词：“夯乎”和“邪乎”。“夯乎”有两个义项：一是不认真，责任心差；二是不保险。“邪乎”义为“厉害、达到一定程度”。

Ⅱ. -巴。

形容词后缀“巴”在运河沿河方言中普遍存在。以清河、故城方言为例：

清河：俊巴（男子貌美）　瘦巴（人身体偏瘦）　皱巴（皱，不平整）　干巴（干）　赖巴（人状态不太好，事物质量不太好）

故城：死巴（死板、不灵活）　弱巴（人体质较弱）　磕巴（说话不连贯、不流畅）

后缀“巴”像后缀“乎”一样可以儿化，儿化后相对于非儿化形式表小量，也表示轻松、亲切的感情色彩，其中有些词中后缀“巴”在儿化的同时变高平调，后面加助词“的/哩”，表示适度可人的感情色彩。如：

［17］他对象长得瘦巴儿哩，穿衣服挺好看。

［18］你买的韭菜不孬，干巴儿哩，没使过水。

能够带变调儿化后缀的词语，其词根语素需为形容词性语素，在语义上需是褒义或中性的，不能带有明显的贬义，“死巴、赖巴、皱巴”等词中的“巴”不能是变调儿化形式。

c. -囊。

“囊”作为后缀构成的合成词一般都是贬义的，“囊”不能儿化。

沧州：纵囊（多皱、不平整）　暄囊（蓬松暄软）　憋囊（憋气、没能耐）

临西：鼓囊（鼓且不平）

b. 双音节后缀。

双音节后缀又分叠音双音节后缀和非叠音双音节后缀。

Ⅰ. 双音节叠音后缀。

河北运河沿河各方言和普通话一样有较为丰富的带有叠音后缀的 ABB 式状态形容词，通常是由形容词 A 附加叠音后缀 BB 构成。如：

热乎乎　冷飕飕　凉丝丝　红扑扑　白花花　黑漆漆　绿油油　蓝莹莹

香喷喷　臭烘烘　甜丝丝　酸溜溜　咸滋滋　圆溜溜　胖嘟嘟　硬邦邦

软塌塌　慢腾腾　赖唧唧　乱哄哄　紧绷绷　沉乎乎　面嘟嘟

叠音后缀中“乎乎”构词能力最强，可以附在很多形容词性词根语素后构成 ABB 式，其他叠音后缀派生能力较弱，只能附在特定形容词性词根语素后，如“油油”“喷喷”“腾腾”等。带有叠音后缀的词语较之形容词 A 增加了某种形象色彩，入句时后面通常要有助词“的/哩”，多在句中做谓语或补语。

在运河沿河各方言中，很多 ABB 式状态形容词都可以儿化，词根语素 A 多是表示人体感知器官所能感知到的味道、口感、颜色、温度、形状等形容词，如“甜丝丝”“面嘟嘟”“红扑扑”“热乎乎”“圆溜溜”等，儿化后表示的程度比不儿化形式更弱。试比较：

［19］这葡萄酸溜溜的，真难吃。

［20］这葡萄酸溜儿溜儿的，还行。

也有一些 ABB 式状态形容词一般不能儿化。不儿化的主要是两种情况：一是后缀带有程度高或量大的意味，如“白花花”形容很白或白得耀眼，一般不儿化；二是词语带有明显的贬义，如“臭烘烘”“脏兮兮”带有明显贬义，一般不儿化。但须说明的是，一些 ABB 式状态形容词能否儿化并无绝对的语感强制性，如“慢腾腾”含有一定程度的贬义，通常不儿化，但在特定语境中儿化，也不是完全不能接受。

Ⅱ. 非叠音双音节后缀。

运河沿河各方言中还有一些非叠音双音节后缀。以清河方言为例，据张晓锐(2016)，清河方言中非叠音双音节后缀主要有“古嘟、不拉、出离、不余儿”。

“古嘟”只能附在“热、黑、面、蔫”四个形容词性词根语素后，表达的程度义较高，具有贬义色彩。如：

［21］成天价热古嘟哩，热哩人都吃不下饭去□［læn²］。

［22］你一天天哩蔫古嘟哩，能干点嘛啊。

“不拉”只能附在“烦人、碍事、小气、难受、吓人、死忖”等几个贬义词的后面，附上“不拉”后厌恶的感情色彩更加强烈。如：

［23］你别待在这嗨儿硌硬人讨厌不拉哩。

［24］他这个人小气不拉哩，俺不愿意跟他打交道。

“出离”搭配的词语只有能附在“黑”和“疙瘩”两个词后面，也含有贬义。“黑出离”中的“离”可儿化，儿化后程度减弱，贬义色彩消失。如：

［25］他身上疙瘩出离哩，血很不光滑儿。

［26］她男哩长哩黑出离儿哩，看着人不孬儿。

“不余儿”只能附在单音节表颜色的词根语素后，“余”必须儿化，表示小的程度适当，具有尚可或喜爱的感情色彩，“不”也可以不出现，“不余儿”与“余儿”意义功能没有差别。如：

［27］她这件衣服黄余儿/不余儿哩多好看啊。

运河沿河方言中都有一些非叠音双音节后缀。

从清河方言的情况可见，形容词单双音节后缀往往有儿化和不儿化两种形式；两种形式在所表程度量和感情色彩方面往往形成对立，儿化形式表示的程度量小，感情色彩是积极的，不儿化形式表示的程度量相对更大，感情色彩是中性或消极的；有的儿化形式还有变调形式，变为高平调表示的是更加明显的“适度可人”的积极色彩。运河沿河各方言总体情况和清河方言是一致的。

Ⅲ. 多音节后缀。

运河沿河方言中还有一些多音节形容词后缀，构成形容词的 ABCD 式，比较常见的有“-不拉叽”“-儿呱唧”“-不溜丢”“-不溜秋”等，如临西方言中有“酸不溜丢”“酸不拉叽”“稀不拉叽”“傻儿呱唧”“黑不溜秋”“圆不溜丢”等词。多音节后缀通常表示贬义，轻贱、厌恶的色彩更浓，一般没有儿化形式。

3. 重叠法

重叠法即通过相同语素或音节叠用表示特定意义和功能的构词方法。两个相同语素重叠构成合成词，两个相同音节重叠构成单纯词。河北沿河方言中，通过重叠法可构成名词、动词、形容词等。

（1）重叠式名词。

临西：爷儿爷儿（太阳） 达达（父亲） 妈妈、没没（乳房） 雀雀儿（麻雀） 馍馍（圆形馒头）

清河：爷儿爷儿（太阳） 坠坠（冬天雪后屋檐下垂挂的冰柱） 妈妈（乳房） 馍馍（馒头） 抽抽（抽屉） 光光（钹）

故城：古古儿（布谷鸟） 馍馍（圆馒头） 兜兜儿（衣袋儿） 抽抽（抽屉） 屉屉（屎） 哇儿哇儿（唢呐）

南皮：爷儿爷儿（太阳） 爬爬（蝉） 肖肖（蝉的幼虫） 妈妈（乳房）

沧州：大大（伯父） 伯伯（叔叔） 姥姥（姥娘） 抽抽（抽屉） 饽饽（圆形馒头） 尜尜（汤中煮食的玉米面攥成的团团）

（2）重叠式动词

临西：□□［mau³¹² · mau］（看看） 啰儿啰儿（纠缠、耽搁）

清河：拉拉（掉落） 拉拉（聊天） 呱呱（絮絮叨叨地说） 翻翻（为某事无休止地争执）

沧州：叨叨（说话） 出出（背后乱说） 磨磨（徘徊） 巴巴（多说话） 祸祸（作践、糟蹋）

（3）重叠形容词

张鹤泉（1995）指出，聊城方言中“重叠的形容词不同于形容词的重叠，前者的作用在于区别性状，例如：‘他的脸是长长［tsʰaŋ⁴⁴ · tsʰaŋ］的’，意思是不是方的，也不是圆的，是长的。后者的作用在于提高程度。例如：‘把风筝线放得长长［tsʰaŋ⁴² tsʰaŋ⁴⁴］的’，意思是加长风筝线的长度”①。聊城方言中重叠的形容词与形容词的重叠有不同的语音形式，前者可受程度副词的限制，后者不能受程度副词的限制。聊城为山东运河沿河城市，与河北相邻。据我们的调查，河北运河沿河方言中除青县外都有重叠形容词。以清河方言为例：

据张晓锐（2016），清河方言中重叠形容词与聊城方言一样，第二个音节读轻声，作用是区别性状，不表程度。

---

① 张鹤泉：《聊城方言志》，语文出版社1995年版，第151页。

[28] 这个板子是方方 [fɑŋ24－312fɑŋ2] 哩。(不是长的)

[29] 俺羔孩子哩手白白 [pai52－33pai2] 哩。(不是黑的、黄的)

[30] 这是才从树上打下来哩枣，脆脆 [tsʰuei312－31tsʰuei2] 哩。(不蔫)

相比于山东方言，清河方言中重叠形容词的数量略多，除了表示形状的“方方”“圆圆”“长长”“尖尖”“宽宽”，还有“胖胖”“瘦瘦”“甜甜”“咸咸”“稀稀”“脆脆”“白白”“黑黑”等词。其中表示形状的重叠形容词可以受程度副词的修饰，其他的不能受程度副词修饰。如：

[31] 她那嘴巴子棱尖尖。

[32] 这个小房间棱长长，不四方不方正。

清河方言中还有个重叠形容词“脓脓”，义为窝囊，第二个音节也为轻声。

与重叠形容词相区别，清河方言中单音节形容词的重叠有不同的语音形式，第二个音节基本仍读本调，表示程度的增加。如：

[33] 你看这秆高高 [kau24kau24] 哩很高，保险不少你哩。

[34] 他一夏天老从外边儿跑，晒哩黑黑 [xei24xei24] 哩很黑。

有的沿河方言点中还有重叠形式的代词。

景县：个个儿(自己)

(二) 两种特殊虚词

河北运河沿河方言词的分类总体上是与普通话一致的，但在少数词类中也有一些细致的区别，存在一些有特点的词。本部分我们主要分析程度副词和有特点的助词。

1. 从

河北运河沿河方言中的“从”既有普通话介词“从”的用法，又有普通话“在”的特点，具有特殊的句法、语义和语用特点。

(1)“从”的句法特点。

河北运河沿河方言中的“从”兼有介词和动词的语法功能。作为介词，“从”可以用于表时间、处所或方位的成分之前构成介词结构，用来修饰限定谓词做状语；作为动词，“从”可以直接在名词性成分之前构成述宾短语做谓语。以沧州方言为例①：

介词：a. 从沧州坐高铁上北京就一个小时。

从上个月就没见过他。

b. 俺们从菜畦干活儿了。

他们从河沿儿上走。

① 部分例句参见沧州市志编纂委员会编《沧州市志》，方志出版社 2006 年版，第 2833 页。

c. 俺也不好过，从钱上帮不了他。

你得从生活上多照顾他。

动词：d. 今儿个我一直从家了，哪儿也没去。

他夜拉个一直从洼田地了，累了一天。

(2)“从”的语义特点。

从语法功能的角度，河北运河沿河方言的“从”只是比普通话的“从”多了一种动词用法，但从语义的角度考察，河北运河沿河方言的“从”与普通话的“从”差别更明显一些。

①表示时间、地点的起点或经过。这是河北运河沿河方言的“从”与普通话的“从”语义相同之处。上述沧州方言中“从”作为介词的a组用例就属于这种用法，和普通话是一样的。再如故城方言：

你多咱从石家庄朝回走啊？

从前儿可前天就停水啦。

②与表处所、方位的词语组合，表示动作行为或现象发生存在的处所、范围及时间，相当于普通话的介词“在”。上述沧州方言中“从”作为介词的b、c组用例就属于这种用法。再如故城方言：

你从床上找找，看看落［la^{31}］床上唠吗？

他从厂子里上班。

③表示存在，相当于普通话动词“在”。上述沧州方言中“从”作为动词的d组用例就属于这种用法，再如故城方言：

——你这会儿从哪海儿哩？

——从俺妈这里哩。

(3)“从”的语用特点。

运河沿河方言中也都有介词“在”和动词“在”，通常读为［t］声母，一般“从”和“在”都可以使用，年长些的一般用“从”多一些，而年轻人用“在”的频率有所增加。

(4)“从”与普通话“在”的区别。

①“在”不具有“从”的第一种意义，a组例句中的“从”不能用“在”替换。

②“从”构成的介词结构不能做补语，不能说“夜拉个我住从办公室里了”，只能说“夜拉个我从办公室住的”或像普通话一样说成“昨晚我住在办公室了”。

③“从”不能单独做谓语，必须带有宾语；“在”可以单独做谓语。如沧州方言“你现在从家溜吗”，可以回答“从家溜蔫”，但不能单说“从”，但普通话可以单说

“在”。

《山东方言研究》指出“从”的特殊用法“主要分布在山东西区，集中在津浦线从德州经济南、泰安一直到曲阜、济宁和沿胶济线到淄博的大片地区”①。德州、济宁都是运河沿河城市，另外聊城、临清等山东运河沿河方言也都有“从”的这种用法，这与河北运河沿河方言连成一片，具有地域上的连续性。

2. 可/呵

山东运河流域及其邻近方言中存在着一个助词“可/呵”，主要有三种用法：

一是用于时间名词、动词或谓词性短语后，表明事件发生的时间，意思相当于普通话的“……时候”。如：

[1] 明日可，俺在家等你。(济南)

[2] 你来可，别忘了叫着我。(济南)

[3] 这菜好出水，吃呵再着盐。(聊城)

二是用于谓词性成分、时间名词之后，表明事件发生在将来某一时间以后，相当于普通话的“……以后”“……再说”。如：

[4] 咱歇一霎可再走。(济南)

[5] 你别催啦，让俺先想想呵不行啊！(聊城)

三是用于条件关系复句的偏句后，表示偏句所提条件的假设性，相当于普通话的“……的话”。如：

[6] 这是小张的车子，俺的可，就借给你了。(济南)

[7] 你要非寻嫁他呵，就别认俺这个娘。(聊城)②

李小平（2011）通过对河北全省范围的摸查，发现河北临西、清河、威县、泊头、阜城、武邑、吴桥、东光等8地方言中有助词“可/呵”，通过后来进一步调查，又发现故城、景县、南皮、新河、巨鹿等方言中也存在助词“可/呵”，这些方言点都分布在运河流域或邻近地区，其中大部分方言点用法和山东方言基本一致。如：

[8] 俺妹妹生孩子可都32岁啦。(东光)

[9] ——嘛前儿什么时候走唉？

——下礼拜一可。(东光)

[10] 那件衣裳要是红的可，俺就买了。(东光)

[11] ——戴上红领巾吧！

① 参见《山东方言研究》，第258页。

② 济南方言例句参见《山东方言研究》，第263—264页；聊城方言例句参见李小平《聊城方言中的助词“呵”》，《燕赵学术》2011年春之卷，第32—33页。

——等上学可。（泊头）

［12］你要不信可，你己个自己看看去。（临西）

由运河沿岸向外延伸的临近地区往往只保留“可”的部分用法，衡水阜城、武邑只保留了“可”的第一种用法，即相当于“……的时候”的用法，并且只能用在表过去时间的成分后。如：

［13］他走可给你留了本书。（阜城）

［14］刚才上楼可摔喽一下子。（阜城）

［15］他上车可让人把钱布袋儿给掏走了。（武邑）

邢台威县方言中保留了“可”的第一种和第二种用法，第一种用法表示“……的时候”，只能用于过去时间。新河方言中也保留了“可”的第一种用法和第二种用法，但都已经很少用。广宗、巨鹿方言中只保留了第一种用法。如：

［16］他刚才上楼可摔着啦。（威县）

［17］歇一会儿可再走吧（威县）。

［18］等你考喽第一可，给你买吧。（威县）

［19］俺那头先儿可挺胖来我以前挺胖的。（新河）

［20］——什么时候吃饭？

——赶菜炒熟可。（新河）

依据目前的材料和调查结果，“可/呵”主要分布在山东、河北两省京杭大运河沿线及邻近地区，青海方言和安徽阜阳方言中也存在。多位学者认为近代汉语中表示假设的“呵”与蒙古语的影响有关，李小平（2011）指出：“元代漕运发达，运河沿岸的城镇交通便利，贸易频繁，与蒙古人打交道较多，受蒙古语影响较大，‘可（呵）’山东、河北的分布说明其产生应与蒙古语有一定的关系。至于安徽阜阳和青海这两个地区使用‘可’或‘呵’，可以通过移民或语言接触得到解释。”① 可见助词“可/呵”在河北的分布确实与运河有关。

（三）几种重要结构和句式

本部分我们主要来介绍河北运河沿河方言中与普通话有明显差异，而内部又有较强一致性的结构和句式。

1. V＋可能补语

普通话带可能补语的述补结构有两种格式：一是“V得C”式，如“跑得快”“洗得干净”“出得来”“拿得了”等，其否定式是“V不C”，如“跑不快”“洗不干净”

---

① 李小平：《河北方言助词“着”研究》，河北师范大学硕士学位论文，2011。

“出不来”“拿不了”等，反复疑问形式是“V 得 CV 不 C”或“V 得 C 吗”，如“跑得快跑不快”“洗得干净洗不干净”“出得来出不来”“拿得了拿不了”或“跑得快吗”“洗得干净吗”“出得来吗”“拿得了吗”等。二是“V 得”式，如“吃得”“用得”等，其否定式是“V 不得”，如“吃不得”“用不得”，反复疑问形式是“V 得 V 不得”，如“吃得吃不得”“用得用不得”。

河北运河沿河方言带可能补语的表现与普通话有较大差异，我们从两个方面进行分析：

第一方面，普通话“V 得”“V 不得”“V 得 V 不得”在河北运河沿河的大多数方言中都不能说，而是说成“能 V”“不能 V”“能不能 V”，目前我们所知只有东光方言可以说，另外临西方言中可以说“V 不得”。如：

普通话：

——这两个鸡蛋吃得吃不得？

——这个鸡蛋吃得，是熟的，那个鸡蛋吃不得，是生的。

临西方言：

——这两个鸡蛋能不能吃？

——这个鸡蛋能吃，是熟的，那个鸡蛋吃不得/不能吃，是生的。

故城方言：

——这两个鸡蛋能不能吃？

——这个鸡蛋能吃，是熟的，那个鸡蛋不能吃，是生的。

东光方言：

——这两个鸡蛋吃得吃不得/能不能吃？

——这个鸡蛋吃得/能吃，是熟的，那个鸡蛋吃不得/不能吃，是生的。

临西、东光方言“V 不得、不能 V”都可以说，但二者意义上略微有些差别，一般来说“V 不得”比“不能 V”的语气重。

第二方面，普通话“V 得 C”“V 不 C”“V 得 CV 不 C”或“V 得 C 吗”形式中，河北运河沿河方言的否定形式与普通话否定形式一致，都是“V 不 C”，对于肯定式和疑问式，沿河方言有不同形式与之对应。

（1）肯定式。

河北沿河方言有三种格式与普通话“V 得 C”相对应。三种格式分别为：“能 VC”“VC 了”“V 了”。“V 得了”“能 VC”使用的地域范围广泛，各沿河方言都可以说。如：

你不用结记我，我能吃饱。

“VC 了”使用范围非常广，各沿河方言都可以说，并且最常用。如：

普通话：　吃得完　放得下　拿得动　跑得快

临西方言：吃完喽　放下喽　拿动喽　跑快喽

故城方言：吃完溜　放下溜　拿动溜　跑快溜

南皮方言：吃完了［$liau^{214-35}$］　拿动了［$liau^{214-35}$］

"VC 了"中的"了"在河北运河沿河各方言中一般与该方言的动态助词"了$_1$"读音一致，如故城方言"VC 了"的"了"读"溜"，不读语气词"了$_2$"的读音"啦"，南皮方言"VC 了"的"了"读"了［$liau^{214-35}$］"，不读语气词"了$_2$"的读音"咧"，但也有的方言如临西方言"VC 了"的"了"的读音只是与"了$_1$"相近，而不是完全相同，临西方言的"了$_1$"读"唠"。

如果"VC 了"中的"了"读成语气词"了$_2$"，"VC 了"中的补语就成了结果补语。如故城方言：

VC 了$_1$　　　　VC 了$_2$

他吃完溜吃得完。　　他吃完咧吃完了。

他考上溜考得上。　　他考上咧考上了。

普通话的"V 得 C"带宾语时，宾语在述补短语之后，而沿河方言"VC 了"带宾语，宾语在"V""C"之间，但否定式的宾语位置和普通话一致。如：

	肯定式		否定式
	沿河方言	普通话	沿河方言/普通话
故城	他考上大学溜。	他考得上大学。	他考不上大学。
南皮	一天干完这些活儿了。	一天干得完这些活儿。	一天干不完这些活儿。

"V 了"式可以看作"VC 了"中"C"是表完结的"了"，这样"VC 了"就成了"V 了了"，省去补语"了"就成了"V 了"，意思同普通话的"V 得了"。如：

临西方言：——你吃喽呗你吃得了吗？

——吃喽吃得了。

故城方言：——这病还好溜吗好得了吗？

——好溜好得了！

同样，"V 了"中的"了"也是"了$_1$"，不能是"了$_2$"，否则就成了表已然，而不是表可能了。

另外，据《故城县志》(1998)，当普通话"V 得 C"中的"C"为"了"时可以说"V 得了"，上例中的"好溜"也可说成"好得了"。

(2) 疑问式。

普通话"V 得 C"的疑问式，运河沿河方言一般说成"VC 了吧/吗/呗/不"，如：

临西：这点衣裳你洗完喽呗？

你吃喽呗你吃得了吗？

故城：这箱子你搬动溜吧？

这碗饭你吃完溜吗？

东光：这个拿动了不？

2. 处置式

张琳琳（2013）研究发现，山东大运河沿河方言的处置式多使用介词“连”作为标记。《河北省志·方言志》词目介词“把”，廊坊、唐山、沧州、保定、石家庄、张家口、邯郸7市区和大名县都说“把”。我们调查发现景县、泊头、吴桥、东光、沧县、青县等大运河沿河方言点都使用表示处置的“连”。上述方言点中，“连”和“把”基本都可以使用，口语中以使用“连”为常。如：

[1] 你连你那衣裳洗洗，顺便连鞋也刷唠。（泊头）

[2] 俺连钱都花光了。（泊头）

[3] 小明连小红给打哭了。（吴桥）

[4] 你别连这两个事儿掺和到一堆儿［tsuər²¹³］行不？（吴桥）

[5] 你赶明儿连你家长叫来，我得跟他说说你的事。（景县）

[6] 人家都连玩具给你啦，你还不高兴！（景县）

[7] 他叫人家连腿给打伤了。（景县）

[8] 看连他能得！（景县）

[9] 我连你个不说理的！（景县）

[10] 你连自行车锁上吧。（南皮）

[11] 你连车停哪里去啦？（沧县）

[12] 你连车子锁上。（青县）

[13] 你连碗洗洗！（青县）

在对景县方言的调查中，“他家这么倒霉唉，把个孙子死了”中的“把”不能换作“连”。

在河北其他地区的方言中，除在邯郸南部个别方言中，较少看到有使用“连”作为处置标记的报道。

3. 比较句

河北运河沿河方言的比较句与普通话总体差别不大，但也有几种组成成分、结构方式与普通话存在差异的特殊格式。

平比句中，一些沿河方言中的比较标记比较有特点，如清河方言比较标记为

“给”，并且“给”可以用于差比句，相当于比较标记“比”：

他给他爹小可小时候一样样哩孬。

她给她娘样那么勤勤勤快。

他给他哥哥学习好。（他比他哥哥学习好。）

运河沿河一些方言点的差比句有多种不同于普通话的比较标记，举例如下：

你去不抵我去（临西）

俺舅舅家不如［y^{52}］俺姨家过哩好。（清河）

他没价我高。（故城）

这身儿衣裳没价那身儿衣裳好看。（故城）

这个人庀那个人高，可不跟那个人胖。（故城）

这个西瓜不跟那个西瓜甜。（吴桥）

他学习还不及俺蔫。（泊头）

你这当哥哥的，还不如［y^{54}］恁妹妹听话蔫。（沧州市区）

俺目量着这棵树不跟那棵树粗。（沧州市区）

他还不如［y^{55}］他弟弟高哩。（沧州市区）

上天津不逮上北京，北京的协和医院多好唉。（沧州市区）

此外，在一些运河沿河方言的熟语中还存在“冬吃萝卜夏吃姜，强似医生开药方”等一些特殊的比较格式。

五、结语

本文对河北沿河方言的语音、词汇、语法分别进行了文献梳理、田野调查和比较分析，对其中一些有特点的地方进行了较为细致的描写分析。通过上述工作，我们发现京杭大运河对河北沿河方言还是具有一定的影响。最后，我们从语音、词汇、语法及地名等方面再次总结了大运河对河北沿河方言的影响。

（一）京杭大运河对河北沿河方言语音的影响

如前所述，大运河沿河地区的方言除廊坊香河外，都属于冀鲁官话区。方言学界一般将冀鲁官话区分为三片：保唐片、石济片、沧惠片。上述运河沿河各方言点都属石济片和沧惠片，其中临西、清河、故城、吴桥属石济片聊泰小片，景县、阜城、东光县、南皮县、泊头市、沧州市区、沧县、青县属于沧惠片黄乐小片。《汉语方言官话研究》认为，总体来看，石济片与沧惠片的方言特点“比较接近，区别较小”①。由此

① 参见《汉语官话方言研究》，第157页。

可见，河北运河沿河地区的方言具有较强的内部一致性。

1. 对声母的影响

（1）[ts]、[tsʰ]、[s] 和 [tʂ]、[tʂʰ]、[ʂ]

江淮官话的很多方言点，尤其是大运河流经的一些城市如镇江、扬州、淮安、徐州等只有 [ts] 组声母，没有 [tʂ] 组声母，山东省内大运河流经的济宁、聊城等地方言也不区分 [ts]、[tsʰ]、[s] 和 [tʂ]、[tʂʰ]、[ʂ]，只有舌尖前音声母。总体来看，河北运河沿河各方言点都有 [ts]、[tsʰ]、[s] 和 [tʂ]、[tʂʰ]、[ʂ] 两组声母，但其中大多数方言点都有把北京话部分 [tʂ] 组字读为 [ts] 组声母的情况，有些方言点内部存在紧临运河的乡镇或曾经作为运河码头的乡镇 [tʂ] 组字少于其他距离运河远的乡镇，甚至像山东沿河方言一样只有 [ts]、[tsʰ]、[s]，没有 [tʂ]、[tʂʰ]、[ʂ] 的现象。

据《临西县志》及车慧（2010），临西东片位于运河边上的河西镇和单屯乡，[ts]、[tsʰ]、[s] 和 [tʂ]、[tʂʰ]、[ʂ] 不分，一律读成 [ts]、[tsʰ]、[s]，而东片其他乡镇和临西西片的方言都有舌尖后音声母。故城县政府所在地的郑口镇明清时期为京杭大运河畔的渡口，有“小天津卫”之称，据《故城县志》，中古知庄章组声母字今在郑口话中分为 [ts]、[tʂ] 两组，其中声母为 [ts] 组的字多于临近的乡镇。据《吴桥县志》，吴桥“县内各乡镇的语音也互有差别，如城关镇和周围几个乡（笔者注：靠近运河）虽然有舌尖后音，但把应该读为 zh、ch、sh 的声母习惯上大都读为舌尖前音 z、c、s，铁路沿线几个乡则读作 zh、ch、sh”①。

（2）北京话开口呼零声母字在沿河方言中的读音

据钱曾怡（1987），北京话开口呼零声母字在衡水和沧州两市的读音情况基本上也是以运河为界，北部运河以东黄骅、沧县、盐山、东光、孟村、海兴、南皮、吴桥 8 个方言点加上中部的景县、衡水、冀县（今衡水市冀州区）、枣强、故城读 [ŋ]，北部运河以西的青县、任丘、河间、肃宁、献县、交河（今泊头）、阜城、武邑读 [n]。

2. 对韵母的影响

大运河沿河方言韵母的特点主要体现在古蟹摄开口二等见系字今韵母读音上。

河北大多数县市的方言中，除个别字外，古蟹摄开口二等见系字和假摄开口三等精组字的韵母是相同的，如鞋 = 斜、解 = 姐，与普通话情况一致。考察《河北省志·方言志》第四章《第二节　126 点韵母对照表》可以看到，河北 126 个县市级方言点中，蟹摄开口二等见系字“鞋”韵母读音为“[iai] / [iæ]”，与“姐”韵母不同的共有沧县、盐山、海兴、孟村、吴桥、泊头、南皮、东光、景县、阜城、故城、广宗、

① 吴桥县地方志编纂委员会编：《吴桥县志》，中国社会出版社 1992 年版，第 518 页。

威县、临西、馆陶、大名 16 个方言点，除盐山、海兴、孟村、广宗、威县、馆陶、大名 7 个方言点外，其余方言点都为大运河沿河方言点，而盐山、海兴、孟村、广宗、威县、馆陶、大名 7 个方言点都紧临运河沿河县市，大名、馆陶等地也曾经是运河流经地。

钱曾怡（1987）调查发现，“河北省东南部的海兴、盐山、孟村、沧州、南皮、交河、东光、阜城、景县、吴桥、故城、清河、广宗、威县、临西、馆陶、大名共 17 点……17 点从北到南一长溜跟山东的庆云、德州、临清等地相连，‘鞋斜’不同音的特点也跟山东方言一致”①。

我们认为地理位置与山东相邻是河北上述 17 个方言点蟹摄开口二等见系字读音情况与山东方言一致的主要原因，但其分布从南到北与运河流域基本一致，并未突破运河带，这与大运河“南北贯通，东西阻隔”的作用也是分不开的。

3. 对声调的影响

如前所述，河北运河沿河方言在声调方面差异较小，除去沧州市区、沧县、青县 3 个方言点在调类上的差别，各县方言在调类及调值方面差别较小，而三调方言和四调方言的分布也是以运河为界的。

张媛媛（2018）对沧县及邻近地区的语音进行了调查研究，指出“沧县方言南北一致性较强，语音特点基本呈南北带状分布。其中声调差异最为明显。运河以东乡镇包括沧州市区的新华区为三调方言区，运河以西乡镇包括沧州市区的运河区则为四调方言”②。

4. 对划分方言小片的影响

河北运河沿河方言点内部如再划分方言小片，一般以语音差异为分片标准。从一些方言点内部小片的划分上，也可以看出运河对方言语音的影响。

据《临西县志》及车慧（2010），临西方言大体分为东西两片：京杭运河边上的黎博寨乡、单屯乡、河西镇、老官寨乡、东枣园乡、大刘庄乡东部和水波乡东北部属于东片，其他乡镇属于西片。东片不分尖团，[ts]、[tsʰ]、[s] 和 [tʂ]、[tʂʰ]、[ʂ] 不分，只有舌尖前音 [ts]、[tsʰ]、[s]，“－子”尾和助词“着”都读为 [·tsɿ]；西片分尖团，有 [ts]、[tsʰ]、[s] 和 [tʂ]、[tʂʰ]、[ʂ] 两套声母，“-子”尾和助词“着”都读为 [·ə]。

《沧州市志》依据语音特点（其中主要是声调差异）把沧州方言分为东片和西片，沧州市区、沧县、青县、黄骅、海兴、盐山、孟村、南皮、东光、吴桥、泊头为东片，

① 《河北省东南部三十九县市方音概况》，第 175 页。
② 张媛媛：《沧县方言语音研究》，天津师范大学硕士学位论文，2018。

献县、肃宁、河间、任丘为西片。从地图上我们不难看出，东西片的划分恰好是以运河为界的：运河流经的县市及其以南的县市都属于东片，运河流经县市以北的县市属于西片。

张媛媛（2018）将沧县方言大致以运河为界分为东西两片，简称“运东”和“运西”，两片的主要差异在调类，运东三个调类，运西四个调类。此外，古影疑母字在运西读为［n］、［ɸ］两种类型，在运东有［n］、［ŋ］、［ɸ］三种读音，蟹摄开口二等见习字运东读为［iai］，运西则读为［iɛ］，与保唐片和北京话一致。

根据上述运河沿河方言的一些语音特点和分布情况，我们可以看出，和其他很多河流一样，历史上运河作为南北往来的交通要道，起到了南北贯通，促进方言接触的作用，同时对于运河两岸之间的往来也有一定的阻隔作用，成为一些方言点内部差异的分界线。

（二）京杭大运河对河北沿河方言词汇的影响

岩田礼（2009）认为汉语方言词在北方的传播路线主要有两条：“一是大运河（京杭运河），二是黄河，分别都包括其沿岸的干线道路。大运河沿岸自京师地区至徐州一带也是北方东部语言创新的枢纽，有很多新词产生于此。”① 文中以“太阳”的“爷系”词形，表后天义的“过明”“膝”的“k-l-p”系统的词形为例指出这些词都沿着大运河分布，并指出这些词的发源地可能不是北京。

我们依据前人文献和田野调查，对河北大运河沿河方言点的常用词汇进行了梳理比较。总体来看，各点方言词汇存在较强的一致性，随运河流向，少量词运河东部、南部方言点更为一致，与山东方言一致性更强，运河北部几个方言点与冀鲁官话保唐片及北京话渐趋一致。限于篇幅，仅举几个个例加以说明。

1. 老嬷儿嬷儿

《汉语方言大词典》收“老妈妈”，第三个名词义项为“老太太、老婆婆”，此种用法见于冀鲁官话、西南官话和吴语。《山东方言词典》收“老嬷儿嬷儿”，释义为“老年妇女”，见于济南、新泰、鲁西片（包括菏泽、曹县、阳谷、济宁、曲阜，笔者注）、平邑、德州、滨州，基本为大运河途经之地及相邻地区。《河北方言词汇编》未收相关词目。《河北省志·方言志》调查收录了 2204 个词语在廊坊、唐山、沧州、保定、石家庄、张家口、邯郸 7 市区和大名县的方言说法，对于“老太太”一词，廊坊、张家口亦称“老太太”，沧州、石家庄称“老婆子”，保定、大名、邯郸称“老婆儿”。据我们的调查，河北运河方言除青县、沧州市区、沧县外，其余各点都称老年妇女为“老

① 岩田礼：《汉语方言解释地图》，日本东京白帝社 2009 年版，第 19 页。

嫲儿嫲儿”，读音都是末音节读轻声，青县、沧州市区、沧县将老年妇女称为“老婆儿”“老婆子”，与保唐片一致。

过明儿：《汉语方言大词典》收“过明”，义为“后日”，见于冀鲁官话，举河北景县为例，后注也作“过明儿：中原官话”。《山东方言词典》收“过明儿”，义为“后天”，见于菏泽、曹县、济宁、曲阜，都是沿河流域方言点。《河北方言词汇编》词目“后天”下显示庆云、阜城、宁津说“过明”（笔者注：庆云、宁津现归属山东省，都距运河不远），大名、肥乡说“过明儿”。《河北省志·方言志》词目“明日”，廊坊说“后个儿”，唐山、沧州、保定、石家庄、张家口说“后儿”，大名、邯郸说“过明儿”。河北沿河方言中清河、临西、故城、景县、泊头、沧县都说“过明儿”，吴桥说“赶后儿”，沧县“过明儿”“后儿”都说，沧州、青县说“后儿”。《东光县志》记录东光说“后天”，但据我们的调查，也说“过明儿”。

2. 恣

《汉语方言大词典》收“恣”，形容词，义为“高兴、自在、舒服”，见于冀鲁官话、胶辽官话、中原官话，所举方言点为山东寿光、安丘、平度、东平、诸城、济宁，江苏徐州。《山东方言词典》收“恣”，释义为“舒服、开心、悠闲”，见于济南、桓台、寿光、青州、济宁、阳谷、菏泽、滨州。《河北方言词汇编》［P657］条目“舒服死了”下显示深泽、束鹿（今辛集）说“自死了”，大名、邯郸说“自死你了”，吴桥说“gàng 自了”。《河北省志·方言志》词目“舒服”，几个方言点说成“舒服、舒坦、好受、得劲儿”。河北沿河方言中，临西、清河、故城、景县、泊头、东光、吴桥、青县都有这个词。如：

［1］你看看他恣儿得！（临西）

［2］他嘛事儿没有，又不缺钱，日子过得可恣儿了。（吴桥）

3. 伴不得

《汉语方言大词典》收“伴不的”，形容词，义为“比不得，比不上”，见于冀鲁官话，举例为《聊斋俚曲集·禳妒咒》第三二回：“你可～他，他能着人叫他三姨奶奶哩！”977 页收“半不”，动词，释义为“相当普通话‘不像’”，见于冀鲁官话，山东聊城、莘县，“这件事，你去办不了，～我，我跟他熟。”《山东方言词典》收“伴不的”，义为“比不得”，举例为“～人家，有钱啥都能买，咱可不行”，见于桓台、阳谷、平邑。《河北方言词汇编》《河北省志·方言志》中未见相关词目。据我们调查，河北临西、景县、泊头、吴桥等都有这个词。如：

［3］伴不得恁，俺来算么儿唉。（泊头）

［4］伴不得春天，这么热的天儿去干嘛去！（景县）

（三）京杭大运河对河北沿河方言语法的影响

一般认为方言之间语法的差异是最小的，尤其是河北方言，环绕京津，处于汉民族共同语基础方言的核心区域，与普通话的差异总体较小，在一些人甚至一些专家的心目中认为河北方言的语法与普通话没多大差别，但我们的考察研究表明，河北方言语法和普通话仍然存在诸多差异，其中有些差异可以说就是由运河的影响造成的。

如前语法部分所述，河北运河沿河方言中无论是词法还是一些程度副词、介词、助词等特殊虚词，以及可能补语、处置式、比较句都对内有较强的一致性，与普通话和周围方言相比又有一定的区别，尤其是虚词“呵/可”与处置式的介词“连”，其分布地域非常明显地与运河流经区域有关。

虚词“呵/可”主要分布在山东运河沿河及邻近区域、河北运河沿河及相邻区域、青海及安徽的少数地区。近代汉语中“呵/可”使用最多的时期是在元朝，多位学者认为虚词“呵/可”表“……的时候”的用法与蒙古语的影响有关。元代漕运发达，运河沿线是语言接触最频繁的地方，所以虚词“呵/可”得以在运河沿线保留下来，青海及安徽方言中的虚词“呵/可”都可以通过民族语言接触和移民得到解释。

根据我们目前的调查，处置式中的介词“连”就分布在河北运河沿河大部分方言点及邯郸南部少数方言点；山东方言中“连”作为处置式的介词标记也主要分布在山东运河沿河及邻近区域。这显示出“连”在山东、河北方言中的分布也应与运河有关，具体是什么原因使得“连”沿运河分布，“连”的语法化的途径是什么，这都可以作为新的课题在今后加以考察。

（四）京杭大运河对沿河地名的影响

历史上，京杭大运河发挥着重要的漕运功能，尤其是明清时期成为南北物资交流的大动脉，适应了漕粮、食盐和其他货物集散、转运等需求及百姓出行的需要，产生了大量运河沿河城市、村镇，很多城、镇、村的命名显现出大运河的印记。如山东聊城市区大运河穿城而过，运河边上有两处繁华地段叫闸口和王口，还有一个于运河边上的城中村叫泊庄。大运河河北段亦是如此，如泊头市即因运河漕运兴起而得名；河北运河沿河方言的村镇多有以“口”“嘴”“码头”等命名的，如故城县县城郑口镇位于大运河左岸，地理位置优越，漕运兴盛时期商船多在此落脚，至明中后期已成为故城县最繁华的市镇，有“小天津卫”之称。郑口原名郑家口，据传因元末明初有郑氏在运河上设摆渡口而得名，简称郑口。临西县沿河有刘口村，清河县沿河有朱唐口村、渡口驿乡、东渡口驿村、西渡口驿村，故城沿河有许口村、曹口村等，景县沿河有宋道口村、华家口村、东保口村、十五里口村，东光县有东码头村、油坊口村、南霞口村、北霞口村，泊头沿河有杨码头村、洪码头村、孟码头村、刘码头村、李码头村、扁渡里村等，吴桥沿河有徐家口村、口上王村，南皮县沿河有冯家口镇、冯家口村、十二里口村、北口村，青县沿河有陈嘴乡、陈嘴村、鲍家嘴村，香河有王家摆村等。

综上所述，京杭大运河对河北沿河方言产生了一定的影响。无论是语音方面，包括声母、韵母、声调，还是词汇、语法方面都有一些现象，或主要出现在运河流域，或因距离运河距离远近不同而存在一些差别，一些方言点内部分区还以运河为界，这些都是运河在河北方言中留下的印记。

河北运河沿河方言在儿化形容词方面也有一些特点，与山东运河沿河方言儿化有一致性，又区别于河北其他方言；方位后置词“间”也比较有特点。对此我们将专文讨论，此不赘述。

由于京杭大运河漕运兴盛时期中国尚未进入商品经济社会，交通不便利，人口流动率低，就大多数人而言出行范围小，出行频次低，因而即便京杭运河曾经作为交通要道发挥过重要的作用，但其辐射范围还是相对有限的——主要是运河沿河方言及相邻地区。从冀鲁官话的分区来看，河北方言保唐片与石济片、沧惠片的分界大致就是运河沿河方言及其辐射区。

2014 年 6 月 22 日，中国大运河（即京杭大运河）项目成功入选世界文化遗产名录，成为中国第 46 个世界遗产项目。大运河的成功申遗对大运河的保护提出了新的课题。运河方言是运河非物质文化的重要组成部分，本身就是保护对象。同天然河流不同，尽管京杭大运河在历史上曾发挥过重要作用，但 19 世纪中期以后由于黄河改道、海运兴起和津浦铁路开通等原因，山东济宁以北的运河早已停航，运河河北段受气候、降雨、上游水库拦蓄、农田灌溉等因素影响，水文状况严重恶化，大运河兴盛时期所具有的“南北贯通”的作用已不复存在，通航时期对沿线方言所产生的影响随着时间的流逝也逐渐弱化，尤其在普通话日渐普及、方言加速萎缩的今天，对河北运河方言的调查比较是对方言历史痕迹的保护性抢救。如前述蟹摄开口二等见系字保留“[iai] / [iæ]”韵母读音的情况，据笔者调查，部分蟹摄二等见系字，故城方言老派仍读为“[iai] / [iæ]”韵母，但新派已基本读为 [iɛ]，与普通话一致。因而如果不抓紧调查记录河北运河沿河方言的特点，一些现象将湮没在历史中，不复存在。

我们希望通过对运河河北沿河方言的调查，尤其是对运河方言词汇的调查记录大运河给河北方言留下的印记，同时发掘方言中所蕴含的历史文化信息，增进方言区人民对运河历史文化的了解和热爱，从而增强对运河的保护意识。

附录

发音合作人

临西县临西镇东倪庄	李在奎	男	68 岁	农民	初中
临西县临西镇东倪庄	李　楠	女	19 岁	学生	本科
清河县葛仙庄镇	焦志国	男	67 岁	个体	高中
清河县连庄镇	孙淑英	女	52 岁	务农	初中
清河县城关镇	张晓锐	女	27 岁	教师	硕士
故城县郑口镇王张庄村	周仲文	男	60 岁	教师	大专
故城县郑口镇王园子村	陈全玲	女	57 岁	自由职业	高中
故城县郑口镇帝君庙村	孙树全	男	30 岁	个体经营	初中
景县刘集乡苏王庄	王立贞	女	68 岁	农民	初中
景县刘集乡苏王庄	苏　倩	女	19 岁	学生	本科
吴桥县桑园镇曹洼村	杨秀芬	女	67 岁	农民	小学
吴桥县桑园镇曹洼村	张　洁	女	20 岁	学生	本科
东光县城	乔　乔	女	21 岁	学生	本科
东光县南霞口镇燕台西街	孙俊华	女	47 岁	教师	硕士
泊头文庙镇闫家村	毕建行	男	46 岁	自由职业	初中
泊头文庙镇闫家村	毕情情	女	19 岁	学生	本科
南皮县刘八里乡向阳村	李　克	男	22 岁	学生	本科
沧县仵龙堂乡何官屯村	李　猛	男	21 岁	学生	本科
沧州市区	王　垚	女	21 岁	学生	本科
沧州市区	高雪莲	女	40 岁	教师	硕士
青县县城	孙　雪	女	19 岁	学生	本科
青县浏河镇	姚静文	女	19 岁	学生	本科
青县浏河镇	张宝秀	女	64 岁	农民	小学

参考文献

［1］白园园. 南皮方言声调调查研究［D］. 保定：河北大学，2014.
［2］泊头市志编纂委员会. 泊头市志［M］. 北京：中国对外翻译出版公司，2000.
［3］沧县志编纂委员会. 沧县志［M］. 北京：中国和平出版社，1995.
［4］沧州市志编纂委员会. 沧州市志［M］. 北京：方志出版社，2006.
［5］曹延杰. 德州方言志［M］. 北京：语文出版社，1991.

［6］曹永巧. 河北临西方言尖团音今读调查研究［D］. 保定：河北大学，2016.

［7］曹志耘. 汉语方言地图集［M］. 北京：商务印书馆，2008.

［8］曹志耘. 汉语方言的地理分布类型［J］. 语言教学与研究，2011（5）.

［9］车慧. 河北临西方言语音调查研究［D］. 保定：河北大学，2010.

［10］东光县地方志编纂委员会. 东光县志［M］. 北京：方志出版社，1999.

［11］董绍克. 阳谷方言研究［M］. 济南：齐鲁书社，2005.

［12］阜城县地方志编纂委员会. 阜城县志［M］. 北京：中国文联出版公司，1998.

［13］贡贵训. 安徽淮河流域方言语音比较研究［D］. 保定：河北大学，2011.

［14］河北北京师范学院，中国科学院河北省分院语文研究所. 河北方言概况［M］. 石家庄：河北人民出版社，1961.

［15］黄伯荣. 汉语方言语法类编［M］. 青岛：青岛出版社，1996.

［16］故城县地方志编纂委员会. 故城县志［M］. 北京：中国对外翻译出版公司，1998.

［17］景县志编纂委员会. 景县志［M］. 天津：天津人民出版社，1991.

［18］李巧兰. 河北方言中的儿化变音研究［M］. 石家庄：河北人民出版社，2011.

［19］李小平. 聊城方言中的助词“呵”［J］. 燕赵学术，2011 年春之卷.

［20］李小平. 河北方言助词“着”研究［D］. 石家庄：河北师范大学，2011.

［21］李行健. 河北方言词汇编［M］. 北京：商务印书馆，1995.

［22］李旭. 河北方言研究的历史和现状［J］. 南开语言学刊，2008（2）.

［23］李旭. 河北省中部、南部方言语音研究［D］. 济南：山东大学，2008.

［24］李永新. 湘江流域汉语方言的区域性特征［J］. 云梦学刊，2011（5）.

［25］临西县地方志编纂委员会. 临西县志［M］. 北京：中国书籍出版社，1996.

［26］刘林. 河北盐山方言研究［M］. 苏州：苏州大学出版社，2015.

［27］刘淑学. 中古入声字在河北方言中的读音研究［M］. 保定：河北大学出版社，2000.

［28］刘淑学. 冀鲁官话的分区（稿）［J］. 方言，2006（4）.

［29］芦兰花. 湟水流域汉语方言研究［D］. 西安：陕西师范大学，2011.

［30］莫超，朱富林. 洮和流域汉语方言的语音特点［J］. 方言，2009（3）.

［31］南皮县地方志编纂委员会. 南皮县志［M］. 天津：天津科学技术出版社，2011.

［32］钱曾怡. 河北省东南部三十九县市方音概况［J］. 方言，1987（3）.

［33］钱曾怡. 山东方言词典［M］. 北京：语文出版社，1997.

［34］钱曾怡. 山东方言研究［M］. 济南：齐鲁书社，2001.

［35］钱曾怡. 汉语官话方言研究［M］. 济南：齐鲁书社，2010.

［36］清河县地方志编纂委员会. 清河县志［M］. 北京：中国城市出版社，1993.

［37］青县地方志编纂委员会. 青县志［M］. 北京：方志出版社，1999.

［38］台前县地方史志编纂委员会. 台前县志［M］. 郑州：中州古籍出版社，2001.

［39］谭汝为. 天津漕运文化概说［J］. 天津市社会主义学院学报，2014（4）.

［40］王临惠. 汾河流域方言平声调的类型及其成因［J］. 方言，2001（1）.

［41］河北省地方志编纂委员会. 河北省志·方言志［M］. 北京：方志出版社，2005.

［42］吴继章. 河北方言“处置”“被动”等常见句式的特点［J］. 河北师范大学学报，2017（5）.

［43］吴桥县地方志编纂委员会. 吴桥县志［M］. 北京：中国社会出版社，1992.

［44］邢向东，王临惠，张维佳，等. 秦晋两省沿河方言比较研究［M］. 北京：商务印书馆，2012.

［45］许宝华，宫田一郎. 汉语方言大词典［M］. 北京：中华书局，1999.

［46］杨晓新. 大运河的语言“印记”——运河方言特征带初论［J］. 濮阳职业技术学院学报，2015（5）.

［47］阎浩然. 吴桥方言语法记略［D］. 济南：山东大学，2009.

［48］岩田礼. 汉语方言解释地图［M］. 东京：日本东京白帝社，2009.

［49］张鹤泉. 聊城方言志［M］. 北京：语文出版社，1995.

［50］张鸿魁. 临清方言志［M］. 北京：中国展望出版社，1990.

［51］张琳琳. 山东运河流域方言语法研究［D］. 济南：山东大学，2013.

［52］张树铮. 山东方言历史鸟瞰（下）［J］. 古汉语研究，1996（3）.

［53］张晓锐. 河北清河方言程度表示法［D］. 石家庄：河北师范大学，2016.

［54］张媛媛. 沧县方言语音研究［D］. 天津：天津师范大学，2018.

［55］中国汉语大词典编辑委员会、汉语大词典编纂处. 汉语大词典［M］. 上海：汉语大词典出版社，1993.

［56］周振鹤，游汝杰. 方言与中国文化［M］. 上海：上海人民出版社，1998.

运河两岸的语言文字和语言传播实践
——以河北运河为视角的经济学考察

张家口学院调研组　冯玫　执笔

一、绪论

（一）研究背景

1. 大运河河北段概说

大运河是历史的传承，承载着运河两岸及流经城市的宝贵文化记忆。大运河河北段在清朝中后期逐渐走向衰落，其原来所发挥的政治、军事、经济、文化等功能逐渐消失，流经河北廊坊、沧州、衡水、邢台和邯郸五市的河道今多干涸，基本以运河“遗址”形式保留。这些遗址能够“再现”运河河北段在各个历史时期的繁荣与没落，体现了封建统治者的治世才能和劳动人民的集体智慧。运河河北段留给我们的语言和文字印记可以从历史文献和遗址考察中得以恢复，特别是运河城镇的商业活动、渡口码头驿站的贸易运输、运河两岸的物产风俗及颇具运河特色的传统手工业和民间职业等文化遗址记忆。这些遗址承载着运河河北段的历史文化，传递着大运河河北段的经济和社会发展信息，具有极为重要的历史意义和现代价值。

2. 大运河语言经济建设面临的机遇

2017 年 6 月习近平总书记对中办调研室《调研要报》第 48 期《打造展示中华文明的金名片——关于大运河文化带的若干思考》一文做了批示：“大运河是祖先留给我们的宝贵遗产，是流动的文化，要统筹保护好、传承好、利用好。”这是习近平总书记站在传承中华文明、增强文化自信、提升中国文化影响力的高度，对大运河未来发展做出的重要批示，也是我们开展研究的重要遵循。

（1）党的十九大报告关于文化事业产业的论述是当前研究运河经济文化带的重要指针。

党的十九大对文化的重要性的认识是前所未有的，习近平总书记指出，“推动文化事业和文化产业发展”。发展文化事业和文化产业，是丰富人民精神文化生活、保证人民文化权益的必然要求，也是激发全民族文化创新创造活力、推动文化繁荣兴盛的应有之义。党的十九大报告强调，“满足人民过上美好生活的新期待，必须提供丰富的精神食粮”，并对推动文化事业和文化产业发展做出重大部署。这充分体现了我们党以人民为中心的发展思想，对于实现文化发展依靠人民、文化发展为了人民、文化发展成果由人民共享，对于提高文化引导力、创造力、竞争力，都具有十分重要的意义。运河语言经济文化带的建设应抓住国家文化战略发展的有利时机，充分认识到发展运河语言经济的重要意义，既要深入挖掘运河的历史文化，又要根据当代语言生活、语言经济需求，积极探索大运河语言经济文化带的发展路径。

（2）社会主要矛盾的转化为研究运河经济文化带提出更高的要求。

中国特色社会主义进入新时代，我国社会主要矛盾已经转化为人民日益增长的美好生活需要和不平衡不充分的发展之间的矛盾。人民群众对运河经济文化带的语言需求，对享受更好、更优质语言服务的渴望，是研究运河经济文化带必选须考虑的问题。同时，语言文化建设也是社会主要矛盾中相对不平衡、不充分发展的一部分，从调研情况看，还存在着一些问题：公共文化服务均等化水平不高、语言产业发展粗放、空间发展不平衡、人民的文化消费还未得到相应的满足、语言消费有待于加强等。所以我们需要深入挖掘大运河河北段的历史语言文化内涵，研究当下运河沿岸语言文化产业、语言服务的特点与优势，不断增强大运河语言传播的文化自信，满足人民日益增长的文化生活需要。

（3）建设“经济强省、美丽河北”为研究运河经济文化带提供了重要机遇。

建设“经济强省、美丽河北”，文化建设应该走在前列。京津冀是永济渠与通惠河连接的重要节点，河北是大运河沿岸重要省份，也是大运河通过白河连接渤海的重要通道。大运河穿过河北邯郸、邢台、衡水、沧州、廊坊5个市的近20个县市区，留下了宝贵的文化遗产。河北在建设大运河文化带的战略中，要贯彻习总书记重要指示精神，以高度历史使命感推进大运河文化带建设，做好“保护好、传承好、利用好”这三篇文章，挖掘大运河文化带的丰富内涵，通过推进大运河文化带保护、传承、利用，进一步擦亮大运河的文化名片，为“经济强省、美丽河北”建设注入强劲的文化动力。

第一，推动大运河语言文化产业建设是深化推进京津冀协同发展的新契机和重要机遇。

大运河流经北京、廊坊、沧州、天津、衡水等地。我们在调研中发现，大运河沿线城市开发不均衡、发展不平衡，语言文化层次不高。《北京市“十三五”时期加强全国文化中心建设规划》提到“发挥京津冀地域相近、文脉相亲的地缘优势，统筹推动长城文化带、运河文化带、西山文化带建设，实现历史文化遗产连片、成线整体保护”。北京市委也提出，通过推进大运河文化带保护利用，进一步擦亮世界认可的国家文化符号，为京津冀协同发展搭建深度交融的桥梁，为首都发展注入独具魅力的文化内涵，真正使大运河文化带成为北京建设全国文化中心的示范工程，成为满足人民群众日益增长的多样化精神文化需求的民心工程，成为建设国际一流的和谐宜居之都的标志工程。北京市已经规划建设大运河源头遗址公园、白浮瓮山河文化景观带、水文化博物馆等项目，深入挖掘大运河源头历史文化。

沧州、衡水等河北境内的运河沿岸城市，处于京津冀与雄安新区的辐射带动范围，可以利用自身的区位优势、语言文化优势与历史资源优势与其进行交流对话，以自身的语言经济产业作为展示内容，进一步弘扬传承运河文化，与北京形成错位发展之势。可以有力地整合区域经济资源，建设符合语言文化规律、体现语言文化特色的语言经济产业带，进一步推动京津冀协同发展。在此基础上，提高河北对“一带一路”倡议、京津冀协同发展战略、运河文化带战略的整合意识，从而提高河北省的文化地位和战略地位。

第二，大运河语言经济文化带可以对雄安新区文化建设产生辐射作用。

雄安新区地处北京、天津、保定腹地，区位优势明显。关于雄安新区文化建设，习近平总书记提到，要“坚持保护弘扬中华优秀传统文化、延续历史文脉”，这为雄安新区的文化建设指明了方向。2018 年 4 月公布的《河北雄安新区规划纲要》中指出，“保护与合理利用文物古迹”“要结合历史遗存保护，建设考古遗址公园、遗址博物馆、陈列馆”等。大运河语言经济文化带中的主要城市廊坊、沧州、衡水都处在或毗邻雄安新区中期、远期发展区。雄安新区的文化资源与大运河历史文化资源、语言经济资源相互交叉，但由于各种因素的制约，文化体验与文化消费有待提升，文化设施还较为低端，新兴的语言经济产业发展不足，这都不同程度地影响着“世界眼光、国际标准、中国特色、高点定位”雄安新区的定位与发展。构建起具有中国特色、符合新区发展需求的现代文化产业体系与公共文化服务体系，在发展自身内生动力的基础上，要借助外力，借助区域内大运河语言经济文化带的辐射作用，在传统历史文化与现代语言文化创意的有机结合上做文章，深入推进文化建设，让文化凝聚起新区发展的磅礴动力。

第三，推动大运河语言文化产业建设对于冬奥会的举办具有一定的促进作用。

本课题组主持完成了河北省语委办公室“京津冀语言文字工作调研项目——崇礼区迎冬奥社会用语用字规范化调研（YWDY201601）”，梳理了崇礼区在冬奥会社会用语用字规范化方面存在的问题，提出了相关对策建议。第一期的调研主要是针对用语用字规范，对城市语言环境、语言产业和语言服务等领域涉及不多。本期对语言经济、语言产业调研，可以为冬奥会语言生活的研究提供经验和研究基础，对冬奥会的成功举办起到一定的促进作用。

第四，提高河北的文化自信和文化美誉度。

中国北方人工运河的历史辉煌，邺城漳水十二渠，西汉的太白渠，东汉末年的平虏渠、白沟渠，隋朝永济渠，唐代的大唐渠、礼教渠，元代的通惠河，都是河北人建设的。通过大运河文化带与京津冀协调建设，有助于提高河北文化的美誉度和文化自信，有助于将河北优秀传统文化和人文精神向世界传播。

（二）调研的意义及研究现状

京杭大运河对我国南北地区之间的经济发展、文化交流与融合发挥了重要作用，并由此带来了沿线城镇商业的繁荣，形成了著名的运河经济带。明清时期，流经我省衡水市、沧州市，并于天津市静海县（今静海区）与海河汇流后入海的运河段，时称“南运河”。相较于其他朝代，南运河在明清盐业、酿酒、漕运、河工、水利、水道、船政等方面发挥了较为重要的作用。本课题拟从经济学视角，检视《明实录》《清实录》《清史稿》《皇朝文献通考》《水经注》及明清地方史志中有关河北境内运河两岸的相关史料（重点以运河两岸周边地区手工业、商品经济对语言文字本体及应用的影响），探讨河北运河两岸语言传播与经济发展的关联作用，阐明语言文字对社会发展的理论意义和应用价值。

1. 开展调研的意义

（1）理论价值。

一是拓展语言经济学的时代内涵。语言经济具有时代性、动态性特征。进入新时代，国家重大决策和任务对语言学特别是语言能力、语言服务等语言经济学的内涵建设提出了更高的要求，语言服务与社会生活、经济生活的联系日益紧密，语言对经济的贡献越来越大，各个领域语言服务诉求也越来越受到关注。通过在特定地区以特定事件为例研究语言服务，既可以分析“供给侧”语言服务资源的变化，又可以兼顾“需求侧”语言需求内容的变化，进一步研究语言资源与语言服务如何对接，拓展语言服务的时代内涵。二是深化地区语言服务特点研究。研究地区语言服务，既要分析语言服务的一般普遍性，也要分析某地区语言服务的特殊性。以语言经济学的角度分析大运河（河北段）文化带的特点和未来的发展，具有一定的特殊性和典型性。本课题就是在这一特定的历史背景下从语言经济学角度研究大运河（河北段）文化带，为研究地区文化语言、语言产业服务等发展提供对策。

（2）应用价值。

为大运河文化带建设提供案例。当前我国经济正处于增长速度换挡期、结构调整阵痛期、前期刺激政策消化期三期叠加阶段。这要求我们要加快经济结构调整和发展方式转变，促进产业转型升级，培育新的经济增长点。大运河文化带的保护开发要走可持续发展的道路。如何促进大运河文化带可持续发展，并且与其他沿线城市错位发展？从语言产业的角度分析研究大运河文化带的保护开发是一条可行的路径。语言产业作为低能耗、低排放和低污染产业和依靠人才、依靠技术、突出服务的行业，符合国家经济结构调整的大思路。通过因地制宜地，积极培育、发展语言产业，可以使之成为“大运河文化带建设的新途径”，并为大运河文化带建设提供案例。

解决语言生活发展不平衡。社会主要矛盾的变化深刻地影响着语言生活。大运河文化带的语言需求体现出不平衡特点，其需求可以分为三个层次：一是满足一般的大运河文化传播的语言需求，对应的是基本的听、说能力；二是满足大运河文化的市场需求，对应的是具有一定竞争力的、良好规范语言技能和相匹配的语言人才；三是满足大运河文化高端发展的语言需求，对应的是满足语言翻译、语言产业等差异化语言需求。如何更好地解决不同的语言需求，是我们的研究重点。所以深入分析当前大运河文化带语言生活的特点，从“服务”“消费”的视角，通过研究当前大运河语言文化、语言产业等现状，对于解决语言生活发展不平衡具有重要作用。

对经济发展产生影响。服务经济是现代经济中的重要组成部分，语言服务和语言消费可以促进服务经济发展的良性循环，从而促进语言产业发展。2016 年我国语言产业中的语言翻译、语言培训等六个行业产值合计约为4 190亿元人民币，在国民生产总值中的占比为 0.56%。北京、上海、广东、湖南、云南等省市的语言产业增加值占国内生产总值的比重逐渐增加，成为区域经济的战略性重要产业和产业经济的新增长点。目前，河北的发展面临重大发展机遇，在这样的背景下，大运河文化带的语言文化产业作为成长的产业形态，正呈现出巨大的发展潜力，是现代经济发展的新增长点。因此分析现有和潜在的大运河语言文化产业需求，可以更好地促进河北语言产业发展。

更好地传播文化。大运河在发展中，形成了自己独特的文化内涵。在今后的发展中，要深入研究大运河文化的内在特点、表现形式，通过市场运作，将语言产业作为文化保护、传承与发展创新的重要载体。可以参考“一带一路”、长江经济带建设中有关语言产业发展的经验，将文化传播与语言翻译、语言展览等相结合，促进语言产业业态多元化发展，增强受众的文化消费意愿，更好地传播大运河文化。

2. 研究现状

（1）关于语言产业的研究。

经过检索，没有找到“运河两岸的语言文字和语言传播”文献，所以我们分析了与之相关的“语言产业理论”和“区域语言产业实践”等文献。

“语言产业”在我国虽然还没有正式作为一个产业门类进入国民经济的统计范畴，

但一些以提供语言产品或语言服务为主的业态发展迅猛，我国语言产业的产业架构正在初步形成，对其进行的理论研究和实践探索也在逐年增多。代表性的观点主要有：

语言产业理论。国家语委原副主任、教育部语信司原司长、现任北京语言大学党委书记李宇明教授，作为国家语言生活的高层管理者和著名语言学专家，在他的著作《中国语言规划论》和《中国语言规划续论》以及演讲、报告中，提出了语言资源、语言红利、语言产业、语言职业等系列命题。《新华文摘》2011 年第 12 期全文转载了他的《语言也是硬实力》一文，更是对上述命题以及“语言的经济贡献度”等相关问题做出专门评论。这些论述可以认为是关于语言产业研究的最早论述。

贺宏志、陈鹏提出：把语言做成产业（指语言本体），利用语言去做产业（指以语言为工具），创造一定的经济效益和社会效益的产业被称为语言产业。这一定义已经被公认为是对语言产业内涵较为准确的认识。①

黄少安、苏剑、张卫国提出：语言产业主要采用的是市场化的经营方式，生产出语言产品或提供语言服务，所以语言产业是生产和服务活动。简而言之，语言产业的基础是语言，服务对象是语言产品或语言服务，这种产业是新兴产业，也是一种可以产生高额效益的经济产业。②

贺宏志、陈鹏指出：根据语言的习得、传播、交流、欣赏、信息等功能特性维度以及现代信息技术的渗透，对应语言的习得性，语言产业形态有语言培训业、语言康复业、语言能力测评业；对应语言的传播性，语言产业形态有语言出版业、语言会展业；对应语言的交流性，语言产业形态有语言翻译业；对应语言的欣赏性，语言产业的形态有语言文字信息处理业。语言产业涉及语言资源、语言价值、语言技术、语言产品、语言市场、语言消费、语言职业、语言人才、语言经济等范畴。③

李宇明（2011）提出了语言资源和红利、语言产业和职业等系列命题，认为语言也是硬实力。语言产业是为国家经济服务的。《国家语言文字事业“十三五”发展规划》明确指出：为适应国际社会的快速发展，加快汉语在世界的传播范围与传播进程，提升汉语在世界语言文字的话语权，应做好语言规划，提升语言文字的服务能力，在语言跨境研究、语言文字信息技术处理方面，要提升品质，提高质量。④

胡小玲（2013）提出，语言自身的特点决定它与经济发展密不可分，并且对语言

---

① 贺宏志、陈鹏：《语言产业导论》，首都师范大学出版社 2012 年版。

② 黄少安、苏剑、张卫国：《语言经济学导论》，商务印书馆 2017 年版。

③ 《语言产业导论》。

④ 李宇明：《语言也是“硬实力”》，《华中师范大学学报》（人文社会科学版）2011 年第 5 期。

产业的特性进行了归类总结，为语言产业的开发、利用和保护奠定了基础。①

刘国辉（2018）提出，语言经济、语言产业和语言服务研究需进一步加强语言学和经济学学科间的对话与交流，要本着国际化之视野、中国化之理念，立足于当下中国语言生活实践，加强原创性、应用性研究，让语言文字事业适应并服务于国家经济社会发展。②

惠天罡（2016）提出，语言产业发展应具备四种语言能力，讨论了与语言资源类产业、语言技术类产业、语言翻译类产业和语言培训类产业存在一定对应关系的语言资源应用能力、语言技术应用能力、多语种语言应用能力和个体语言应用能力，分析了这四种语言能力的内涵、作用及其与语言产业的关系。③

综上，众多语言学家对语言产业的定义、业态形式已经基本达成共识，并且许多学者提出了关于语言产业与经济之间的命题，已经认识到语言产业与经济的关系。

区域语言产业实践。除了上述对语言产业进行学理讨论之外，也有学者集中介绍了几例区域性语言产业发展实践。

胡峰（2018）提出以语言经济学为研究框架，在厘清语言产业的概念和外延的基础上，基于SWOT（态势分析法）模型对江苏省语言产业进行了分析，提出解决江苏省语言产业发展问题的四大战略措施，以期推动江苏乃至全国语言产业的发展，并为我国语言经济学的理论研究提供参考。④

童莹（2017）提出，语言作为一种人力资源，在使用的过程中会产生一定的经济效益和社会效益，语言产业衍生出多种产业形态，是推动和制约现代经济发展的新动力。⑤

程海东（2017）基于国内语言产业的发展现状及前景，结合海南国际旅游岛建设实际，尝试探讨了语言服务产业与海南国际旅游岛建设的关系，分析了海南省发展语言相关产业的必要性，在研究海南语言产业相关的基础和现状的基础上，指出海南发展语言产业的优势和潜力，并提出了海南发展语言产业的具体路径。⑥

郑丽萍（2017）提出，应尽快制定扶持语言产业的相关政策，制定语言产业的规

---

① 胡小玲：《国际服务外包业发展与从业人员外语素质关系研究——以山东省为例》，《齐鲁师范学院学报》2012年第3期。

② 刘国辉：《语言经济学研究的深化及其对语言生活现实的解释》，《云南师范大学学报》（哲学社会科学版）2018年第1期。

③ 惠天罡：《略论语言产业发展中的四种语言能力》，《语言文字应用》2016年第3期。

④ 胡峰：《语言经济学框架下江苏省语言产业的态势及对策研究》，《科技与经济》2018年第1期。

⑤ 童莹：《经济新常态背景下宁波语言产业发展问题研究》，《太原城市职业技术学院学报》2017年第3期。

⑥ 程海东：《海南省语言产业现状及发展路径分析》，《新东方》2017年第4期。

范政策，创建以“多元语言服务体系”为核心的多元语言服务环境。对于提供语言服务的企业而言，要积极提升语言服务意识，充分重视语言在贸易过程中的作用和影响；对于具有语言服务需求的企业而言，则应积极建设企业语言资产管理平台。①

樊中元（2017）分析了广西民族语言产业及其效能特征——各民族语言的产业及其效能具有不平衡性，各民族语言的产业类型比较单一化，各民族语言产业的语言和区位优势没有得到有效的发挥，各民族语言产业的发展还未形成规范化和协调性管理，并在此基础上，提出了发展语言产业的具体策略。②

党兰玲（2016）认为，河南省语言产业的各个业态发展很不均衡，具有语言服务特性的语言培训和语言翻译获得长足的发展，而其他业态如语言会展和语言康复等则发展缓慢甚至尚未起步。近年来，随着实施中原经济区发展战略，河南迎来了前所未有的发展机遇。建议做好顶层设计、制定语言产业政策、打造语言产业园区，助推河南语言产业蓬勃发展。③

（2）关于大运河与经济发展的研究

一是关于运河与城市发展的研究。郑明德④以沧州为中心，研究了明清运河城市的历史变迁。他通过对沧州地区的河道治理、地域社会、经济发展等方面的研究，进一步挖掘其深厚的运河（河北段）文化遗产，对提高城市的品牌与知名度有着重要意义。柴凌燕探讨了运河旅游资源开发的条件和开发路径，提出应从空间格局和开发时序两个方面进行构思。⑤ 高锡鹤从国内外探索运河文化实践入手，从爱国主义、创新文化和当代意义入手深入挖掘与整合运河文化资源，以期进一步服务当代经济和社会发展。⑥安宇认为应该借助申遗东风，利用现代信息技术进一步加强对运河文化资源的保护与研究，培育与引进相关文化产业人才，通过差异化、系统化策略提升“运河之都”文化品牌，推进运河文化及旅游相关产业的开发，从而提升淮安城市文化影响力，促进区域社会经济发展。⑦

二是关于运河与文化产业发展的研究。向淑君认为，相对于运河江南段的开发利

---

① 郑丽萍：《“一带一路”经济发展战略中广西地区语言服务产业体系的构建》，《长沙大学学报》2017 年第 6 期。

② 樊中元：《广西民族语言产业及其经济效能特征分析》，《桂林师范高等专科学校学报》2017 年第 3 期。

③ 党兰玲：《河南省语言产业发展现状与对策研究》，《华北水利水电大学学报》（社会科学版）2016 年第 1 期。

④ 郑明德：《明清运河城市的历史变迁——以河北沧州为中心的历史考察》，《河北工业大学学报》（社会科学版）2012 年第 2 期；郑明德：《明清运河文化与区域城市变迁——以河北泊头为视角的历史考察》，《河北工业大学学报》（社会科学版）2014 年第 2 期。

⑤ 柴凌燕：《运河资源非优区的旅游开发路径研究——以河北运河为例》，扬州大学 2011 年。

⑥ 高锡鹤：《运河文化的当代意义探析》，《江南论坛》2017 年第 4 期。

⑦ 安宇：《运河文化提升淮安区域软实力路径研究》，《理论观察》2017 年第 9 期。

用而言，运河河北段相对落后，在区域内也存在着规划各自为政、发展不平衡、特色开发不足的问题。运河文化、景观和经济带的建设可成为京津冀合作的突破口，从而促使整个区域的一体化发展。在京津冀协同发展的大背景下，三地需要通过顶层设计改变运河文化资源利用开发的不平衡状态，建设“一河、两岸、三地”的整体运河文化景观带。① 张开运用多德（CarleyH.Dodd）“建立第三文化”的理论框架，对扬州运河城市文化“走出去、引进来”进行分析和阐释，以此提出中国地方文化对外传播的策略与技巧。② 张沐宁提出，京杭运河苏北段沿岸城市淮安、扬州开展区域文化、旅游产业协同发展战略，可以依托运河文化主题强化文化、旅游合作以及创意产业融合，开展产权共享、影视演艺、创意设计等多层次合作，构建“大文化、大旅游、大产业”业态和多样性文化旅游区，这对于传播运河沿岸城市的文化形象、合作打造运河文化品牌具有积极意义。③ 尚阳结合鲁西运河城市自身发展特点，利用 SWOT 方法对鲁西运河文化产业发展的各种要素进行科学分析，并对如何深入挖掘运河文化资源、提升运河文化品牌、发展鲁西运河文化产业提出了基本路径和对策。④

（三）研究目标和研究内容

1. 研究目标

以“运河两岸的语言文字和语言传播实践——以河北运河为视角的经济学考察”为调研专题，以明清时期运河经济文化关系的内涵和形式为基础，重点从语言产业的特点、发展趋势，以及对区域经济增长贡献率、语言人力资本、语言的经济价值等经济学视角，对河北省境内运河以及运河沿线主要城市的语言文字历史、表现形式及其对社会发展的作用进行调研，分析语言文字促进社会发展的作用及价值，为京津冀语言文字事业协同发展政策调整提供理论依据和借鉴。

2. 研究内容

本调研以运河两岸语言文字史料和语言传播实践为切入点，深入分析散见于正史史料、地方志、古代文献、文学作品、印刷技术史料等的语言文字传播实例，实地考察运河沿线城市文化产业、语言产业的发展，从经济学的角度研究语言文字如何影响手工业、漕运、河工、水利、水道、城市发展等经济社会发展层面，以及语言对当代运河经济、运河文化带的贡献，从而提出运河文化语言变迁对社会发展的影响，以及与经济发展、地理与语言的趋同关系。

---

① 向淑君：《京津冀运河文化资源的协同开发与利用》，《廊坊师范学院学报》2015 年第 12 期。

② 张开：《感知文化差异　跨越传播障碍——扬州运河城市文化传播策略》，《现代传播》2010 年第 9 期。

③ 张沐宁：《运河城市文化产业发展与形象传播战略——以淮安、扬州区域协同为视角》，《遵义师范学院学报》2012 年第 10 期。

④ 尚阳：《鲁西运河文化产业发展路径及对策研究》，《齐鲁师范学院学报》2011 年第 8 期。

一是分析了运河文化带中的遗迹现状、经济活动中的语言文字现象。

通过调查，运河河北段的遗址大致归为古城古镇、民间渡口、客货码头、运河河工、官方驿站、其他遗迹遗物等六类。这六类中，列入世界遗产名录的河道及河工得到了较好的保护和复原。列为世界遗产名录的“两点一段”（包括沧州东光县谢家坝、衡水景县华家口夯土险工以及南运河沧州连镇谢家坝至德州四女寺枢纽段河道）基本得到当地政府的修缮、保护复原，并设置了相应标志碑、指示碑、遗产区保护界桩，尚未立碑挂牌的运河遗址及河工保护亟待加强。部分遗址河道杂草丛生，生活垃圾遍布；部分遗址河道被开垦种植，严重破坏了运河原有生态；有的码头渡口遗址被破坏开发，成为商业用地，极大地损害了遗址原貌；不少遗址目前处于自然状态，不经专家介绍或专门挂牌立碑，多数人不了解甚至不知道；不少河工受到人为破坏，堤坝、闸、枢纽等古运河工程受到不同程度的破坏。

经济活动中的语言文字现象分为曲艺类、技艺类、俗语诗歌故事类、市声招幌类、文字景观类等 5 类 13 种。这些语言文字现象，从本体上看，体现出语言学、文字学的特点，但从另一个侧面也体现出经济学的特点。这里对这五类语言文字现象逐一分析了各自的经济学特点。

二是分析了运河文化带中遗迹、经济活动中语言文字现象的不足。

与运河经济活动有关遗址，在申遗过程中扮演了重要角色，承载了运河两岸及流经城市的宝贵文化记忆。大运河既是文化工程，又是生态工程，与运河沿岸的区域经济发展、文化建设和生态建设息息相关，但是语言产业对运河文化带的建设推动作用不强。主要表现在：发展规划、顶层设计略显不足；语言产业在运河遗产建设中作用滞后等。运河经济活动中语言文字现象中存在的问题有：对运河文化带语言类非物质文化认识不足，对“文字景观”的认识不足，运河语言类非物质文化的发展缺乏足够的载体。

三是针对上述问题，提出相应的对策。

针对运河遗址文化带建设：充分挖掘大运河乃“遗产之河”功能，发挥语言产业对运河遗产的支撑作用；充分挖掘大运河乃“文化之河”功能，发挥语言产业对运河文明的传承作用；推进大运河“生态之河”建设，发挥语言产业对运河流域的生态保护作用；推进大运河“开放之河”建设，发挥语言产业对运河历史的传播作用；推进大运河“经济之河”建设，发挥语言产业对运河景观的设计、宣传作用。

针对运河经济活动中的语言文字现象：一是加强语言类非物质文化研究与挖掘利用（主要有：加强语言类非物质文化的建设、保护和利用；加强语言文字工具功能的基础上，拓展文化、经济等功能）；二是进一步规范建设文字景观（从三个方面加强大运河文化带文字景观建设：文字景观的实物再现；文字景观的宣传体现；文字景观的意境再现）；三是在特色小镇建设中挖掘语言元素（主要的策略有：将语言文化特色融入特色小镇建设；开展特色汉语游学；恢复部分传统经济活动；优化博物馆解说词等）。

（四）研究方法和理论基础

1. 研究方法

实证研究与调查法。通过调查运河两岸语言文字发展现状、运河发展的历史，选取有代表性的文化产业、语言产业进行调研，从经济学的角度研究语言文字如何影响和促进运河文化带的发展。

规范研究与文献法。规范研究是关于经济目标、经济结果、经济决策、经济制度的合意性的研究，它解决经济过程中“应该是怎样”的问题，旨在对各种经济问题的“好”“坏”做出判断。本课题将此研究运用于语言经济分析中，将运河文化带中的语言要素与经济要素相结合，以语言产业、语言解说视角研究运河文化带建设中的问题。同时，通过文献检索，准确把握国内外运河地区发展的现状、语言产业和相关语言服务现状，以此进行对比，分析河北建设运河文化带的错位发展路径。

2. 理论基础

（1）语言经济学理论。

语言经济学是一门新兴的具有交叉学科性质的经济学分支学科，它是用经济学的方法和工具研究语言如何形成和演变，语言的演变如何影响人们的行为，语言和人们的语言行为及语言政策与人力资本、就业、工资收入分配如何相关，语言产业及其测度，等等。

长期以来，我们习惯于“语言是思维和交际的工具”。结构主义语言大师索绪尔将语言定义为一种符号系统。但是，仅按照信息论的观点理解语言交际过程的程式“编码—发送—传递—接收—解码”是不够的，它忽视了语言的经济功能以及所具有的产业特征。语言和经济是密切联系的，如果说经济理论是对人类相互作用中的常规性进行解释的话，那么，人类相互作用中最基本的、非物理性的常规性便是自然语言。用经济学的视角来诠释语言，不仅具有深刻的理论意义，而且具有更重要的应用价值。

从经济学视角诠释语言已有半个世纪的历史，可以追溯到著名经济学家马尔沙克（Jacob Marschak）。马尔沙克于 1965 年在致力于信息经济学的研究时揭示了语言的经济学性质，认为语言作为人类经济活动中不可缺少的工具，具有与其他资源一样的经济特性，即价值（value）、效用（utility）、费用（cost）和收益（benefit）。

20 世纪五六十年代，西奥多·舒尔茨（Theodore W. Schultz）提出了人力资本的概念，随后加里·贝克尔（Gary S. Becker，1965）创立了人力资本理论。这一方面催生了教育经济学，另一方面也为语言经济学的产生和发展提供了鲜活土壤。许多经济学者比如奇斯维克（Chiswick）、达斯曼（Dustmann）、米勒（Miller）借助人力资本理论和教育经济理论，进一步阐释了语言，认为语言技能是一种人力资本，个人的语言习得可以增加就业机会以及收入水平，掌握土著语言的熟练程度影响移民融入当地社会。这些理论成果也辅助了美国以及英国语言政策的安排，比如美国GRE、英国的雅思等语言考试。

20世纪90年代，语言经济学代表人物格林（Grin）也诠释语言是一种人力资本。格林指出，同其他技能一样，语言技能也可以理解为某种形式的人力资本，人们花费一定成本投资语言是为了获得语言收益。

综上所述，可以从经济学的角度认识语言：语言是具有经济价值和产业特征的"稀缺产品"，占有越多的这种产品可以获得更多的红利，开发更多的这种"产品"可以获得更高的经济和文化收益。

（2）区域经济学理论。

区域经济学是运用经济学的观点，研究国内不同区域经济的发展变化、空间组织及其相互关系的综合性应用科学。主要研究市场经济条件下生产力的空间分布及发展规律，探索促进特定区域而不是某一企业经济增长的途径和措施，以及如何在发挥各地区优势的基础上实现资源优化配置和提高区域整体经济效益，为政府的公共决策提供理论依据和科学指导。它包括区域经济发展梯度理论、区域经济发展辐射理论、区域经济发展增长极理论。区域经济发展梯度理论认为区域经济发展是不平衡的，就好像是处于不同的阶梯上，高收入地区处于高梯度，低收入地区处于低梯度，而在高收入地区和低收入地区之间，还有几个中间梯度。有梯度就必然有空间上的转移，高梯度地区首先应用新技术，先发展一步，而后随时间推移，逐步有序地从高梯度地区向处于二级、三级的低梯度地区推移。随着经济发展，梯度推移加快，区域间差距可以逐步缩小，最终实现经济分布的相对均衡。区域经济发展辐射理论。经济发展与现代化进程中的辐射是指经济发展水平和现代化程度相对较高的地区（辐射源）与经济发展水平和现代化程度相对较低的地区进行资本、人才、技术、市场信息（辐射媒介）等的流动和思想观念、思维方式、生活习惯等方面的传播。通过流动和传播，进一步提高经济资源配置的效率，以现代化的思想观念、思维方式、生活习惯取代与现代化相悖的旧的习惯势力。区域经济发展增长极理论。在经济增长过程中，不同产业的增长速度不同，其中增长较快的是主导产业和创新产业，这些产业一般都是在某些特定区域集聚，优先发展，然后对周围地区进行扩散，形成强大的辐射作用，带动周边地区的发展。这种集聚了主导产业和创新产业的区域被称为"增长极"。

（3）语言产业理论。

目前理论界对语言产业的定义还没有清晰地提出来，语言产业的研究较少。我们认为，语言产业是一种生产和服务活动，它主要采取市场化的经营方式生产语言类产品或语言服务，满足国家或个人对各种语言类产品或语言服务的多层次需求。从微观上讲，各种语言类产品能够提高个人语言技能，增加个人人力资本，满足个人多层次的经济需求。从宏观上讲，各类语言产业的形成和发展可以有效推动一个国家或地区的经济增长。比如，据格林统计，英国就凭借着强大的英语产业，源源不断从各国获益，每年可以从中获得 100 亿欧元的净利。如果考虑投资方面的优势，英语国家每年可以获得 170 亿至 180 亿欧元的收益。①

语言产业外延很广，大体可以包括语言推广（语言传播）、语言教育培训、语言翻译、语言康复（听障）、品牌命名、计算机语言，以及对于以上语言服务支撑的技术产业（例如语言文字的信息化处理技术）。各国或地区的具体情况不同，也会出现具有本民族或者区域特色的语言产业。

（4）语言服务理论。

语言服务是以语言为主要媒介手段或产品内容的服务行为。语言服务主要有宏观和微观两个层面的含义。微观语言服务主要是指一方向另一方提供语言为产品内容或主要工具手段的并使接收方从中获益的服务。微观语言服务的主体多为某经济团体或个人。宏观语言服务是指国家或政府为保证辖区内民众合理、有效地使用语言而对语言资源的有效配置及规划、规范。宏观语言服务的主体是政府或学术团体，其目的是发展语言经济、开发语言资源和解决语言问题。微观语言服务主要涉及各领域内的行业语言服务，如餐饮、旅游、商业、金融等领域内服务语言的使用，及语言培训、语言翻译、语言技术等专业服务。依附于各行业领域的微观语言服务与各领域、各行业的服务紧密相连，一般不能脱离具体行业、领域的服务而存在。例如，餐饮中的语言服务，其核心部分是为消费者提供饮食服务；尽管其中的语言服务很重要，但是它不能脱离饮食服务这一核心。社会经济文化的发展要求信息交流更加精细化、沟通更具时效性和准确性，语言教育培训、语言翻译和语言技术领域的微观语言服务得到了快速发展，逐渐形成了独立的行业领域、产业规模和职业群体。

宏观语言服务主要涉及政府层面的语言服务和学术团体层面的语言服务。具体来说，宏观语言服务主要是政府对语言资源的管理和语言产业、行业、职业的规划和规范，以及学术团体对微观层面语言服务的理论支撑和知识导航。

---

① 张卫国：《语言经济学的几个基本问题》，《学术月刊》（沪）2012 年第 12 期。

语言服务的研究是从服务提供者和接受者的角度分析语言服务，也就是分析语言服务的“供给侧”与“需求侧”。语言服务的“供给侧”主要是指语言服务的提供与呈现；语言服务的“需求侧”主要是指语言服务的接受与消费。从这两方面对语言服务进行进一步分析，可以全面地把握语言服务的特征。

二、调研的基本情况

（一）有关工作开展情况

1. 讨论完善情况

课题立项后，进一步完善优化课题研究内容。一是课题组先后召开三次组内讨论会，根据立项会上专家的意见，对课题的研究方向进行了修改：鉴于语言词汇的来源、流传具有较大不确定性和流动性、在缺乏相关材料相互印证的情况下，课题研究应避免研究运河沿岸经济生活中某些特定词汇的产生问题，待今后资料充足后再进行研究。二是咨询了有关专家。因课题涉及地方志、历史学的有关内容，所以向张家口地方史研究专家刘振瑛、韩祥瑞，衡水学院曹迎春教授咨询了地方经济文化发展有关问题。三是利用学校的教研活动完善了课题。在张家口学院文法学院、经济与管理学院的教研室活动中，也对本课题进行了研讨，补充了应重视语言文字运用研究、注重京津冀协同发展等内容。

2. 资料整理情况

2017 年 4 月下旬至 6 月上旬，课题组收集学习了《北京市“十三五”时期加强全国文化中心建设规划》《中国大运河河北段遗产保护规划》《大运河遗产保护规划（北京段）》《沧州市“十三五”时期文化发展规划纲要》等文件，了解了沧州大运河文化建设的现状、存在的问题和“十三五”期间的发展方向，进一步明确和细化了研究方向、研究内容。

《北京市“十三五”时期加强全国文化中心建设规划》指出，要“发挥京津冀地域相近、文脉相亲的地缘优势，统筹推动长城文化带、运河文化带、西山文化带建设，实现历史文化遗产连片、成线整体保护”，“推进首都文化、皇城文化、京味文化、运河文化等的研究阐释和挖掘利用，充分展示其人文历史内涵和文化元素”。

《中国大运河河北段遗产保护规划》详细分析了河北段大运河遗产构成，对遗产进行了综合评估与分级，在明晰大运河遗产保护区划与管理规定的基础上，确定了相应的遗产保护措施，制定了河北段大运河遗产整体管理规划、展示规划、考古规划以及生态景观要素保护措施等。

《大运河遗产保护规划（北京段）》指出，未来大运河北京段将加强展示功能。合理划分展示分区，依据历史确定特色展示主题。比如白浮泉引水工程展示区包括白浮泉、玉泉山诸泉、瓮山泊以及引水河道南长河，以元代郭守敬的白浮泉引水工程为展示主题。

《沧州市“十三五”时期文化发展规划纲要》总的指导思想是“坚持以文化产业项目建设为抓手，以文化企业发展为支撑，以文化园区建设为平台，做大做强特色文化产业”。规划中提出，“以沧州市区、青县、沧县、泊头、南皮、东光、吴桥等为重点，大力发展运河文化观光、杂技武术、艺术品交易、文化创意、影视动漫、养生健身、节庆会展等产业业态。”

此外，调研组还查阅了有关的论文论著，主要有：《运河与城市》《明清运河文化与区域社会变迁》《运河文化的当代意义探析》《美国运河国家遗产廊道模式运作机理剖析及其对我国大型线性文化遗产保护与发展的启示》《语言对中国贸易流量的影响及其动态变化趋势》等。通过这些文献，课题组认为在语言经济学背景下，运河文化的发展、传承应该重点研究区域贸易、旅游经济、文化产业和城市发展中对语言的需求以及相关语言环境建设。

3. 实地调研情况

课题组赴运河沿线城市进行了实地调研。

一是参观了大运河有关遗址，对大运河沿岸的文化、经济、社会发展的情况进行了较为细致的了解。

大运河河北沧州段位于沧州市中部，为南运河的一部分，是元以后京杭大运河的组成部分。其南起吴桥县第六屯，北至青县李又屯村，从南向北流经沧州市境吴桥、东光、南皮、泊头、沧县、沧州市区、青县七县市，河道全长 215 千米，约占大运河总长的七分之一，是大运河流经的城市中里程最长的地区。

大运河河北廊坊段属北运河，流经廊坊市香河县，是京杭大运河的组成部分。大运河自香河安平镇鲁家务村西北入香河县，沿香河、武清边界至五百户镇东双街村南出境。流经香河县安平、淑阳、钳屯、五百户四个乡镇，境内流长 20.38 千米，流域面积 237.52 平方千米。

大运河河北衡水段位于衡水市镇东部，北为南运河，南为卫运河，属京杭大运河组成部分。衡水段大运河总流程 179.05 千米，其中南运河从山东德州四女寺枢纽入境，流经故城、景县、阜城三县，至阜城县张华雨村北入沧州境，流程 117.25 千米；卫运河从故城县辛堤村南入境至四女寺枢纽，流程 61.8 千米。

大运河邢台段今称卫运河，现河段基本是历史上京杭大运河河道位置，位于邢台市域东部边界。其自邢台临西县尖庄村南入境，流经临西、清河两县，至清河县渡口驿村北入衡水境，全长 58.1 千米。

大运河邯郸段主要流经魏县、大名、馆陶等县，包括卫河、卫运河、隋唐运河故道三部分，全长共计 141.8 千米，流域面积 701.5 平方千米，是中国大运河中段重要流域。

流经上述五市的运河古河道，其中有些地方是包含多个小遗址点的，如沧州泊头的泊头古镇与泊头火柴厂。

二是参观了沧州博物馆大运河文化展厅。

沧州博物馆大运河文化展厅以大运河的历史沿革和发展为主线，从中国大运河、河北大运河、沧州大运河三个截面，展示了中国大运河的伟大历史成就。

（二）几点认识

第一，随着现代交通能力的提升，运河的运输功能正在弱化，但是作为世界遗产的文化功能却在不断彰显。在课题研究中，应该围绕着运河文化功能，重点分析运河文化背景下的经济学和语言学的特点、现状以及未来的发展路径。

第二，要研究大运河，可以将运河的研究放在京津冀协同发展的大背景下，将运河作为一条语言文化经济带来进行整体研究。各运河沿河城市，依靠运河形成了自己的文化特色，如北京通州的码头经济文化、天津杨柳青运河文化、沧州商贸文化、扬州的民俗娱乐文化、徐州的汉文化，等等。在研究中，可以城市历史文化为主线，对大运河城区段沿线地区的语言文化特色、遗址遗迹、方言民俗进行系统梳理。

第三，本研究可以适当参考美国伊利运河、法国米迪运河等地区的运河文化发展现状，对大运河包含的多层次的语言文化类型进行研究分析，对每一层次的价值做出合理的辨别和判断（包括运河语言文化的功能价值、历史价值和审美价值），确立大运河语言文化带的整体结构。

三、伴随经济活动的大运河语言文字和语言传播现状

根据调研情况和文献梳理情况，我们认为，伴随经济活动的大运河语言文字和语言传播现状大致可以从两个方面进行研究：一是与运河经济活动有关的遗址情况，主要偏重物质文化方面；二是运河经济活动中语言文字现象，主要偏重非物质文化方面。两类呈现出不同的历史文化、语言学和经济学的特点。

（一）与运河经济活动有关的遗址情况

1. 遗址类型

通过调查，运河河北段的遗址大致归为以下六类：古城古镇、民间渡口、客货码头、运河河工、官方驿站及其他遗迹遗物。

（1）古城古镇。

这类遗址包括古城和古镇。古代城市的兴起源于经济活动。所谓运河古城是指在古代历史上形成了城市的规模，具备城市功能的区域，因朝代更迭、社会变迁等原因，已失去古代城市的原貌或废弃，仅以遗址的形式传承下来，如沧州的兴济故城（在今兴济镇）、青县故城（在今青县县城）、幞头城址（今沧州市运河东岸）；所谓运河古镇是指在古代运河经济文化活动传播过程中形成的村镇，并在当今仍具备村镇建置的村镇，古镇的名称多被沿用至今，如沧州的连镇、桑园镇、霞口镇、泊头镇，廊坊的郑口镇等村镇。这些遗址是运河河北段沿岸城市经济文化活动的主要场地、场所，意义极为重要。

（2）民间渡口。

摆渡是民间古运河两岸互通的一个重要方式。以河北沧州而论，其境内运河流程长，所以古代津渡颇多，如清州镇张三摆渡口、二十里屯渡口、唐家窑村渡口、桑园西街摆渡口、安陵渡口、李窑村渡口、林缺屯村渡口、第六屯村摆渡口、流河渡口、堡子庄摆渡口、马厂渡口。个别渡口曾经装卸货物，如在桑园西街摆渡口曾出土过铜钱、瓷器，说明民间渡口也在一定程度上起到商品中转站的作用。随着交通的发展和南运河运输作用的丧失，老渡口早已失去了旧时的功能，成为刻在古运河上的历史印记。

（3）客货码头。

码头，又称渡头，是一条由岸边伸往水中的长堤，是运河两岸专供帆船或渡船停泊，让乘客上下或装卸货物的建筑物及场所，多数为人造的土木工程建筑物。一般码头设有货栈、仓库、海关、浮桥、鱼市、车站、商铺等附属建筑，凡建有码头的地方，多位于水陆交通便利的商业城市。码头还可以吸引游人，成为商业集会的地标，如沧州的南霞口货物码头、青县码头（客货通用码头）、马厂货物码头、东光货物码头，邯郸的尖家码头等。

（4）运河河工。

运河河工指历史上封建王朝统治者根据经济社会发展需要，在大运河兴修的大量的水利工程，简称河工，如减河、引河、闸、坝、弯、枢纽等，其从设计施工到管理，蕴含着多方面的古代科技含量，均体现了古人的智慧和才能。大运河河北段亦是如此，如位于青县的周官屯穿运枢纽、堤坝、三弯抵闸、捷地减河、土门楼水利枢纽、牛牧屯引河等。

（5）官方驿站。

官方驿站是大运河运输链上的重要环节，是供往来官员、客商、船工歇宿的地方，运河两岸的驿站、水道并用，大运河显然成了通信联络的中枢。到明朝时候，明代驿站不仅是传令送信、飞报军情的机构，日常还须依政府颁布的廪给（意为“俸禄”）条例，方便各级官吏“依品驰驿”。驿站因而成为官员名士、文人墨客汇聚之地。

（6）其他遗迹遗物。

此外，还有治河名人遗迹、保护码头商业镖车镖船、杂八地等吴桥杂技艺人聚集地、沉船点等反映和源于大运河河北段商业贸易活动的相关遗迹遗物。

2. 遗址现状及语言文字、经济学特点

（1）遗址保护、利用情况。

遗址保护是文化传承的再现和复原基础，大运河河北段遗址保护整体情况不容乐观。具体表现如下两方面：

列入世界遗产名录的河道及河工得到较好保护和复原。在我们调查的运河遗址中，列为世界遗产名录的“两点一段”（包括沧州东光县谢家坝、衡水景县华家口夯土险工以及南运河沧州连镇谢家坝至德州四女寺枢纽段河道）基本得到当地政府的修缮、保护复原，并设置了相应的标志碑、指示碑、遗产区保护界桩。然而，其他尚未列入遗产保护名录的大多数运河沿岸遗址，诸如古城古镇、渡口码头等遗址的立碑挂牌工作急需开展。

大运河河北段遗址利用情况主要表现为如下三种情况：

第一，建立博物馆。

大运河流经河北廊坊、沧州、衡水、邢台、邯郸五市，这些城市对运河的保护程度不一。沧州博物馆专门设置了运河展厅，举办有关运河历史文化展览。运河展厅的文物供游人参观并配有导游，从治河名人、吴桥杂技、沧州武术、河畔风俗、河畔物产、运河城镇、运河河工等多方面系统展示运河遗址千秋历程（含运河发展史），起到了宣传教育和旅游参观的双重作用。

第二，遗址融入景区。

沧州运河区是全省唯一一个运河穿城而过的城区，运河文化和遗址丰富。与运河息息相关的文化遗产如水月寺、清真西寺、文庙等展示了运河区独特的地域文化。

第三，老字号传承。

在沧州运河区文庙西侧，距离运河 150 米，有一座近百年历史的老字号店铺——正泰茶庄，2008 年成为河北省文物保护单位。据当地人介绍，正泰茶庄原是天津大财主穆雪芹家（穆雪芹是天津八大家之一，他的茶庄在天津、北京、保定都有分号）在沧州开设的一座分号。店铺坐北朝南，由前后两座二层楼房组成，共 32 间，前楼临街门脸上方砖刻烧制的并涂镏金的“松萝、珠兰、红梅和正泰茶庄”十一个大字据说是由沧城知名书法家朱佩兰书写。源于运河的老字号得以传承和发展，吸引游客前往品鉴，追忆运河韵味。

总体而言，运河遗址受到游客的关注度是不一样的，绝大多数古城古镇尚未得到有效保护和开发，有的遗址平时根本无人问津，当然这也与河道河工的特殊性有关。

（2）语言文字、经济学特点。

①语言文字特点。

运河河北段遗址的历史文化特点较为突出，语言文字特点不是十分显著，主要体现在城墙、码头、城镇等的命名上。而与之有关的店铺招牌、文字景观等语言文字现象，因为与运河经济活动中其他语言文字现象相比，从特点和表现形式上看，具有较高的一致性和相关性，所以放在后面讨论。

青县东城门。万历《河间府志》卷二刘春撰《青县重修城池碑记》云："城门三，东扁日通济，南日清宁，西曰永安。"因青县县城位于原永济渠西岸，所以起名"通济"，通向永济渠也。

兴济县西城门。嘉靖《兴济县志》卷上《建置志》之城池：土城，周回几三里，东西门楼两座，扁东口海晏门西日河清。"海晏河清"虽然是吉祥话里的陈词滥调，然而兴济县城的修建者却赋予了它新的语言内涵。民国钞本嘉靖《兴济县志》卷下录有吕调阳《兴济县新建城池记》云："门二：东曰海，西日河请，东直阔，西通卫河也。"

兴济，振兴永济渠也。因为从元代同属清州的三个属县命名来看，靖海、会川、兴济都是动宾词组：靖海，平靖海潮也；会川，汇集卫河、滹沱河二川也；兴济，振兴永济也。

沧州有着"水旱码头"的美称。"水旱码头"这个词也有一定的渊源。永乐帝为了确保迁都北京后物资供应的稳定，在迁都之前就着手疏通大运河，并筑堤防护。明清在沧州设立了盐政、漕运、军事等政府机构，进一步提升了沧州的政治地位，因此沧州渐渐有了"水旱码头"的美誉。

城镇的命名也与经济活动密不可分。繁荣的商品经济为清代沧州城打下了深刻的烙印，在白家口附近的运河两侧，分布着缸市街、书铺街、鸡市街等多条商业街巷。"缸市街""书铺街""鸡市街"等词语，就是取自各自的商业经营项目。

②经济学特点。

从经济学的角度分析运河有关的遗址，主要探讨经济投入与产出、遗址的公共形象（无形资产）、遗址衍生产品的开发等经济学问题。

经济投入与产出。经济投入与产出的问题比较敏感，从现有的资料中没有找到明确的资金投入，但是可以从其他角度略窥一二。河北各类由运河衍生的文物遗存包括分洪设施、河道、险工、水闸、桥涵、码头及沉船点遗址等共 56 处。廊坊将北运河生态文化工程列入 2018 年 12 项重点推进事项，由中信国安投资有限公司与香河县政府以 PPP（政府和社会资本合作）模式合作建设，项目总投资 38.84 亿元。邯郸也专门召开大运河沿线“非遗”保护工作座谈会，并组织专家学者沿邯郸段大运河沿线的临漳县、魏县、大名县和馆陶县等进行实地走访。衡水充分发掘运河漕运文化、民俗文化，并在阜城县码头镇魏圈村建成全国首家以运河文化为主题的村级博物馆。伴随着京津冀协同发展战略和乡村振兴战略的不断深入推进，河北省大运河沿线城市还将积极谋划产业项目，推动文化和旅游的深度融合。

遗址的公共形象（无形资产）。遗址的公共形象、文化作用在维系社会共同的价值观和树立良好的道德风尚等方面具有不可替代的重要作用。新时代，“遗址与文化”“遗址与城市”的联姻是必然。河北通过一系列遗产管理、景观保护、环境改善、产业谋划等措施有序推进大运河遗址的公共形象建设。例如香河县编制了乡村旅游发展规划，按照以点连线原则，进一步打造将千亩紫薇园、文化艺术中心、荷花小镇等串联在一起的精品景观旅游线路，实现了运河文化游、生态观光游和美丽乡村游的有机结合，北运河生态文化体验带正在成为香河旅游新亮点。沧州市运河区依托运河历史文化，整体规划了小南门商业区，正泰茶庄和周边建筑古色古香。邯郸不断推进漳河文化园区等多个文化产业项目，通过深入挖掘大运河文化内涵，打造靓丽文旅名片，从而惠及沿岸群众生活。

遗址衍生产品的开发。2018 年 6 月 9 日，北京市文化局牵头，联合大运河沿线 7 省市文化厅（局）共同主办的流动的文化——大运河文化带“非遗”大展暨第四届京津冀“非遗”联展开幕。这次展览突破了以往“非遗”展以作品展示和技艺展示为主的常规展示方式，为观众提供了浸入式体验。此外，“非遗”衍生品也十分受关注，如兔儿爷系列装饰作品、依文集团开发的具有“时尚范儿”的传统服装等。这种浸入式的体验和遗址衍生产品对于大运河文化魅力和艺术趣味的传播有着重要意义，使传统的技艺与服饰、邮品、家居用品等相结合，转化为新型工艺品，满足了各消费群体的需求。从河北来看，《河北省非物质文化遗产保护专项资金管理办法》《关于加强大运河文化带（河北段）非物质文化遗产保护工作的通知》等文件中都有这方面的安排，也体现了对遗址衍生产品的开发的重视。

（二）运河经济活动中的语言文字现象分析

1. 运河经济活动中的语言文字现象的现状

与运河经济活动有关的语言文字现象是指在运河开凿、建造以及伴随着运河漕运等经济活动中呈现的曲艺、方言、俗语等。这类语言文字的使用情况直接或间接地反映了运河文化的发展情况以及在运河经济活动中语言文字所起的重要作用。

（1）基本情况。

①曲艺类。

青县哈哈腔。青县哈哈腔是在青县、沧县、河间等广大农村民间歌舞基础上发展而来的，于明末清初基本成形，是古老戏曲文化的遗存，是中华民族戏曲史的重要组成部分。青县哈哈腔的剧目繁多，有一百多出，著名的如《杨二舍化缘》、《四进士》、《访苏州》、《刘公案》（本戏）、《窦娥冤》、《小王打鸟》、《王小赶脚》、《王定保借当》、《二堂舍子》、《小姑贤》、《乌玉带》、《鞭打芦花》、《七人贤》、《方四姐上吊》、《大劈棺》、《三月三月》、《李香莲卖画》等。剧目中相当一部分具有喜剧色彩，角色在演出中要有不同程度的幽默、诙谐可笑的表演特色。

西路梆子。西路梆子是现在的河北梆子的雏形，形成于清道光年间。其前身为山陕梆子，经商人传入今河北海兴一带，当地人结合本地的哈哈腔、罗罗腔、柳子戏、渔鼓戏、秧歌剧及地方民歌、鼓词等说唱艺术兼容武术、杂技、舞蹈等民间技艺，形成了西路梆子。其大多来源于当地的传说及故事，演出以生动活泼的形式教育人们尊老爱幼、积德行善、勤劳耕织、尚文进取等。

青县青剧。青县青剧历史悠久，来源于早期的“秧歌会”，在明朝已有发端。明朝，民间艺人在民间歌舞的基础上创编了曲调，后经多次修改、完善，演变成“青剧”。青剧通俗易懂，深受人们喜爱，户户有演员，人人都会唱，形成人们农闲自娱自乐的文艺形式。

盐山竹板书。俗称“呱嗒板子”，是河北省盐山县极具地域特色的说唱形式。盐山竹板书演出自由灵活，随景编制，与观众互动，被《中国戏曲剧种大辞典》收录。

②技艺类。

线装书工艺。线装书工艺是河北省省级非物质文化遗产，距今已有100多年的历史。它是一种传统手工装裱技艺，是我国传统书籍艺术不断演进的标志。目前，其在继承传统工艺的同时引入现代化生产工序，先后承印了大型古籍《钦定古今图书集成》《四库精编》《中国历代碑刻书法全集》等多部国家级重点图书，并建成了线装书博物馆。

传统吉祥文化书写表现。传统吉祥文化书写表现的是沧州市第四批市级非物质文化遗产。其一般以人物、花卉、飞禽走兽、器物和字体等形象，以吉祥语、谚语、神话故事等题材，用借喻、比拟、双关、象征及谐音等表现手法，利用图案和吉祥语的完美结合，赋予其祈求吉祥、免难消灾的含义，用来寄托良好祝愿。

③俗语诗歌故事类。

方言俗语。沧州作为一个大运河重要节点城市，码头文化特色鲜明，方言俗语中也体现出码头文化的特点，产生了大量与码头有关的术语、谚语、惯用语等意蕴极其丰富的词汇，如沧州方言中的“精气神儿”“死犟”等，就是江湖码头遗风。除此还有：

“打蛤蟆油”：四处闲荡，不务正业。

“活好撒”：简直是太好了！好得没法儿说了。

“你奏嘛”：你干什么？

“夜了个”：昨天。

“想宗皱”：到底你想干什么呀？

河间歌诗。河间歌诗是汉代以来民间口头文学的杰出代表，是当代《诗经》文化的重要组成部分。河间市地处河北省中南部的冀中平原腹地，因位于滹沱、中堡二河之间而得名。河间歌诗由代代口头相传而来，在村里，闲暇没事的时候，老人们会凑在一起，用古韵作诗演唱，以二胡、古筝等乐器伴奏，自娱自乐。河间歌诗是诗经最古老的一种吟诵形式，是诗经文化传承中的一个支脉，具有燕赵文化鲜明的地域特色与丰厚的文化内涵。

诗词歌赋。大运河流经廊坊、沧州，对当地的经济和人文发展起到了重要的推动作用。古渡春荫和西河箫鼓（西河即流经香河的北运河，每当官船过往之时，必然停楫以岸，岸上鼓声齐鸣，其声响彻全县）被列为廊坊香河八景之一。历代文人墨客、官吏名士受到这里自然和人文美景的感染，留下了许多脍炙人口的诗歌：

五绝·咏古渡春荫

王豫立

芳村接春云，浓荫暗极浦。

日落水烟生，渔艇纷相聚。

七律·咏古渡春荫

熊　膏

城西古渡柳如烟，三月风光正可怜。

渔子鸣榔歌欸乃，美人拍桨恺婵娟。

浓荫蔽日疑无地，流水浮香别有天。

斗酒双柑何日办，听莺来坐大堤前。

五律·咏古渡春荫

胡其俊

渡口饶春色，春深柳乍繁。
云开风坠雨，林束籁鸣滩。
夹岸莺声乱，舟上人语欢。
絮飞三月尽，又见雪漫漫。

五律·咏古渡春荫

袁懋德

春色印平川，芳菲送客舷。
王孙凄古道，张绪忆当年。
舞燕啼莺外，斜风细雨天。
只今寻旧迹，回首一惘然。

此外，还有当代学者创作的诗歌，例如：

沧州大运河怀古

赵　刚

抛锚渡口号声连，星路停泊降鼓帆。
傍岸人家藏万柳，醉波商贾卧千船。
沧桑卫水出侠士，沃野馍城育古贤。
今借雄狮舒少志，仰空长吼震云天。

传说[1]。铁佛爷传说：铁佛爷就是用生铁铸成的释迦牟尼的塑像。在沧州流传着“沧州的狮子景州的塔，东光县的铁菩萨”的传说。除此以外，还有二郎岗传说等。

优秀传统文化故事。在纪晓岚《滦阳消夏录》《槐西杂志》《东光县志》《沧县志》《交河县志》《南皮县志》中均有关于沧州人行善好施、豪情侠义的文化故事。现举例一二：

盲人救选人。昔有选人陈某，过沧州，资斧匮竭，无可告贷进退无路，将自投于河。有瞽者之，倾囊以助其行。选人入京，竟得官，荐至州牧。念念不能忘

① 传说主要包括铁佛爷传说和二郎岗传说，限于篇幅，未能详细说明。可参照沧州市人民政府网站。网址：http://www.cangzhou.gov.cn/。

瞽者，自资数百金，将申漂母之报。而偏觅瞽者不可得，并其姓名无知者。乃捐金建是院，以收养瞽者。此普者与此选人，均可谓古之人矣。此事在康熙中。（纪晓岚《槐西杂志》卷一）

倾囊偿粮。王嘉言好施与。万历王辰，同年周成南公，乘扁舟诸京补官，至东光之小龙湾，触运艘，破损粮。周泣诉于公，公曰："吾虽贫，可坐视乎?"倾囊得五十金，又转思亲故得二百金，代偿其粮。（光绪《东光县志》卷十二《杂稽志下》）

舟子渡孝子。沧州有轿夫田某，母患臌将殁，闻景和镇一医有奇药，相距百余里，昧爽狂奔去，薄幕狂奔归，气息仅属，然是夕卫河暴涨，舟不敢渡，乃仰天大号，泪随声下。众虽哀之，而无如何。忽一舟子解缆呼日：苟有神理，此人不溺，来来，吾渡尔。奋然鼓楫，横冲白浪而行。一弹指顷，已抵东岸。观者皆合掌诵佛号。（纪晓岚《滦阳消夏录》卷三）

造舟义渡。泊镇旧有义渡，知县李正华创，自撰记，略曰："卫河盖漕运通津也，商贾辏集，贸迁往来，恒苦于舟楫之不给。岁辛丑，余捐俸施材鸠工，自饬渡舰两，公之河干为涉者利。"天启元年，泊人张烧饼者，见前舟日久损坏，竭力自造以济往来，远迩义之，在镇士绅为所感化，各有所施。（康熙《南皮县志》卷三《建置志》）

④市声招幌类。

市声指经济活动中的叫卖、吆喝，俗称"货声"，是旧社会底层小商小贩为招揽生意、出卖手艺的需要，而自发创造的一种口头广告形式。其在语言、韵律、内容和民俗风情方面都具有强烈的地域特征，在长期的积累中，这些叫卖、吆喝都被赋予了鲜明的文化特点。

招幌，即招牌和幌子。招幌广告是中国古代社会中商业广告的一种重要形式。招牌幌子中的文字也属于经济活动中的语言现象。为了招揽生意，招牌幌子中题写的文字词语却变化多端，形式也是多种多样。例如，沧州著名的老字号"元成德"（货物品批发)、"德茂"（木材批发)、"庆兴和"（杂货铺）都有特色鲜明的招牌。《韩非子》中就有关于招幌的记载："宋人有沽酒者，升概甚平，遇客甚谨，为酒甚美，悬帜甚高。""帜"即酒旗，是酒家的一种招幌标志。

商标包装中的文字。商标包装中的文字主要指在商标中汉字及其拼音字母或其他文字、字母的组合，是使用在商品或服务上的标志，在香烟、火柴、白酒等商品中有所体现，如"泊头火柴""十里香白酒"等。

⑤文字景观类。

文字景观指的是公共空间中由各种标牌上的文字所共同构成的语言景象。文字是一种视觉符号，具有文化性、艺术性等特点，文字景观则具有信息传递、文化象征、审美体验等功能。大运河的文字景观分为历史遗迹文字景观和解说系统文字景观两类。历史遗迹文字景观主要指历史遗迹上雕刻或书写的文字，如牌匾上的文字。

解说系统文字景观包括博物馆解说文字和景观中（现场或网站）的介绍性文字。

2. 语言文字现象的经济学特点

运河经济活动中的语言文字现象，从本体上看，体现出语言学、文字学的特点，但从另一个侧面也体现出经济学的特点。运河对我国南北地区之间的经济发展、文化交流与融合发挥了重要作用，并由此带来了沿线城镇商业的繁荣、城市的兴盛，这些必然会在这些语言文字现象中留有烙印。

（1）曲艺类的经济学特点。

语言文化与大运河沿岸的经济发展有着密不可分的关系。“商业活动的活力在本质上来自人们对于现实物质层面的感性追求，在较浅的意义上体现着人性抒发。它虽然对城市个体之个性的自由实现具有破冰的意义，但本身又不是城市个性的真正实现，在某种程度上它甚至走向了真正个性实现的反面。这就意味着，为了城市个性实现的最高目的，城市发展需要以自由商贸为基础实现更上一层的飞跃。在这一层飞跃中，艺术创造将取代自由商贸成为城市发展的主导逻辑。”①

在戏曲界，向来有“水路即戏路”的说法。所谓“水路”是指重要的交通水道及与这条水道紧密相关，并被这条水道带动起来的经济、文化带。大运河为河北经济发展、沿岸地区文化繁荣做出了重要贡献。大运河沧州段北起青县李又屯村，南至吴桥第六屯，流经青县、沧县、沧州市区、泊头、南皮、东光、吴桥，全长253千米，是大运河在北方流经里程最长的城市。大运河养育了世世代代的沧州百姓，也给这座城市带来了独特的文化繁荣。大运河开通以后，“商旅往返，船乘不绝”。随着南来北往的物资贸易，不同地域的文化在此交流汇聚。唐朝文学家皮日休说，运河“北通涿郡之渔商，南运江都之转输，其为利也博哉”②。此外，他还赞颂大运河说：“尽道隋亡为此河，至今千里赖通波。”于是，以商业的经济支持与文化消费需求为主要动力，戏曲在沧州走向兴盛也成为必然。

曲艺在沧州的兴盛，有两方面的原因。一是由于运河的因素。因临近运河，沧州是各剧种戏班进京的必由之路，也必然会成为各路戏曲、曲艺、音乐的交汇点。二是

① 耿波：《曲艺艺术与明清京、津城市形态的推移》，《江西社会科学》2009年第8期。

② 《皮子文薮·汴河铭》。

由于欣赏与创作群体的因素。因沧州经济、贸易发达，富庶人口相对集中，这里的人尤其是士大夫与文人，对戏曲有更高、更艺术化的要求。

当一个新的戏曲、曲艺形式在某一地区产生，并经过无数艺人通过不断演出与改进在当地获得成功后，都会有走出本地的意向与举动。而走出去，一般会走向商业贸易发达的地区，因为这里是最能聚集戏曲观众的地方，也是最有经济条件与闲暇时间观看戏曲的地方。由于运河沿线多经济与商业发达的城市与市镇，所以各路戏曲、曲艺因各种条件或机缘，往往都会向京杭大运河沿岸的城市和市镇靠拢与聚集。明末吴桥范阁老，清代盐山孙侍郎、南皮张相国的家乐科班等，在沧州都很有名气。同时，各种庙会、集市的表演，也极大地促进了戏曲、曲艺的发展。在沧州，有哈哈腔、青县青剧、西路梆子、盐山竹板书等多种曲艺，也显示出沧州因运河而生的非凡的经济实力与文化容纳力。

曲艺在表演方面具有以下四个特点。

第一，多以第三人称、他者身份表演。哈哈腔、西路梆子、青县青剧等是以观众为中心的说唱艺术。曲艺包含演唱和表演的因素，但它与传统戏曲艺术不同。戏曲艺术是高台宣讲，真实的表演者隐身在表演面具之后，是所谓的“现身说法”；而曲艺是表演者以本来面目与观众相见，是所谓的“说法现身”。这使曲艺艺术成为与观众贴得最近，同时也是观众参与性最强的艺术，这就是所谓的“以观众为中心”。这是商业经济中强调消费、注重消费体验在曲艺中的表现。

第二，具有“谋生”的特点。伴随着大运河而生的诸多曲艺形式，已不是单纯、纯粹的艺术表现，而带有了“谋生”“职业”等商业特点，这些特点造成了曲艺文本中语言表达诸多奇特的面貌。例如，盐山竹板书中，在开讲前，先说一段小故事做引子，为的是吸引更多的观众；很多的哈哈腔、西路梆子、青县青剧等缺少纸质的文本，师徒传授大多是口耳相传，因此在教授过程中存在大量的“程式化”语言等。

第三，具有“侠义”精神。隋代以后，大运河航运业兴起，运河穿沧州境内，连镇、泊头、兴济、青县等重要的码头，都成为大宗商品必经之地，各业相争，孕育了武术，也衍生了侠义文化。例如，在吴桥街头艺人中流传着一首著名的“锣歌”：

> 小小铜锣圆悠悠，学套把戏江湖走。南京收了南京去，北京收了北京游。南北二京都不收，条河两岸度春秋……

其中的“条河”就是民间对大运河的称谓。

又如：沧州是武术之乡、杂技之乡，是《水浒传》里林冲发配的地方。“蒙得儿密”“缩和乐”“二虎”“夜了个”“后轰”“解手”“喝命”“营生儿”“行子”等富于沧州地域色彩的方言词语，都是江湖码头文化的产物。

第四，参与性强。曲艺是一种需要观众积极参与的艺术形式，其通过各种表演形式吸引观众参与，特别是通过语言来传递情感和喜怒哀乐。在语言表达上，它不讲深奥语言、晦涩文本，不要求有深度，内容是人们熟知的街头故事，主题是人们日常践行的大义伦常，语言以短句为主，简洁明了。例如，青县青剧通俗易懂，深受人们喜爱，户户有演员，人人都会唱，形成了人们农闲时自娱自乐的文化生活。

（2）技艺类的经济学特点。

线装书出现在包背装盛行的15世纪的明朝中叶，是我国装订技术史上第一次将零散页张集中起来，用订线方式穿连成册的装订方法。它的出现表明了我国的装订技术进入了一个新的阶段。以线装书为载体进行文化交流，较以往口耳传播，以及其他书籍装订工艺来说，已发生了很大变化——除了传统的文化交流物品属性外，又增加了贸易商品的特性。

沧州线装书工艺具有发展印刷业所需的资源条件。这些资源包括物质资源、人力资源和社会环境资源。但一个地方拥有某些资源并不保证相应的产业一定能在这里开办和发展，经济学上选择产业开办的地点主要依据产品的机会成本。有两种常见的地点选择方式：一种是贴近所需资源的产地，另一种是贴近产品消费的地方，前者称为资源导向，后者称为市场导向。① 明永乐年间，会通河南支开挖，京杭大运河全线贯通，而且比隋朝京杭大运河缩短了700千米航程，使这条大运河成为一条重要的经济大动脉。会通河竣工次年，明朝廷下令停止海运，南北漕运全部依赖京杭大运河，河运因此大兴。由于地理位置显要，沧州理所当然地成为运河上的一座大码头。从东南沿海商埠而来的东洋百货和西洋百货，及南方大城市生产、流通的时新物品（民间称之为“洋广货”），大都在这里下货，运往周边地区。沧州本地生产的盐、农产品、鱼虾、芦苇制品、纺织品、手工艺产品也大都在这里装船外运。漕运的繁忙和南北物资的融汇为沧州线装书工艺的发展提供了消费市场导向。随着以商人和城镇手工业者为主要成分的市民阶层的壮大，文化消费成为市民阶层社会生活的主要需求之一。线装书无疑为文化消费、通俗文学、曲艺传播提供了巨大的支持。

当然，线装书工艺的推广，也在于这种装帧方式本身的实用性。

（3）俗语诗歌故事类的经济学特点。

明清时期的泊头镇是运河沿岸重要的河工枢纽、漕运码头、商业中心。与经济发

① 张胆：《连城四堡雕版印刷业崛起的原因》，《龙岩学院学报》2014年第8期。

展相伴随的是文化的兴盛。俗语诗歌故事涉及泊头的景物、古迹、经济等诸方面，是泊头运河风情与历史底蕴的直接体现，也体现出一些经济学的特点。

商业道德。商人成功奉行的美德，首推“勤”与“俭”两大要素，体现在俗语诗歌故事中，主要是乐善好施、诚信经营、爱岗敬业等精神的体现。《尚书·大禹漠》中已出现“克勤于邦，克俭于家”的字句。李商隐《咏史诗》亦云：“历览前贤国与家，成由勤俭破由奢。”在纪晓岚《滦阳消夏录》《槐西杂志》等文集中均有行善好施、豪情侠义的文化故事，前面已有叙述，此处不再赘述。雍正元年（1723）户部官李级奉命催槽，“薄暮至东光县，风渐微，四十里至泊头，河间大市镇，谯楼始打四鼓，天甚黑，饼市、酒肆作苦者已早起，灯火隐映三里许”。天未明而餐饮业者就已早起为一天的经营做准备，甚至灯火长达三里，这不但反映了泊头人口众多，服务业发达，而且也体现了其城市规模的庞大。明末清初学者彭孙贻曾作《泊头》一诗说：“泊头近千室，卖枣贱于土。四金斛千斤，买者嫌多估。枣红中败絮，枣黑含余甜。昔日曾暂嗜，不与脍炙鱼。舟人买论载，货易价更廉。”这首诗写了泊头枣子质优价廉、商人诚信经营的特点。

商业经营。商人继承并发展了历代的经营理念，形成了一套行之有效的经营手段。明末清初学者彭孙贻《七字堰》：“泊头已近甘陵道，舟子多夸买鱼好。喧呼艄尾皆小儿，沿泊村庄惟买枣。附舟野老非贾人，每一停舟必问津。”清朝查慎行在泊镇游览时，作诗道：“澹烟消处日初衔，酒旗微风到布帆。我自偶从花底过，不带蝴蝶上春衫。”传统的广告通过叫卖、实物陈列、招牌、旗帜等方式招揽生意，上述两首诗就展现了叫卖、旗帜两种方式。

除此之外，运河沿岸语言民俗文化，如同它的母体——大运河一样，纳百川之水而通千里，形成了包容性极强的特点。

唐朝以来运河区域经济的繁荣和文化的发展，吸引着回族的内附和定居。元代京杭大运河的贯通使东运河回族分布带初具规模。随着回族人口的急剧增长，清真寺在运河沿岸的商业城镇相继建起。元代中后期，回族成为运河商业的重要经营者，加快了其从大城市向运河沿岸的扩散。明清两代，运河成为南北交通大动脉，回族商人于运河两岸的活跃程度也达到顶峰，形成了独具特色的运河回族商圈。沧州市 7 个回族人口超万人的县（市、区）中，有 6 个为古驿站，5 个傍运河。在沧州方言中，“白俩”，沧州话经常特指比较二、虎的人，原为回族宗教用语，指灾难，如“这小子忒二虎了，白俩一个”。

（4）市声招幌的经济学特点。

市声招幌类的语言文字现象反映了古代商业广告的特点，也生动地反映了古代商业民俗，传递着商业文化的内涵。最初的招幌广告主要是作为店铺的标志，上面的语言文字信息告诉人们店铺提供的商品和服务内容，比较简单，缺乏文化内涵。随着商品经济的发展、市场竞争的激烈，招幌上的语言文字信息在告知人们商品和服务信息的同时，开始注重宣传商家和服务的特点，赋予招幌广告以特定的文化内涵，成为宣传店铺历史、经营思想等商业文化的主要载体。例如：被列为非物质文化遗产的沧州老字号华生香肠就是这样的情况。①

华生香肠，源于清宫名厨舒志轩之手，其制作的香肠为御膳美味，颇受慈禧嘉赏。1931 年，沧州人冯云生避乱谋生于京城，结识舒志轩，坚请拜师，悉得制作香肠秘方及全部工艺。1933 年，冯云生回沧，同其兄冯云东在钱铺街合开“东生号肉铺”，名噪狮城。1956 年，东生号并入市食品公司，冯云生另谋他职，冯氏香肠消声多年。1979 年初，冯氏香肠恢复制作，冯云生长子冯贯明接承，因作坊位于新华路北侧，取“华”字，继用原字号“东生”中“生”字，建“花生肉店”厂，创建“华生香肠”字号。

同时，市声招幌是塑造商品形象或服务形象的重要手段，能够增强商品或服务的竞争力，加大促销力度。众所周知，在市场供小于求的时候，商业宣传侧重于介绍商品种类名称；当同类产品增多出现供大于求的情况时，宣传重点则要转移，根据商品和竞争对手的实质性差异，大力宣传商品或服务特色及在价格等方面的优势，强调产品的特殊功效和给予消费者的特殊利益。例如，“十里香白酒”“沧州老灶火锅鸡”“福顺鸿酥糖”等，皆以商品的“名”“优”“史”进行市场宣传，塑造良好的商品形象，从而增大销售份额，占有更广阔的市场。

（5）文字景观的经济学特点。

语言不仅是一种交际工具，还是一种特殊的社会资源和公共产品。文字景观作为一种资源，同样也具有价值。社会化生活中的语言使用会产生直接或间接、有形或无形的社会效益和经济效益。文字景观中的文字设置并非随意性的选择，往往是基于深刻的经济考量。成本与收益是这种经济考量中最主要的因素。文字景观的投资成本主要指精力、时间、金钱，而收益则是产品信息的推广、吸引目标客户以及告知对等信息。

博物馆解说文字和景观中（现场或网站）的介绍性文字以汉语单语标牌和汉英双语标牌为主。博物馆解说文字除了基本的“说明”作用之外，还具有更大的经济效益。所以，管理方也更愿意在语言标牌的造型、语言选择、颜色、字体等方面投资更多的时间、精力和金钱，并对这些成本元素进行合理的资源配置，使得收益最大化，从而吸引更多的游客前来参观，获得更大的经济效益。

---

① 《老字号》，http://www.czyh.gov.cn/zjyh/lswh/whsc/478962.shtml（2018-8-12）。

除此以外，汉英双语标牌中的汉语和英语的选择，也体现出多语共存的经济价值。其主要体现在两个方面：人们通过标牌语言直接进行交际，了解商品信息，吸引更多游客，避免了诸如翻译等额外成本；创造了现代化、多元文化大都市的形象，节省了城市形象营销方面的开支。

再者，从投入的角度看，英语的普及程度远远高于其他外语，相比较而言，投入的成本也最低，所以这两种语言创造的社会总产值最大。

历史遗迹文字景观的价值在于文字作为物品的内在属性，主要体现在存在价值与遗产价值，它们与人们是否使用无关。这种价值在文字景观中呈现，游客便会认为该语言可以存活，保留给后世，体现遗产价值。

四、大运河语言文字和语言传播存在的问题

（一）遗址建设中存在的问题

与运河经济活动有关遗址，在申遗过程中扮演了重要角色，承载了运河两岸及流经城市的宝贵文化记忆。大运河既是文化工程，又是生态工程，与运河沿岸的区域经济发展、文化建设和生态建设息息相关，这种看法已在学术界形成共识。但是在充分发掘、合理利用语言资源的文化价值和经济价值方面还有待于深入，语言产业对运河文化带的建设推动作用不强。主要表现在：

1. 发展规划、顶层设计略显不足

根据运河河北段沿线遗址的实际和语言产业的发展现状，与遗迹有关的语言产业中长期发展规划和顶层设计略显不足，还未形成系统的、立体的战略方案，语言资源的文化价值和经济价值还未得到充分挖掘和合理开发利用；政府在语言产业政策制定、机制建设、组织管理等方面的作用有待于深入发挥。语言产业还没有作为一种独立的产业形态出现在文化产业规划中。北京市、沧州市都在本区域文化发展规划中，将“大运河文化带的保护利用”列入了主要任务，北京出台了《大运河遗产保护规划（北京段）》。天津、衡水、常州等地也都积极推动推进大运河文化带建设，尽管出台了一系列政策，但是专门制定有关运河语言产业的顶层规划、发展规划以及语言产业战略方案的几乎没有。

2. 语言产业在运河遗址建设中的作用滞后

在大运河河北段，语言文化人才队伍与语言产业的发展不相匹配。人才队伍建设明显滞后于运河经济文化带建设发展要求，滞后于大运河文化产业化进程。主要表现有：既熟悉大运河历史文化，又了解新兴产业技术发展的“复合型”人才匮乏；人才在行业、地区、城乡分布上不均衡，基层文化力量薄弱。

在资金方面，就沧州而言，沧州文化事业经费预算比例偏低，公共文化经费投入普遍缺乏制度保障。① 资金的缺乏，将会导致产业发展动力不足和结构失衡，特别是对于语言产业这样一个新兴产业来说，其产业竞争力将受到重要影响。

在技术方面，运河语言文化资源开发利用程度不高，沧州市运河码头遗址处于浅表性保护或开发阶段，缺乏创新性的策划设计和成熟的运营模式。文化产业总量较小，2015 年沧州市文化产业增加值总量居全省第四位，但占地区生产总值（GDP）比重居第七位，低于全省平均值 0.14 个百分点。可以推测，具体到语言产业，占 GDP 比重则更小。

（二）运河经济活动中语言文字存在的问题

为了论述方便与行文简洁，我们把运河经济活动中语言文字现象的前四类归纳为语言类非物质文化，第五类文字景观自成一类，分别进行论述。

1. 对运河文化带语言类非物质文化认识不足

语言类非物质文化与现代生活联系不紧密。作为历史烙印很深的语言类非物质文化遗存，与现代生活相融合往往较为困难。就理论研究而言，语言类非物质文化研究失衡现象严重。以哈哈腔为例，在中国知网中只有 13 篇文献，且大多注重文本研究，在一定程度上忽略了对哈哈腔活态传承特性、规律的探索和研究。沧州的线装书工艺是河北省省级非物质文化遗产，距今已有 100 多年的历史。它是一种传统手工装裱技艺，如何与现代生活产生“共振”，也是需要研究的问题。在中国知网中只有 1 篇相关文献——“传承中创新，开拓印刷行业新局面——浅谈线装书的工艺与创新”，就是这仅有的 1 篇文献介绍的也是北京通州区张家湾的传统技艺。除此以外，对非物质文化中的语言功能、经济功能缺乏深入挖掘，只注重了非物质文化本身和特征的分析，如曲艺类的唱腔表演、技艺类制作工艺、市声招幌类的广告效应等，没有对其内在的语言功能、经济功能进行深入分析。

2. 对“文字景观”的认识不足

产业化发展和快餐式经营，使得管理部门、旅行社导游员等对文字景观不甚重视。目前在文化带规划和建设方面充分利用文字景观的不多，博物馆解说系统（包括旅游标识、解说词等）中缺乏对于一些碑刻、题记、楹联等的细致、生动的说明，很多参观者在欣赏时常常是看了不懂、看过就忘。如苏州梅花山有一石刻“槑”字，导游员把它解说成“一个男呆子和一个女呆子在谈恋爱”，其实它是“梅”的异体字。导游不识体、不识字、不懂得景观书法丰富的内涵成了普遍现象。一线导游面对林林总总的

---

① 沧州市人民政府：《沧州市人民政府关于印发沧州市“十三五”时期文化发展规划纲要的通知》，2016 年 12 月 13 日。

书法景观和与此相关的文化现象时，往往“视而不见”或“有意避开”。① 对于如何更好地发挥文字景观的文化、美学等功能，让文字景观成为大运河文化带建设的重要内容是一个重要的研究内容。

3. 运河语言类非物质文化的发展缺乏足够的载体

大运河文化带的建设发展，以及语言类非物质文化的普及传承需要文化载体。语言文化作为大运河文化的一部分，应该融入大运河文化带的相关项目建设中。如何将隐性语言文化发挥显性的作用，通过一定的载体展现出来，是运河语言类非物质文化发展的重要课题。从调研情况看，无论是省内还是省外，大运河沿岸的文创街区、文化遗产聚集区、遗址公园、文化遗存走廊等场所的文化建设，已见经济、生态、文化、旅游效益，但是语言资源挖掘得还不够。就河北来说，与运河有关的语言类非物质文化资源丰富，如何将这些资源利用起来，将其与生态、经济、旅游结合起来发挥作用，还需认真思考。

五、加强运河经济活动中语言文字建设的策略

（一）整体设计

1. 彰显其文化功能

我国有两处人造文化瑰宝：一个是长城，一个是大运河。它们共同的特征就是原始的功能已经退化甚至完全退化：长城不再是防御工事，而成为一个举世闻名的旅游景点，大运河虽然部分河段还在使用，但是整体上而言，运输功能已经弱化。对于这样的文化遗产，我们应该怎样彰显其文化功能，特别是“入遗”后如何在保护的基础上开发其文化价值，将是“后申遗时代”我们面临的重要课题。当然，发挥运河文化的价值，不应仅仅局限在某个遗产点、某个河段上，而应从“点、线、面”全方位考虑问题。我们既要抓住一个个遗产点，也要关注整条运河带上文化资源的线性串联，同时，以河道为轴，向外辐射，形成文化“面”。要在运河的历史文化和现代文明中找到新的平衡点，实现运河文化的升华，为文化产业的发展提供源源不断的养料。

2. 明确语言定位

城市是一个综合生命体，它具有自己的表情、体温和性格。京杭大运河沿线城市，各有特点。建设大运河文化产业带，不是让所有的城市文化都整齐划一地向运河文化靠拢，而是以运河文化为平台，形成“百花齐放”的区域韵味。河北沿线各个城市应

① 丁剑林：《中国书法与旅游景观协调美研究——兼论旅游专业书法教育的必要性》，《常州工学院学报》2008年第1期。

该以“入遗”为机遇，充分挖掘与本地运河相关的语言文化的历史资源、语言产业资源，通过活化运河历史文化、挖掘语言文化资源，将其融入当代城市文化建设的大流中去，打造具有燕赵特色的运河城市语言文化群。

3. 加强经济与语言的融合

2014年年初，《国务院关于推进文化创意和设计服务与相关产业融合发展的若干意见》正式出台，这标志着国家更加关注文化创意和设计服务对于其他产业的提升作用。运河是一个巨大的载体，运河文化包罗万象。因此，要开发利用运河文化资源，就一定要强调“融合”。运河文化产业带，不是简单的园林、水务等规划，而是围绕“运河文化”形成一个特色明显的文化经济带、语言经济带。其核心就是将运河文化内涵、语言文化特色渗透到文化产业乃至一产、二产中去，实现“运河文化有载体，语言产业有内涵”的运河语言文化、语言经济开发模式，实现沿线城市与运河本身的共同发展，语言要素与经济要素、文化要素、旅游要素的共同发展。

（二）运河遗址文化带建设策略

1. 充分挖掘大运河乃“遗产之河”功能，发挥语言产业对运河遗产的支撑作用

坚持推进大运河河北段遗产保护工程，对沿线的重要遗址遗迹，尤其是对南运河沧州—衡水—德州段、连镇谢家坝、华家口险工等运河水工遗存进行重点调查、考古、发掘，通过举行运河水工遗存“语言文字会展”等宣传活动，扩大运河遗存的知名度，不断提升运河遗存在社会各界的影响力。同时，继续加大大运河河北段保护项目储备，增强遗产保护意识，加强古镇古迹保护力度，打造运河文化特色小镇，通过互联网专栏、宣传片等语言文化宣传手段，加强沧州连镇、桑园镇、霞口镇等古镇的宣传力度，推进古镇古村文化向古镇古村产业转型；借鉴江南乌镇、周庄等古镇商业运行模式，带动当地古镇经济发展。

2. 充分挖掘大运河乃“文化之河”功能，发挥语言产业对运河文明的传承作用

众所周知，大运河有着悠久的历史，其历史渊源及历史沉淀亟待开发和利用，保护和传承好大运河河北段沿线具有地方特色的节庆（如五月端午赛龙舟、七月十五放河灯、腊月里藏冰等）、名人传说、文学（如乾隆御诗碑《御制诗三集》中《过朗吟楼因题句》等描绘沧州运河的古诗文等）、民间艺术（如吴桥杂技、沧州武术等）、传统技艺（沧州城里的卖水职业“倒两筲”）等，挖掘历史上的名人名家（如元代郭守敬、马之贞，明代傅希挚，清代张之万等治河名人），利用各类媒体语言推动运河文化的传承，推进运河特色的良性发展，形成浓厚的运河文化氛围，进而带动运河文化经济发展。

3. 推进大运河“生态之河”建设，发挥语言产业对运河流域的生态保护作用

各级政府经常提到“绿水青山就是金山银山”。我们认为，运河得到合理开发的前提是有序的保护和传承，大运河河北段亦应遵循这一原则。运河沿岸政府和社会各界要划定生态红线，树立“传承优先、开发有度”的运河开发理念，利用运河语言文字培训、语言文化出版、语言文字信息处理、语言艺术、语言创意等语言产业，开展绿色运河经济开发活动，控制开发建设强度，推进运河文化建设和运河生态建设的平衡发展，利用语言产业助推河道清淤、河网修复、堤岸绿化等工程，形成搬迁和整治河北段运河两岸污染企业和货运码头的“生态建设”氛围，加大沿河工业结构的调整。

4. 推进大运河“开放之河”建设，发挥语言产业对运河历史的传播作用

历史上，运河是“漕运之河”，是南北方物产的传播之河，河北段卫河又被称为“卫漕”就证明了大运河在古代的交通航运功能。虽然当代运河的航运功能已不突出，但是随着国家“一带一路”倡议的推进，大运河河北段必然会成为连接京津冀的重要通道。我们要通过语言产业，讲好运河文化带“河北故事”，带动运河沿线重点城市的互联互通、共建共享。

5. 推进大运河“经济之河”建设，发挥语言产业对运河景观的设计宣传作用

充分利用和发挥大运河河北段的自然景观和人文景观，加快运河沿岸景观带建设，坚持依据历史文化传统打造运河景观的原则，打造运河河北段文化旅游精品路线、旅游产品设计，串联起运河重点县城、渡口码头、官方驿站、特色小镇。推进运河河北段沿岸产业转型升级，振兴沧州烧酒、梨枣、金针、棉花等历史经典产业，加强对经典产业的宣传，加快培育新兴文化创意产业，促进产业集聚和运河文化融合发展。

大运河在中国古代因“运”而生，它除了满足国家运输需求，在加强漕运、盐运和军事输送的政治功能外，客观上促进了运河上下游和沿岸的商品交流。在古代大运河河北段物产交流频繁，如沧州的长芦盐、沧酒、金丝小枣、泊头鸭梨、御河棉。尽管现在有些产业已非运河沿岸的主体产业，但其留下的文化印记仍然可以被追溯、被“包装”。可以通过文字印刷、会展宣传，推动传统运河产业品牌化，在深挖其内涵的同时，使运河传统产业的文化特性得以有力彰显，使现代产业的品牌特性得以有效推广，形成“双赢”发展局面。

（三）加强运河经济活动中语言文字的研究

1. 加强语言类非物质文化研究与挖掘利用

《国家中长期语言文字事业改革和发展规划纲要》对语言文字事业的规划更加自觉地“以服务国家发展需求为核心”，提出要“充分挖掘、合理利用语言资源的文化价值和经济价值，结合文化产业发展，注重开发语言资源，支持发展语言产业，为社会提

供多样化语言文字服务”。因此，加强运河语言类非物质文化研究，挖掘并合理利用其语言资源，可以进一步提高其语言的文化价值与经济价值，更好地为国家发展服务。

具体策略有：

（1）加强语言类非物质文化的建设、保护和利用。

确定语言类非物质文化。语言资源可以呈现出丰富多彩的文化符号，如哈哈腔、青县青剧——轻松、幽默的生活观符号，富有沧州地域色彩的方言词语——行善好施、豪情侠义的符号，别具特色的文字景观、传说——视觉和听觉的审美符号，传统吉祥文化书写表现、线装书工艺——传承创新的符号等，需要我们在研究中加以重视。从这些语言类非物质文化中可以挖掘出更多反映大运河文化带、地域特色的文化符号，使之作为一种力量、一种文化，列入大运河文化带建设之中。

研究语言类非物质文化的时代内涵。虽然沧州语言类非物质文化已有多项被列入国家、省级、市级非物质文化遗产的名录，但还存在研究的纵深空间。要深入分析人民群众对语言类非物质文化的需求和对享受更好、更优质语言服务的渴望，挖掘大运河语言类非物质文化的新时代内涵，紧密联系京津冀协同发展、雄安新区建设和“经济强省、美丽河北”建设等战略，不断拓展语言类非物质文化的表现形式和时代内容。

传播语言类非物质文化。可以不断创新载体，从纵向和横向两个维度进行传播。纵向方面指的是语言类非物质文化的传承和延续。例如通过数字化、音像技术、“互联网＋”等形式来进行保存并传播。特别是沧州的省级“非遗”——线装书工艺在传播中可以起到独特的作用。线装书工艺既是语言类非物质文化的内容，又是语言类非物质文化传播的最佳载体。横向方面指的是语言类非物质文化的扩散过程。可以与影视媒体结合，以风情介绍、节目访谈、运河“非遗”等栏目向其他地区扩散，提升人们对大运河语言类非物质文化的认知度，从而产生认同感。除此之外，还可以成立大运河河北段语言类非物质文化推广联盟，分阶段分区域推广。2014 年 6 月 24 日，来自北京、天津、沧州、聊城、泰安、扬州、杭州等 18 座城市的旅游局官员携手成立了京杭大运河城市旅游推广联盟——京杭大运河旅游官网，以期提升大运河城市旅游整体形象，探讨大运河城市旅游新的合作方式和途径，推动区域旅游经济发展。我们也可以借鉴这种模式，将分布在大运河河北段的语言类非物质文化加以整理，整体包装后上网，不断提高大运河河北段的知名度和竞争力。

（2）在加强语言文字工具功能的基础上，拓展文化、经济等功能。

从语言及其与文化的关系看，“语言是多系统的，语言既是交流的工具，更是文化现象，是历史文化的再现，是不同民族文化和地域文化的表现形式系统。语言在文化的建构、传承以及不同文化间的交流等方面，发挥着不可替代的作用；另一方面，不同的文化特点往往也会导致不同的语言特点”①。大运河沧州段的语言类非物质文化具有历史、文化和科学价值，能展现地域文化的创造力，在大运河文化中具有世代传承、特色鲜明、活态犹存等特点，是一种鲜明独特的非物质文化遗产。

①拓展文化功能。

语言是文化的载体和呈现，文化是语言的基底和内涵。语言对于文化的意义和作用，主要体现在四个方面。

第一，语言是文化生成和存在的基本元素。文化的产生和形成，离不开语言，语言是构成文化的基本成分，是一种文化基因。第二，语言是文化呈现和表达的基本形式。正是在这个意义上，人们常说语言是民族文化的形式。因此，不同的语言所表达的是不同的文化，而语言的多样性是文化多样性的直接呈现。第三，语言是文化传承和发展的基本依据。文化作为一种传统，就是靠着语言文字来传递、承接、演进以至创新而得以延续。在文字产生以前，文化靠着口口相传而得到继承。有了文字，文化的传承就有了书面语，“前人可以垂后，后人可以识古”，语言和文化都产生了质的飞跃，社会进入了文明时代。在当今信息化时代，语言作为人类社会最基本的信息，其对文化的承载更是高效高能，文化的繁荣有了强大的技术支撑。第四，语言是文化传播和交流的基本媒介。人类跨文化传播靠的就是语言文字。一个国家、一个民族要在世界上有影响力、在国际事务中拥有话语权，其语言必须要有国际性。中华文化走向世界，语言文字就是一座桥梁。②

具体到大运河语言类非物质文化，可以在运河文化产品的语言设计、运河景观的语言表达、运河文化展览、典型的方言文化等方面进行研究，要将诸多语言要素融合到大运河文化带中去，推动大运河文化带建设和发展。

一是加强大运河语言类非物质文化的理论研究。语言是文化的本体，又是其他非物质文化的载体，还是各种物质文化的解读体。③ 语言的这种特性决定了它在保护好、传承好、利用好大运河中的独特作用。要深入研究语言在大运河语言类非物质文化中是如何发挥建构和传承作用的，引导大家用语言的眼光分析文化现象。例如，深入分析线装书工艺，既是研究文化传承的问题，也是研究语言传播，更是研究语言发展变化的重要材料。又如，可以借鉴历史学中“口述史”研究方法，分析口头传说的流传与发展，以此来分析口头传说传承中的口耳相传的特点，为今后大运河语言类非物质

---

① 杜道明：《语言与文化关系新论》，《中国文化研究》2008年第4期。

② 陈光磊、潘佳：《有效发挥语言的文化功能》，《语言文字周报》2017年2月8日。

③ 贺宏志：《加强首都语言文化建设，助力实现中国梦》，http://www.yucuhui.org.cn/curture_info_17.html (2018-8-12)。

文化的传承奠定基础。

二是借鉴其他地区大运河文化带建设的经验。借鉴杭州、淮北、宿州等地的运河文化带建设情况和我省承德滦平普通话体验区的建设经验，在客观分析我省大运河文化带建设现状的基础上，提出相关策略。可以在资源丰富的区域，通过组织邀请专家学者体验指导、运河沿线文化交流、推普周、研讨会等一系列活动，建设语言类非物质文化体验区、方言文化主题公园、语言文化博物馆等景点，精选与大运河有关诗歌、美文进行朗诵宣讲；深入挖掘运河沿岸老字号的语言与文化；精选哈哈腔、青剧、西路梆子等“非遗”中的精彩选段，研究每种民间曲艺形式的传承关系、主要曲目和艺术特色，引领读者感受运河民间曲艺的深厚底蕴和无穷韵味。

②拓展经济功能。

语言的经济功能是指语言具有的经济能力、经济功用和经济价值，它由语言的本质属性所决定。语言的经济功能从语言产生之初就具备，在语言和经济的互动关系中呈现出来，并且随着时代的发展而发展。语言的经济功能有其自身的实现途径，它通过充当交际工具、思维和认知工具、文化制度以及经济资源等方式，在不同层面上，作用于经济活动，发挥其经济功能，创造经济效益。语言经济是现代经济学的重要组成部分，可以带动促进服务经济的良性循环。2016 年我国语言产业中语言翻译、语言培训等六个行业产值合计约为4 190亿元人民币，在国民生产总值中的占比为 0.56%。北京、上海、广东、湖南、云南等省市的语言产业增加值占 GDP 的比重逐渐增加，成为区域经济的战略性重要产业和产业经济的新增长点。只有革新讲述手段和展览展示方式，从产业的角度打造更高水准的语言文化产品，把诸多文化元素重新集成、研发、整合，才能跟得上大众的需求。例如，可以尝试开展“传统与现代——线装书工艺与当代激光照排”专题研究，用语言符号、文化元素，去思考大运河沿岸语言文字传播的历史、传统与当代的文化生活，深刻地向大众揭示和呈现出传统与现代的关系。还可以尝试以市场思维促进语言类非物质文化的利用开发，激发市场主体创造力，积极培育壮大一批具有市场潜质的项目。通过文化创意、艺术包装、打造品牌、市场营销，不断培育有特色的语言文化产品，以讲好“大运河河北故事”为主题，建设华北大运河文化产业带和经济增长带，将大运河文化带打造成为贯穿全省的语言文化长廊，助推地方经济发展。2018 年 7 月，大型原创历史传奇音乐剧《天地运河情》在北京天桥艺术中心首演。该剧讲述了一个关于绘图、夺图、保图、献图的传奇故事，讲述的方式就是“中国传统故事＋国际化讲述”。语言类非物质文化也可以借鉴这种模式，将其以国际化的语言符号包装，或打造成特色的语言产业，以进一步发挥语言的经济功能。

2. 进一步规范建设文字景观

大运河文化带语言类非物质文化建设不仅要注重可听，也应注重可看。文字是一种符号，具有文化性、艺术性等特点，能起到视觉审美的作用。

可以从以下三个方面加强大运河文化带文字景观建设：一是文字景观的实物再现；二是文字景观的宣传体现；三是文字景观的意境再现。①

准确显现文字景观的内容。文字景观最基础的功能是为观赏者提供准确标准的语言文字表述，让观赏者从古代遗留下来（包括仿制）的物件中追寻历史的印迹。基于此，文字景观要可读性强、准确标准，必要时加注解释文字。例如沧州博物馆大运河展厅里有一处漕院明文碑，只有碑文，缺少解释性文字，游客在阅读时，可能会遇到文字性障碍，影响阅读效果。

文字景观的宣传体现。在文字景观的宣传中，不仅要体现汉字的魅力，还要考虑观赏者的心理特点。当观赏者在文字景观中看到一些不熟悉的语言文字，会给他们带来一种远离日常生活、身处异域他乡的旅游体验。例如，沧州博物馆入场券中，只是单一的汉字，没有英法等外国语言文字。在条件允许的情况下，可以考虑增加外语表达，利用汉字的文化性、形象性特点，增加甲骨文、书法艺术等文字符号，以增加表达效果。

文字景观的意境再现。意境再现具体是指观赏者在准确理解文字景观内容的基础上，对文字景观进行想象，从而体验到审美性、文化性的意境。

在大运河文化带建设中，可以将大运河沿岸的文化遗产、遗迹与文字表现结合起来，为游客和参观者带来审美性、文化性的意境体验。例如，在廊坊，与大运河文化带有关的文字景观——“碑碣苑”内集中安放了散落田间和挖掘出土的石刻文物共计32件，其中省级文物保护单位3件、国家二级文物4件、国家三级文物9件。石刻文物具有现实意义很高的历史、艺术、科学价值，为研究廊坊市水文、葬俗、宗教、书法、雕刻艺术等方面提供了弥足珍贵的实物资料。

沧州漕院明文碑是离运河约50米的地方挖地基时挖出的明代石碑，碑高1.26米、宽0.52米、厚0.18米。石碑两面的正楷碑文布满石碑表面，每个字大约有1厘米见方。正面顶端刻有“漕院明文”四个字，石碑下面“直隶河间府交河县为恳宪谕……”“崇祯二年六月”“知县郭鸿图”等字样依稀可见。

我们可以充分挖掘廊坊“碑碣苑”石刻文物、沧州漕院明文碑的审美价值，营造文字景观与周边环境的文化意境，为参观者提供更好的审美体验。

---

① 陈丽君：《基于资源概念的旅游语言研究》，上海科学出版社2012年版。

（四）在特色小镇建设中挖掘语言元素

1. 特色小镇建设的意义

（1）特色小镇在促进新型城镇化建设和经济转型升级方面，具有重要作用。

特色小镇是聚集特色产业，融合文化、旅游、社区等功能的创新创业发展平台。结合中国特色社会主义建设，中国特色小镇应当体现国家意志与综合竞争力，它是贯彻落实优秀传统文化传承与发展、乡村振兴战略、生态文明建设、产业转型升级、新型城镇化建设的供给侧聚合点，是将文化转化为国家、产业和社会核心竞争力的有效空间载体。其一，以特色小镇的文化基因整合价值、利益、传统作为创新原动力，促进社会与经济的发展；其二，通过文化传承创新体系建设，使特色小镇成为中华文化自身发展的新载体；其三，通过文化价值再造，以文化附加值与无形资产的提升重塑传统产业要素与价值链，为传统产业提供新的成长和变革空间。①

在运河沿岸比较有代表性的古镇（小镇）项目有：

天津静海区独流镇打造特色运河小镇，建设白洋淀—独流减河—渤海湾生态文化廊道，对南运河、子牙河和大清河沿岸树木进行优化提升，打造沿河绿色走廊。独流镇计划投资 3 亿元，规划筹建一座占地总面积5 000亩的都市型现代农业田园综合体。

沧州以吴桥杂技大世界旅游景区为核心，以 3 个乡镇 26 个村为中心区，将吴桥杂技、人文、民俗、农业、体育建设、杂技教育及京杭大运河文化充分结合。

扬州邵伯运河小镇融合了文化、旅游、生活、生态等诸多元素，是依托运河文化建设的小镇典型案例，已入选中国大运河文化带产业特色项目、江苏省重点旅游项目，并获批首批江苏省培育类旅游风情小镇、扬州市首批特色小镇。

台儿庄古城是山东典型的运河文化带古镇。通过积极实施“旅游＋非遗”战略，台儿庄古城把中华传统优秀文化融入景区业态中，通过全年不间断、不同形式的文化展演活动，更好地挖掘、保护和传承“非遗”文化资源，推动“非遗”文化资源的创造性转化和创新性发展。

……

通过这些与大运河有关的古镇（小镇）项目可以看出，特色小镇在文化建设、生态旅游中发挥着重要作用，是继承、保护和利用大运河文化的重要载体。

（2）建设特色小镇是河北发展的需要

大运河河北段全长 530 千米，是大运河的重要河段，包括北运河、南运河、卫运河、卫河及永济渠遗址，流经廊坊、沧州、衡水、邢台、邯郸 5 市。以上 5 市有国家

---

① 孔蓉：《文化创新引领　特色小镇建设与发展》，中国经济网 2018 年 8 月 12 日。

级非物质文化遗产13项、省级非物质文化遗产65项、市级非遗项目100项、县级非遗项目349项，有与大运河有关的语言类非物质文化、成语典故、诗词曲赋等丰富资源。各地市从生态、经济、文化等层面积极谋划推进大运河文化带建设，特别是通过小镇、古镇重现昔日大运河的风采，感受历史沧桑。例如邢台市谋划了贝州古镇项目和运河水镇项目，恢复了明清时期的油坊码头面貌；廊坊正在建设运河风情体验区；衡水市充分发掘“非遗”表演、码头名人、漕运文化、民俗文化等主题活动；邯郸市绘制了邯郸市运河“文化地图”，全面细致梳理大运河非物质文化遗产、成语典故、诗词歌赋等基本情况。这些都是建设特色小镇独一无二的资源，可以深入挖掘利用。

基于此，河北大运河特色小镇建设可以以语言作为特色贯穿小镇建设与发展，实现生产、生活、文化、生态的有机融合与协调发展。特色小镇可以以语言文化基因的繁育为核心，以语言元素的提炼、创意和再生设计为手段，对具有特色自然资源、人文资源、社会资源等关联性资源实行一体化深度整合后，以打造理念识别、行为识别、视觉识别、社会反馈等系统化的特色小镇文化为指向，构建生产、生活、生态有机融合的生态型空间体系，并使其成为具有历史记忆、文化传承、现代时尚、面向未来的生命体。

2. 大运河沿线城市产业发展情况

大运河北起北京，南达杭州，流经北京、河北、天津、山东、江苏、浙江6个省份。沿岸城市都在积极打造大运河文化带，深入挖掘大运河文化带的丰富内涵，通过推进大运河文化带保护利用，展现世界文化遗产文化符号。通过对国内运河城市相关资料的整理，我们发现，这些城市大多依托运河独特的文化资源，在旅游、文博、会展、艺术、文化等领域进行开发建设，以语言为核心建设的文化项目较少。语言作为文化产业的一种模式，在文化产业中的地位不容忽视。基于语言的文化资源理应成为大运河文化带“新的增长点”，也应该成为运河文化带中的重要推动力量。

3. 在特色小镇建设中挖掘语言文化元素的策略

世界遗产名录中的中国大运河有27处河道和58个遗产点，涉及的6个省级行政区的27个城市都在积极推动运河文化带建设。各地虽然风貌民俗大相径庭，但在运河文化资源的利用上难免会形成同源竞争。这就对文化带的定位提出了“特”和“强”的要求。“特”是人无我有，“强”要人有我优。挖掘特色，就是把大运河沿岸的地形地貌、建筑风格、风俗民情、传统技艺、人文气息、语言文化等综合浓缩以形成文化标识，以地域文化印记来彰显“特”，以历史经典来铸造运河文化带的“强”。

（1）将语言文化特色融入特色小镇建设。

①挖掘成语典故资源。

以邯郸为例。邯郸境内现存大运河主要流经邯郸东南部魏县、大名县、馆陶县等地。馆陶县运河古镇、秤钩湾文化遗址、漳卫运河汇流处徐万仓遗存点、大名县铁窗口村大名故城城墙及古运河故道，是大运河在邯郸境内的主要节点，充分体现了大运河的历史文化内涵以及其经济价值和文化价值。

邯郸被誉为中国成语典故之都，完璧归赵、毛遂自荐、邯郸学步、纸上谈兵等诸多脍炙人口的成语典故均源自这里，在目前已知的5 000多条汉语成语中，至少有1 500余条直接或间接与邯郸有关。因此，邯郸市可以依托历史文化资源，在现有的历史文化遗迹的基础上，挖掘成语典故资源，塑造一批可观、可感、可悟的成语景观。建设以成语典故为特色的小镇将是邯郸发展运河文化的一大特色。

在建设中，要突出以下三个原则：

突出运河主题。将成语典故特色融入特色小镇建设，首先要突出运河主题，与大运河有一定的关联度和契合点。在成语内涉及的要素如建筑、人物、动物等，要结合运河要素，在公园、城市广场、街头等地点予以充分体现。

体现邯郸文化。特色运河小镇要体现邯郸的历史文化基因，能够展示出邯郸的形与神。例如大名县可以将狄仁杰祠堂碑和五礼记碑的历史文化资源集合起来，结合成语典故、运河历史等挖掘语言文化资源。可以通过现场成语比赛、成语场景再现、历史故事讲解等途径展现语言文化特色。

传承好运河文化，讲好运河故事。一是设置一定的场景和环节，围绕成语故事、成语文化让浏览者特别是中小学生讲述自己学习、生活中的经历和人生感悟，分享立志、实现理想的感人故事。二是要体现时代特色。在挖掘成语典故文化的基础上，围绕大运河的历史文化资源，深入挖掘大运河文化在当代的精神内涵，歌颂改革开放与社会主义建设成就，将大运河文化河北故事讲给全国、讲给全世界。

②挖掘诗词歌赋等文学资源。

在特色小镇建设中，要充分挖掘、利用诗词歌赋等文学资源。这一点，在国内其他小镇、古镇建设中已有先例。

四川江油青莲国际诗歌度假小镇依托李白故里建设开发，它是以太白碑林和太白祠两个观光景区为核心依托，以诗仙文化为魂，以历史文化遗迹为契，以国际诗歌小镇为势，集文化体验、时尚休闲、养生度假、健康养老等功能于一体的具有“李白”独特旅游特质的现代文化旅游小镇。

韶关市以张九龄文化为引领规划建设了“南岭国际诗歌小镇”。小镇分为东方诗意文化、西方国际小镇和诗意生态田园三大板块，是集文化旅游、养生度假、山水休闲、农业体验、田园观光、户外运动、生态人居等功能于一体的文化特点小镇。

湖南省汨罗市依托屈原故里，打造了汨罗诗歌小镇。汨罗诗歌小镇围绕千年古祠屈子祠打造。景区包括屈子书院、屈子精舍、九歌园、诗意水仙湖舞台、诗歌文化创意园、楚城、楚风商业街等。

以上案例说明，诗词歌赋不仅仅是语言文化资源，也可以是小镇、古镇建设的重要资源。邯郸邺城遗址位于河北省临漳县西南20千米的漳河北岸的邺镇，是我国历史上著名的六朝古都，是“建安文学”的发祥地。在建设中，可以依托建安文学，但不局限于建安文学，将与运河有关的诗文歌赋、曲艺结合起来，表现出来，为广大人民群众提供喜闻乐见、寓教于乐的诗词歌赋形态。此外，沧州也多次举办以“大运河”“御河”为主题的诗歌朗诵，宣传大运河，保护大运河。

所以，我们建设大运河文化带，在丰富、发展特色小镇的同时，可以深入挖掘成语典故、诗词歌赋、楹联碑记等传统和现代的语言文化资源，在特色小镇里建设语言文化一条街、特色体验区等，丰富人民群众对大运河文化带的认识。

（2）开展特色汉语游学。

游学，是教育学中最为传统的一种学习教育方式。现代教育意义上的游学，是20世纪随着世界和平潮流和全球化发展进程而产生，并逐渐成熟的一种国际性跨文化体验式教育模式。近几年，随着国人家庭收入的增加、教育观念的转变，游学活动日益火爆起来，少年儿童也逐渐接受了国内游学这一新生事物。

国家也十分重视中小学的游学，并出台了相关政策。2016年底，教育部等11个部门联合印发了《关于推进中小学生研学旅行的意见》，对各地中小学研学旅行的开展提出了基本要求，即以立德树人、培养人才为根本目的，以预防为重、确保安全为基本前提，以深化改革、完善政策为着力点，以统筹协调、整合资源为突破口，因地制宜开展研学旅行。

开展特色汉语游学也可以成为大运河文化带建设的又一侧重点。在沧州、邯郸等大运河沿岸城市，可以利用汉语语言环境，为学生学习提供更为多样的途径，使学生通过“游学相兼，游中带学”的途径来实现语文课程和其他课程的学习。

同时，引进相关学术资源，邀请来自文学、考古、建筑、语言等专业的学者，在游学内容、研究方法、研究过程、研究成果等方面进行认真设计，安排一系列的成语典故学习、诗词歌赋欣赏、地理文化常识、传统文化体验等人文学科的内容，既让学生感受古人的智慧与艺术，以及传统文化的魅力，更让学生学有所得、学有所获。

（3）恢复部分传统经济活动。

语言是人类最重要的交际工具，在大运河经济生活中无处不在。

“工商如云屯，行舟共曳车。漕储日夜飞，两岸闻喧哗。粒盐甘如果，游舟鲜过花……”清代诗人刘梦在《述沧州诗》中描绘了当时运河之上客商往来，樯帆点点，不分昼夜的繁忙景象。这其中，语言作为人类最重要的交际工具，是信息传递最为重要的载体。以沧州泊头为例，明洪武二十二年（1389）设河间通判署于泊头，管理天津至德州的漕运，泊头成为运河重镇，建新桥驿，设驿丞，有驿夫百余人，码头长里许，栈店鳞次栉比，每日帆影重重，停泊转运货船达百艘，成为辐射周围近百里的商贾重镇和国家重要战略物资的集聚之地。从东南沿海商埠而来的东洋百货和西洋百货，及南方大城市生产、流通的时新物品，民间称之为“洋广货”，大都在这里下货，运往周边地区。沧州本地生产的盐、农产品、鱼虾、芦苇制品、土布和纺织品、手工艺产品也大都在这里装船外运。漕运的繁忙和南北物资的融汇给沧州带来了空前的繁荣。

清朝中期，泊头有印刷作坊30余家，比较著名的有同源堂、聚元堂、三元堂、善成堂等。所印的内容有佛经、启蒙读物、字典等。印刷的书籍销往北京、天津等大城市，而且在运河沿线一些中等城市设有分号和网点。除此之外，还创作了记录河岸景色、日常生活、运河运输、经济贸易等内容的诗词歌赋，如杨士奇的《新桥驿》、李兆先的《奉和圣公过新桥驿之作》、李肄颂的《早赴泊镇向晚言归有作》、张深的《晚泊龙湾》和彭孙贻的《泊头》等。

在经济活动中，有交换就会有交流，就会有信息传递，就会有思维碰撞，语言的经济功能就这样融入每次经济活动中，体现在每一次的商品交换之中。

在小镇、古镇建设中，可以尝试恢复部分传统经济活动，在经济活动中，让人民群众体验到语言的魅力。例如，通过展示历代文献，挖掘文字记载对经济活动的接续意义；整理展示当时的店铺招牌、幌子、商品标志等；体验沿街叫卖、吆喝、气象农时谚语等。

在这方面，国内已有成功尝试，如王府井老北京风情街、上海1930风情街、大连俄罗斯风情街等都是将经济活动与语言特色、语言文化结合起来，在为群众提供传统的商品服务的同时，让其感受到当时的语言特色。

（4）优化博物馆解说词。

博物馆解说词，既是一种教育活动，又是一种人与环境、人与人之间传达的思想和观念的行为过程，更是一种语言交际行为。解说作为沟通参观者与历史遗迹文化内涵的一座桥梁，对于保护传承大运河文化遗产，挖掘大运河文化内涵，传播大运河文化意蕴，具有很重要的作用。国外运河语言解说系统的经验、经济学中产品三层次理论以及大运河沿线城市博物馆解说系统对于优化博物馆解说词有着重要作用。

①美国伊利运河语言解说系统的经验。

伊利运河是一条美国历史上著名的运河，1817年开工，1825年后完工。它成为当时西部与东北部之间的主要交通和贸易渠道，现为纽约州运河系统的一部分。

为保护伊利运河文化遗址，美国提出了遗产走廊。遗产走廊包含六个方面：历史和独特性的保护和表达；自然资源的保护；周边环境的多样性；居民和游客的认同感；可持续的发展；未来的发展定位。这六条是伊利运河遗产走廊保护发展的价值所在，也是遗产走廊的基本内涵。

在这诸多方面中，最重要的，对我们来说也是借鉴意义最强的，是伊利运河解说系统的构建。

伊利运河解说系统包括三个方面层级，即解说结构、传播媒介和标识系统。解说结构：在核心主题下设有多个二级主题、解说专题来全面解说运河的历史文化。伊利运河解说系统选择的主题是“美国的象征”，下面设有四个方面：“进步与力量”“连接与沟通”“发明与创造”“独一与多样”。解说专题有克林顿水渠、国家和民族、分裂与移居、繁荣的发动机、样板项目等 21 个。传播媒介：利用各种传播渠道、信道、传播工具等，根据不同受众需求，传播伊利运河的历史文化意义。标识系统：通过实物、文字、图形、图表展示等设计进一步补充说明伊利运河的信息、文化以及形象传递，使参观者可以最方便、最快捷地接触他们感兴趣的历史和自然的资源。

任何一个地点的解说都是将解说结构、传播手段和环境标识融为一体。解说结构将解说的内容固定下来，然后根据解说内容选择适当的解说方法与媒介，同时在相关语言环境、有关标识中加以补充，使得每一个地点的解说系统都相对固定、相互补充。

②经济学中产品三层次对解说系统的启示。

产品层次是指从满足客户需要的角度对产品所提供的服务进行的划分。1988 年，经济学家根据产品的功能、行销等提出了产品三层次说。任何一个产品都具备三个层次：核心层次、有形层次和延伸层次。核心层次，是产品的最基本层次，是指它的使用价值和价值；有形层次，指产品样式、品牌、名称、包装等方面；延伸层次，指产品的较高层次，是在商品交换中表现出来的特点、服务或利益。

后来，他将三层次说扩展为五层次结构说，即核心利益、一般产品、期望产品、附加产品和潜在产品。

核心利益，即顾客购买商品的最基本要求，或满足人们的最基本权益，在产品的整体性概念中也是最基本最主要的部分。比如：旅店的消费最终是为了休息、睡觉，饭店的消费最终是为饮食。

一般产品是满足消费者核心利益的物质表现形式，也是产品呈现各消费者的最基本外观和形式，包括五个方面，即品质、式样、特征、商标及包装。

期望产品是指满足消费者偏好，包括价格、方便程度、产品性能等因素。它是购买者在购买期间期望的全部属性和条件。不同的人有不同的期望。

附加产品包括在产品供应中获得的所有额外信息和好处，包括交付、维护、保证、安装、培训、指导和融资，以及企业的声誉和信誉。

潜在产品指现有产品包括所有附加产品在内的，可能发展成为未来最终产品的潜在状态产品。也就是说，对产品的所有可能的添加和更改，都是公司寻求满足客户和使自己有别于其他竞争者的新方式。

③大运河沿线城市博物馆解说系统分析。

作为大运河历史遗迹的重要载体，博物馆具有重要作用。博物馆解说系统某种程度上代表了大运河历史遗迹的语言解说系统。

中国大运河博物馆。中国大运河博物馆位于浙江杭州市北部拱宸桥地区。总用地面积52 910平方米（含运河文化广场），建筑面积10 700平方米。大运河浙江段堪称“活着的文化遗产”。该博物馆展现了大运河的历史文化，解说系统主题是“运河推动历史，运河改变生活”。解说具体分为五个专题：“地球上的运河、中国大运河”“运河畔的城市”“大运河的利用”“大运河杭州段的综合保护”“运河文化”。

中国运河文化博物馆。中国运河文化博物馆坐落于山东聊城。它东临古韵悠长的大运河，建筑总面积 1. 6 万平方米，展览面积近7 000平方米。解说系统主题也是“运河推动历史，运河改变生活”。解说具体分为六个专题，即运河发展、运河漕运、运河科技、运河治理、运河城市和运河文化。

沧州博物馆大运河展厅。沧州市博物馆大运河展厅位于沧州市运河区上海路，市政务服务中心南侧，建筑面积32 275平方米。解说系统主题也是围绕运河与沧州的发展展开。解说专题主要是大运河申遗、大运河的历史价值、文化内涵和对社会发展的历史贡献等。

洛阳隋唐大运河博物馆。解说系统主题是洛阳与大运河的关系。解说专题主要是隋唐大运河的繁荣和作用、运河遗珠、隋唐大运河洛阳段的保护和申遗。

④对河北大运河解说系统的启示。

借助这一理念，我们认为对大运河解说系统，特别是河北段的大运河解说系统可以参照国内外有关实践和相关理论进行划分。主要划分为三个层次，具体如图 1 所示。

明确解说系统的主题、次级主题和解说专题。语言解说系统应根据河北大运河的特点，突出河北相关地市的区域特点，突出燕赵文化和京畿之地的特点，以人、运河和社会为核心，运用语言要素，通过适当的表现手法，合理设定解说系统的主题、次级主题和解说专题。

核心层面指的是满足解说系统的“信息传播”功能。核心要素是人、运河和社会，通过这三者之间的关系使大家了解运河的历史、现状以及特点，达到社会服务和科普

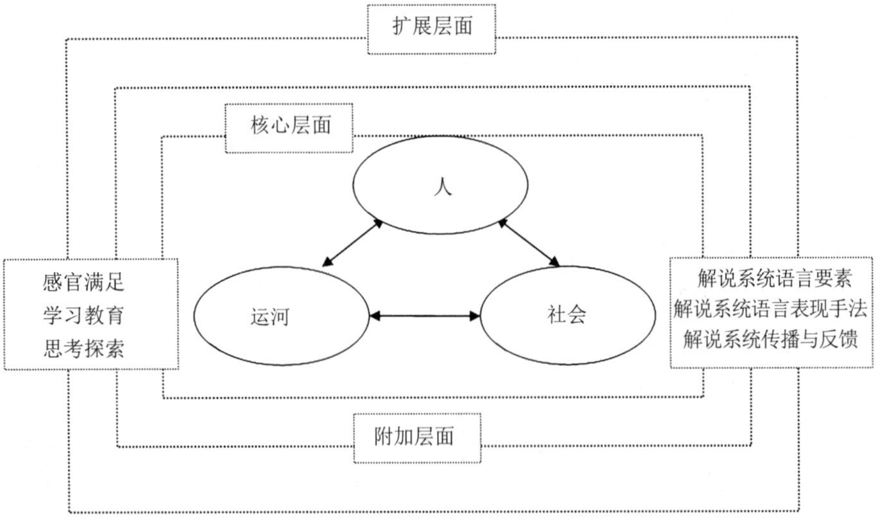

图1　大运河解说系统

教育的基本功能。这一层面对应的是利用解说系统的语言基本要素来满足感官满足。

语言基本要素主要包括视觉要素、听觉要素。视觉性要素在解说系统中内容最多、使用最为普遍，主要是文字、绘画、摄影、图片等实物资料。听觉要素中主要是解说词部分，解说词的创作除了最基本的语言文字功底外，还要求创作人员具有专业的文化素质及丰富的解说经验。

在核心层面中，语言表达十分重要。一是强化语言讲解技巧，增强语言感染性。根据有关调研，对历史文化类的展览展示来说，人与人之间的面对面交流是获得知识、体验历史文化的主要途径。在对解说员进行专业解说培训过程中，要邀请语言专家对他们进行专业的语言交流培训。二是不断探索讲解中的语言艺术。从语言方面探讨博物馆讲解工作中的技能和技巧，不断提高讲解员的语音、词汇、语法、修辞等语言素质，使语言更加富有趣味性和易懂性。

附加层次。附加层次指的是通过解说系统的语言表现手法，满足游客对大运河“学习教育”的需求。语言表现手法在这里指的是语言要素在组合规则下发展出多种叙事方式。可分为剧场式手法（剧场、电影）、语言表达式手法（文本重建）和交互式手法（交互媒介）三个取向。

一是积极提高游客的参与性。通过开展剧场电影、实景模拟文化讲座、文化节目、电子刊物及相关活动以提高参与性。要让游客能够置身于精心展示的情境、场景与体验中，通过游客的积极参与和感知，增强游客场景体验的深度与丰度，来满足游客对大运河“学习教育”的需求。二是深入认识讲解中的“讲”与“解”。要满足游客对大运河“学习教育”的需求，就必须正确认识讲解中的“讲”与“解”。讲的部分侧重于讲解人员在服务意识的指导下，立足于陈列展览的主题内容，结合展品的基础性专业知识，将陈列展览的主题内容和文物知识准确完整地传达给观众，这是讲解的基本层次。“解”要求讲解人员有严谨的治学作风以及对观众的准确把握，将文物及展览主题表象之外的信息深入挖掘给观众。确定这些文物藏品与博物馆观众的潜在需要和兴趣之间的关系，引发观众深入思考、探究。

扩展层次。扩展层次指的是通过解说系统的“传播与反馈”功能，最终加深游客对运河的思考和探索，将自身知识体系和运河文化对接，从而激发游览者在离开博物馆之后还能够有兴趣产生进一步思考的动机，传播运河文化。在这个层面上，需要解说者更加深入地了解运河文化的内涵与价值，从而推动运河文化的遗产保护。

一是做好语言文化产业的推广。通过对上述五个地区的运河博物馆的简单分析，我们没有见到关于运河语言文化产业的介绍。这对于河北来说，可以说是一个凸显地域特色，传承运河文化遗产的机会。河北省在近几年的发展中形成了出版印刷发行业、文化旅游业、文化产品生产及销售业等行业为主导的特色文化产业。通过这些语言文化产业，可以把大运河文化带建设作为弘扬燕赵特色、京畿之地语言文化的重大载体，着力推动从文化遗产保护向语言文化带建设转变，实现河与城、河与人、河与语言产业的和谐共生。

二是做好运河文化的环境语言建设。在语言环境设置上，可以在不同区域、内容旁增加与现代生活、现代文化相关的内容，增加游客对运河文化的亲切感和认同感。进一步优化文物标志、宣传册和纪念物、导览图、导览标识、文化符号、宣传语等服务性环境语言信息。这些语言信息或直观反映了展览主题，或引导参观线路、指导观展重点，或深化展览主题，为传承运河文化的桥梁。

三是做好特殊讲解，如外语讲解、残疾人讲解、儿童讲解、专家讲解等，尽量满足多元化需求。也可根据自己的优势深入挖掘运河河北段的文化内涵，寻找互补性和关联性，通过资源互补、错位发展，梳理运河文化文脉，传承和弘扬运河文明。

参考文献

[1] 许雅婧. 博物馆陈列中文物语言运用研究 [D]. 上海：复旦大学，2014.
[2] 朱灯宇. 陈列语言的概念与范围研究 [J]. 东南文化，2013 (3).
[3] 周默兰. 博物馆展品说明的撰写 [N]. 中国文物报，2014-09-30.
[4] 林泽. 基于“5W”模式的博物馆解说系统现状探析 [J]. 经贸实践，2014 (5).
[5] 陈鹏. 语言产业的基本概念及要素分析 [J]. 语言文字应用，2012 (3).

[6] 吴维库. 企业竞争力提升战略 [M]. 北京：清华大学出版社，2002.

[7] 史东明. 核心能力论：构筑企业与产业的国际竞争力 [M]. 北京：北京大学出版社，2002.

[8] 赵世举. 语言观的演进与国家语言战略的调适 [J]. 长江学术，2010（3）.

[9] 贺川生. 美国语言新产业调查报告：品牌命名 [J]. 当代语言学，2003（1）.

[10] 王广振，曹晋彰. 文化产业的多维分析 [J]. 东岳论丛，2010（11）.

[11] 李宇明. 语言也是“硬实力” [J]. 华中师范大学学报（人文社会科学版），2011（5）.

[12] 张卫国. 作为人力资本、公共产品和制度的语言：语言经济学的一个基本分析框架 [J]. 经济研究，2008（2）.

[13] 任海棠. 语言学与品牌命名 [J]. 唐都学刊，2006（5）.

[14] 黄少安. 关于教育产业化问题的思考 [J]. 学习与探索，2001（5）.

[15] 曹迪. 国家文化利益视角下的中国语言教育政策研究 [D]. 北京：首都师范大学，2011.

[16] 苏剑. 语言演化与语言保护：语言经济学的分析框架 [D]. 济南：山东大学，2011.

[17] 王勇. 劳动力迁入对澳门经济发展的影响 [D]. 长春：吉林大学，2010.

[18] 谢延龙. 在通往语言途中的教育 [D]. 长春：东北师范大学，2010.

[19] 王海兰. 个体语言技能资本投资研究 [D]. 济南：山东大学，2012.

[20] 马云霞. 语言在国际交往中的经济价值研究 [D]. 武汉：武汉理工大学，2012.

[21] 许雅婧. 博物馆陈列中文物语言运用研究 [D]. 上海：复旦大学，2014.

[22] 高建军. 运河民俗的文化蕴义及其对当代的影响 [J]. 济宁师专学报，2001（2）.

[23] 黄利民. 鼓浪屿开放式景区语言景观的现状、问题与对策 [J]. 厦门理工学院学报，2018（2）.

[24] 徐致云，陆林. 周庄旅游语言的初步研究 [J]. 安徽师范大学学报（自然科学版），2007（2）.

[25] 陈才，卢昌崇. 认同：旅游体验研究的新视角 [J]. 旅游学刊，2011（3）.

[26] 陈从周. 梓翁说园 [M]. 北京：北京出版社，2004.

[27] 陈刚. 旅游翻译与涉外导游 [M]. 北京：中国对外翻译出版公司，2006.

[28] 陈丽君. 基于社会语言学视角的导游语言研究展望 [J]. 浙江学刊，2009（4）.

[29] 陈丽君. 汉语作为旅游产品的分析 [J]. 浙江外国语学院学报，2010 (3).

[30] 陈丽君. 论旅游业范畴语言的人力资本价值 [J]. 沈阳师范大学学报，2011 (3).

[31] 陈丽君，胡范铸. 语言资源：一种可以开发的旅游资源 [J]. 旅游科学，2010 (6).

[32] 尚国文，赵守辉. 语言景观研究的视角、理论与方法 [J]. 外语教学与研究，2014 (2).

[33] 单菲菲，刘承宇. 民族旅游村寨语言景观调查研究：基于社会符号学与文化资本理论视角 [J]. 广西民族研究，2016 (6).

结　语

——弘扬运河文化　共筑民族语魂

大运河肇始于春秋时期吴王夫差凿建邗沟，至隋代完成了以洛阳为中心的大运河，唐宋进入繁盛时期，元代由弯取直，形成贯通南北的京杭大运河。从明朝到清朝，京杭大运河成为漕运通道，屡加疏通。大运河全长1 747千米，跨越北京、天津、河北、山东、江苏、浙江四省二市，沟通了钱塘江、长江、淮河、黄河、海河五大水系，比巴拿马运河、苏伊士运河开凿的时间早2 000多年。新中国成立后，国家将京杭大运河列为重点发展的内河航运主干线之一。尤其是改革开放后，运河建设的步伐进一步加快。运河不仅承担了繁忙的运输重任，同时还发挥着巨大的防洪、灌溉、供水、旅游等多种综合效益。历经沧桑、饱受风雨后的古运河，经过治理，必将重新焕发出青春的生机，对今后运河沿线的经济文化的发展继续发挥其重要的作用。

随着对运河文化带的调研，我们也对其内涵产生了再认识。大运河在中国历代王朝的时间序列和区域、跨区域的空间里实现了它应有的功能和时代价值的延续，对其进行新时代意义的追寻，含有语言文字、文化遗产、知识系统、民族精神等层面的传承与发展的需求，也是文化传承与弘扬的需求。大运河的价值与功能主要表现在三个方面。一是作为文化载体的运河。大运河具有物化和符号化的不同意义，承载了水利与运输、语言与文字、沟通与交流、独立与融合、精神与行为等层面的内容。运河载体，指实际的运河河道及其附属工程、建筑，也是指人们观念中的大运河，作为“事物”的大运河在人们观念中所构建起来并清晰存在的形象。大运河载体功能的发挥是指其依靠语言文字对文化的聚合、传播、催生的作用。运河的流动性和开放性，使得人口流动速度加快，精英文化的价值观念较快地渗入大众生活中，区域间文化的融合性极强，各种文化相互吸收、融合、涵化，发生内容和形式上的变化，并通过相互接触、交流进而相互分拆、合并，在共性认识的基础上建立具有连续性和一致性的新文化。运河载体功能的发挥，就是不同文化相互吸收、交融、融合而趋于一体化的过程。

在这个意义上，作为载体的“运河文化带”不是一个单纯的地域概念，而是一个与运河相关的包含经济、政治、思想、意识等层面交互作用的统合体。二是作为文化连接纽带的运河。大运河文化带是标签性的“线性共同体”，又具有明显的区域、跨区域特性。该区域包括了北京、天津、河北、山东、江苏、浙江等行政区域，也跨越了江南、江北自然区域，以及燕赵、齐鲁、中原、江南等不同文化圈。它连接南北，并进而通过其他东西之河道及交通枢纽相互连接，形成了经济、文化传播的网络。在这个意义上，运河与其他自然河流一起，共同构建了中国地域的线性框架性格局。大运河分别在宁波和洛阳与丝绸之路交汇，是海上丝绸之路和丝绸之路的连接线，它将草原、沙漠、丝绸之路联系成一个环状，形成了一个巨大的文化交流和商品贸易通道。所以，运河文化本身的历时演变与附着其上的文化脉络编织了一个巨大的文化网络，沟通古今且连接世界。三是作为生活方式的运河。“运河”是一种文化符号，更是一种生活方式。大运河开挖、通航所形成的生存环境和生活条件，已经成为一个巨大的生活磁场，不仅漕运群体、商人组织、河工人群等因运河形成了独特的生活方式，而且也造就了运河流经区域社会人群特殊的生存、生活方式，并由此形成了人们不一样的风俗观念。生活方式不会随运河断流而快速消逝，也不会在时代变迁中永远固守，真实而生动地存续于生活场景和基本生活情态中的运河，是最有价值和活力的，它们在日常生活的劳作、交往、消费、娱乐、礼仪等层面上得到传承。因此，大运河文化的传承与保护，旨在唤醒、传承集体记忆，让作为遗产的“物”化运河与作为主体的“人”的边界逐步消失，在断流河道，通过物化的运河遗产构建持续的文化传承；在依旧畅通的河段，让运河所浸润的、人们已经过惯了的生活安静延续。

从历史上看，贯通南北的大运河对历代封建王朝的政治局势起着举足轻重的作用。由于运河区域在全国范围内，始终处于政治、军事、经济、文化诸方面的中心地位，因而成为历代封建王朝着力控制的最重要区域，每一代王朝统治者也都要凭借运河这个理想的地理位置、优越的经济条件和人文环境，总揽大局，驾驭全国。因此，大运河也就成了维系中央集权和中国大一统局面的政治纽带，使隋唐以后政治中心逐渐北移的历代王朝呈现出强烈的大一统色彩，特别是元朝实现全国统一以后，直至明、清两朝，中国再也没有出现大的分裂，从而奠定了祖国大一统局面的坚实基础。独具特色的运河文化不仅是中华民族多元一体文化的重要组成部分，而且对中华民族多元一体文化的形成和发展起着重要的推动作用。运河文化以其博大的包容性和统一性、广阔的扩散性和开放性、强大的凝聚力和向心力，不仅加强了中国传统思想文化发源地燕赵地区与中原地区、江南地区的文化交融，更把汉唐的长安、洛阳，两宋的杭州和金、元、明、清的北京为首的文化中心联为一体，不断减少区域文化的差异而呈现共同的文化特征，从而使各个区域文化融合为中华民族的多元一体的大一统文化，同时也使运河区域成为人才荟萃之地、文风昌盛之区。

大运河的开凿与贯通，营造了新的自然环境、生态环境、生产环境，极大地促进了整个运河区域社会经济的发展。隋唐以后，运河的贯通直接导致了南北方农业生产技术的广泛交流、南北方农作物品种的相互移植与栽培，促进了南北方商品农业经济的发展。特别是明代中后期，在商品经济发达的江南运河区域，如苏州、杭州等地的某些行业中已出现了资本主义性质的手工工场和包买商。随着运河区域商品经济的繁荣，更直接导致一批运河城市的兴起。由运河开发、畅通而兴起的商业城市，从今日北京南下，经天津、沧州、衡水、邯郸、德州、临清、聊城、济宁、徐州、淮安、扬州、镇江、常州、无锡、苏州、嘉兴、杭州、绍兴，直到宁波，宛如一串镶嵌在运河上的明珠，璀璨辉映，耀人眼目。其共同特点都是工商繁荣、客商云集、货物山积、交易繁盛，成为运河上一个个重要的商品集散地。尤其是隋唐的长安、洛阳，北宋的开封，南宋的杭州，元、明、清的北京，更是运河区域乃至全中国的政治、经济、文化中心。

南北大运河的开通，使东南沿海地区与全国各地的联系更为直接而紧密，尤其是运河区域经济文化的繁荣与发展，使之成为对外交往和扩大中外经济文化交流的前沿地区。中国的邻近国家和地区以及西亚、欧洲、东非各国纷纷派遣使团和商队来到中国，在各沿海港口泊岸，遂即沿运河航行到达京师及各地，进行着频繁的经济文化交流，有的更直接迁居于运河区，使这一地区成为内迁各少数民族和外国使者、商人、学问僧、留学生及其他各方人士集中的地区。他们把中国先进的文化带到世界各地，扩大了中国对世界的影响；而国外优秀的文化也传播到中国，不仅更加丰富了运河区域文化的内容，而且也促进了中华民族文化的发展。

编　者

2018 年 8 月 6 日于石家庄